理解艺术作品的前提是了解那个时期的精神气候，
精神直接诉诸于精神。

——德沃夏克《作为精神史的美术史》

画在人心的苦闷上

李宗陶艺术访谈录

李宗陶 | 著

海峡出版发行集团 | 鹭江出版社
THE STRAITS PUBLISHING & DISTRIBUTING GROUP | LUJIANG PUBLISHING HOUSE
2016年·厦门

目 录

Contents

李　安 / 电影的仆人•

01

◀ 李安（1954— ），编剧，导演，电影史上第一位于奥斯卡奖、英国电影学院奖以及金球奖三大世界性电影颁奖礼上夺得最佳导演的华人导演。

李安团队 / 提供

下雨天，潮腻腻的，鸭汤面馆老板娘坐在板凳上望向街面，喃喃自语：“弄不好今年就是倒黄梅。”一辆黑色轿车在她眼前打了个弯，拐进弄堂，几个人正一人一把伞迎候在那里。老板娘拢拢筷子站起来，返身进了厨房。右边车门打开，一个白了大半头发的男人下车，身着藏青色冲锋衣，洗得发白的牛仔裤，棒球帽随即戴上，帽檐压得很低。从不同方向射过来的目光触不到被遮住的眼睛，只好在帽檐上稍作停留——那儿，有一处边角绽了线。

“导演，您瘦了。”化妆师迎上来。李安脱了帽，向室内所有陌生人微微颔首，典型的李安式微笑浮现——一种统一了谦逊、羞涩、无奈、温柔、纯真诸多色彩的表情，却淡。他在镜头前坐下，配合媒体全套采访。“这里，拜托了。”他指指自己的眼圈。从洛杉矶飞来上海参加电影节，他还在倒时差。十年前，他在南

• 资料参考：张靓蓓《十年一觉电影梦：李安传》、白睿文《光影言语：当代华语片导演访谈录》等。

京路愚园路衡山路拍《色戒》。16 年前，他在上海交响乐团为《卧虎藏龙》录音乐，瘸着一条拍戏拍到风湿痛的腿。

他的声色言行，让现场每个人都舒服，虽然看上去他自己不怎么舒服。有那么一小会儿，他靠着墙跟人轻声慢语，像是快要睡着了。在他十几岁诵读的《论语》里，有曾子“每日三省吾身”：“为人谋而不忠乎？与朋友交而不信乎？传不习乎？”在父亲要求他和弟弟背诵的《古文观止》里，有历史掌故，有文辞之美，有人生智慧和宇宙之道。李安的胞弟李岗说，谦谦君子是李安的禀性，他待人诚恳，待电影诚恳，待电影公司与同僚诚信，不乱用投资人的钱；他的镜头和叙述，不晦涩，不说教，有留白，有余韵，平静灵秀，对得起观众——好比打篮球，传球总让接球的人舒服。

李岗说，同时存在一个他不太能把握的“西方的李安”，虽然上初中以前，兄弟二人是睡一张床长大的。他看李安在纽约大学的毕业作品《分界线》，看《理性与感性》（他怎么会懂两百年前的英国？），看《卧虎藏龙》（这不是传统中国的武侠片，是出自西方视角的两个女人的战争，用的又是章回格局），都有那种陌生感。“每次他讲英语的时候，我就会觉得，那个我不熟悉的李安出现了。”

02

《分界线》的剧本 11 页，片长 47 分钟，从 1982 年开始拍摄，1984 年作为毕业作品亮相，一共花了两万多美元，李安说，是靠自己打工、父母资助、当时的女友（后来的妻子）林惠嘉赞助拍完的。曾在纽约大学 Tisch 艺术学院影视系教过李安三年级课程的丹·柯林曼（Dan Kleinman）教授说：“这部作品非常精彩。30 年过去了，我仍然认为，我再没有见过比那更好的学生作业。”

故事发生在纽约曼哈顿的唐人街和紧挨着它的“小意大利”。意大利小伙子马里奥从精神病院跑出来，跑回他在“小意大利”的家，发现老婆弃他而去，于是歇斯底里，朋友前来安慰。“从这一段你可以看到，李安虽然是一个中国人，但是电影中的英语对白却相当地道，都是非常美国化的口语，即使是纽约本地人也不一定能写出这么贴切的对白。”柯林曼教授说。

女主角俏俏出场。她从台湾来，在唐人街餐馆打黑工。“你似乎可以看到后来《饮食男女》厨房里的热闹场面。她手忙脚乱地端菜、接受点单、收拾餐具、去厨房洗碗、接水，又回到大堂重新接受点单，反反复复，最后跑回厨房，一排刚出锅的菜的镜头紧接她茫然的脸的特写。这里面的节奏很有意思，快速地跟镜头、摇镜头、移动和剪辑，很精彩。”

移民局官员突击检查餐馆的非法劳工，看到案板上的菜刀，熟门熟路地走进地下室，敲门，躲在里面的厨师快快现身。走出餐馆时，移民局的人又顺手推开卫生间的门，里面藏着的另一位厨师也被带走。这是李安听来的捉迷藏片段，原样再现，经历过那个年代的移民都会心酸一笑，如同后来美国观众坐在影院里看《冰风暴》，都被李安重现的那个 1973 年的美国——大尖领衬衣、超能四人组漫画书、尼克松在电视里承认水门事件、休斯敦正在崛起的半导体研发、水床——给牢牢攫住了。

俏俏被移民局官员追拿，在街上左冲右突地奔跑，配乐是京戏里的板和琵琶。马里奥跟毒贩朋友在黑魆魆的大桥下交易，戴上了耳机，于是所有的声音都被意大利男声吟唱的抒情民歌覆盖。交易着的毒贩都在逆光里，马里奥点着一根烟悠悠注视着那些剪影。警察来了，黑色剪影迅速打散，马里奥撒腿就跑，意大利民歌一直在唱……“《分界线》从上字幕开始就令人耳目一新——那是二胡和琵琶的音乐，但很明显是经过西方音乐熏陶后的那种感觉，不是简单地照搬东方音乐。他一开始就结合了东西方的文化元素，这使他在同学中很不同，使得这部片子得以鹤立鸡群，脱颖而出。”柯林曼教授是这部当年学生影展最佳影片和最佳导演的见证人。

“没有人看完我的毕业作品还会说，这小子不会拍电影。”李安自己讲过的。

在拜会导演之前，我听了从《推手》（1991）开始的12部电影的主要音乐，记下了他上过手的乐器。李安喜欢吹箫，也喜欢胡琴，嗯，他还跳过一个多月的芭蕾。《冰风暴》里用了箫，如泣如诉、哀而不伤的箫声很托得住20世纪70年代美国人“时代变了，人心还没跟上怎么办”的惶惑，音乐类型是当时流行的极限音乐。《断背山》里从头至尾是一把简单的吉他，李安把它用出了古琴的味道，又像中国的书法，简简单单，却浸透着复杂和深邃。《卧虎藏龙》里，马友友那把价值250万美元的大提琴拉得像胡琴，是飘在整体音乐之上的一根筋。法国作曲家亚历山大·戴斯培（Alexandre Desplat）接手《色戒》时，李安的要求是，音乐要像叙事抒情诗，少一点浪漫，色彩不要太丰富，以免观众分心，请他从《豹人》（*Cat People*，1942）、《美人记》（*Notorious*，1946）这种好莱坞老片子的音乐里找感觉——李安当年在台北艺专除了课堂看片，每周另看10部电影，后来保持每周看片7部到10部，当然拍片后就没时间看这么多了。《少年派的奇幻漂流》的印度音乐是加拿大音乐家麦克·唐纳（Mychael Danna）做的，他对印度下过功夫，太太也是印度人。他驾轻就熟的电子乐、管弦乐，配合印度特有的西塔尔、印度鼓，再加上泰米尔语的人声，共同孵出主题曲 *Pi's Lullaby*，离人近，离神不远。

上海电影节论坛上，李安一如既往地谦虚着：“我是36岁才开张，很晚熟的人……”事实上，他在艺术方面是相当早熟的（甚至可以追溯到他在台湾艺专二年级时拍的第一部18分钟超八厘米黑白短片《星期六下午的懒散》，灵感来自余光中的短篇小说《焚鹤人》），只是，世俗意义上的成功来得晚了些。李岗初看《分界线》时大吃一惊：“哇，我老哥怎么会这个样子，没有经过青涩阶段，一出手作品就已经很成熟了。”这底下，不仅有台北艺专三年、伊利诺伊大学两年、纽约大学三年共同夯实的戏剧史、剧本研读、表演、导演、剧场运作的基底，不仅仅是王大川、邓绥宁、丹·柯林曼这些高明老师的耳提面命，不仅仅是麦克·尼克斯《毕业生》、伯格曼《处女之泉》、狄西嘉《单车失窃记》、安东尼奥尼《欲海含羞花》（大陆译为《蚀》）这些经典的滋养，更有一个从小“看叶子飘半天还不读书”、长长久久迷迷糊糊游离在精神世界里、好像生来就为拍电影这一件事情的人的痴情和天分，还有最后落定在台南的那个家所代表的文化的根性支撑。

03

见到李安的人，言语一接，一种头绪繁多的底色慢慢淡淡地浮现。因为慢，需要回味，因为淡，需要留白。

从某个角度望过去，他像古代人，没有近人彪悍的“自我”——也有可能，他内在的“本我”已经强大到超越了形式上的“自我”。他的做小伏低不是一种姿态，更像是一种习性，一种道家的无我无执、练神还虚，长在他身上了。那些场面中人喜欢拿来撑场面的东西，比如知识，比如所谓上流社会的纵横交错，他好像都不觉得是可以用来说的——不好意思或者不消说。他待人接物的方式是儒家的，彬彬有礼，不远不近，但又是重人情的。他的眼睛里总浮着一层温润的水气。1993年《喜宴》在柏林电影节拿了金熊奖，李安穿件灰绿色羽绒服去领奖，正下雪，媒体一拥而上，朋友忽然迅速扒下他的旧羽绒服，把自己的呢子大衣往他身上一披，让他走上红毯。那天晚上很冷，朋友始终穿着单薄的西装，手里拿着他的羽绒服，李安说，他很长一段时间心里都记挂着这件事。早年在纽约一起穷开心，后来为《卧虎藏龙》作曲的谭盾讲过一件小事情：“我太太坐月子的时候，他打个电话说：‘我要路过，看一下你太太。’当时我很奇怪，第一次接到朋友这样的电话。他专程跑来送一个带‘佛’气的台湾瓷杯子。他跟我太太说：‘坐月子，用这个杯子喝水比较好。’我觉得李安有一种很淡的深情。”

换个角度看，他又是极新颖极现代的。他对电影新技术毫不迟疑的拥抱，抓住电影每一寸“着色相”的机会求新求变，好像始终停在 18 岁。《绿巨人》是根据畅销漫画书 *The Hulk* 改编的，开场镜头以“闪电交错”（lightning mix）的方式呈现，典型的恐怖片开场；然后是分割画面——来自漫画书一页上有好几个画面的启发；多重画面——“我不仅仅想剖析动作，还要剖析信息，我要通过多重画面提供更多的信息”；狂放的剪接——“我甚至想在同一个画面里塞进不同的时序。过去一百年的电影史上，每个人都做过时序上的剪接，借此串联起人和事件，而我做的是空间上的剪接！这才炫。”片中用了三个画面拼出詹妮弗·康纳利、埃瑞克·巴纳和乔什·卢卡斯三个人的凝视……到了《少年派的奇幻漂流》，造浪，驯虎，拍真人 3D，登峰造极。只有当说英语的李安讲出他脑子里在琢磨什么，听到那些带着纽约腔的“这很过瘾”“十分有趣”“这太爽了”，听他讲 11 月 11 日即将上映的《比利·林漫长的中场行走》，你才有可能触到一点点 18 岁电影少年的狂热和勇敢，瞥到一眼那个一往无前伺服电影的王的影子。

2004 年 2 月，李安带着大儿子回台湾过年，父亲对他说：“我终于明白你在拍什么了，找《绿巨人》的带子给我，我想在家慢慢多看几遍。”这部拍在“9·11”之后的电影包含许多层意思：受惊后的恐惧，因恐惧而生的愤怒，曲折的父子关系，恋母情结，压抑……父亲究竟看懂了什么，李安没有问，但他看懂了父亲的心——他告诉父亲：累了，想退休，至少休个足够长的假，不再碰电影。父亲问：“你想不想教书？”“不想。”“那你没有办法，只有披上盔甲继续往前冲，停下来你会很难过的。”这是父亲平生第一次鼓励他拍电影，也是最后一次。两周后，父亲去世了。

李安电影的天分，借李岗的话，像麻将中的“五门齐”。电影的声、光、影、剪接，他都在行，会玩很多手段；他又深迷戏剧，懂得起承转合与冲突，是一个讲故事的高手。当年考大学两度落榜，帮他补习数学的台南二中黄重嘉老师到家里来，李安因为数学考了零分，觉得没脸见人，突然把桌上的台灯、书本全抹到地上，随后跑出家门——这可全是戏里主人公的派头。1976 年，他有了第一台十六厘米摄影机，问父亲要的钱，托同学从香港带的。从摄影机的取景窗望出去，他看到另一个世界，可以取舍的，可以容他造梦、显影、留痕的世界，在那个世界里，他那些被压抑的个人意图，可得到最大限度的伸张。

一百多年前张之洞一句“中学为体，西学为用”说出了一种在困局之中不得不变又试图在根基上自我保全的态度，为洋务派开新路，为中国人留面子；传到李安父执辈手里，就是新学育人、富国强民；传到李安手里，就是在电影里对东西方文化的扬弃——东方的伦理和情怀、西方的视角和手法。“到提升品质的时候，我们现有的东西不够用，就得借助西方，但中西混合也会出现不适应，我心里会有警惕。”李安是懂得体用互为表里的，进不到体内，终归用得浮泛——这也是西方导演拍摄东方题材时常表现出不够尊重的原因。

从《理性与感性》开始，但凡受雇于好莱坞拍西方题材，李安会把需要雇用私人研究员或艺术指导写进合约。在伦敦开拍之前，他大概做了 6 个月的功课。艺术指导露西安娜·艾辛琦领着他去博物馆、美术馆观看 18 世纪的画作，参观建筑、服饰、景观设计，了解当时人的体态模样和时尚，领会浪漫主义、大都会和工业革命的兴起，还学习了动物——狗、马、猪和羊。影片上映后，一堆人问李安：“你是怎么做到的？”“不是自己一个人熬夜弄出来的啦。”他已经会用英式的讽刺了。

04

李安有几位重要的合作伙伴，都是从他的第一部剧情长片《推手》开始的——

“我们来拍《推手》吧，这个戏有文化使命感。”当时担任台湾“中影”副总兼制片部经理的徐立功这样对他说。后来又有了江志强和“戏感好得出奇”的编剧王惠玲相帮。

“我们不是低成本，而是无成本制片之王，两万美元都能拍片。我们以导演为中心，教导演拍他们拍得起的电影，而不是浪费时间写剧本，虚耗光阴。”这是詹姆斯·沙姆斯（James Schamus），一个学英国文学和电影美学理论出身，一边在哥伦比亚大学电影系授课，一边办杂志的营销人才。他和泰德·霍普（Ted Hope）都是纽约20世纪80年代独立制片的先行者，既了解观众的品味，又对市场敏锐，他们都成了《推手》的制片人。

詹姆斯帮李安改写、扩展《喜宴》和《饮食男女》的剧本，告诉他哪里西方人会觉得古怪，哪里需要修剪枝桠，哪里又需要把东方式的声东击西、会意、假借、暗喻用西方的电影语言表现出来，好比一个坐标转换器。在《理性与感性》的片场，詹姆斯还能适当镇一镇场子，剧组里那些不是毕业于牛津大学、剑桥大学，就是皇家莎士比亚剧团资深演员的大明星们，个个学富五车、伶牙俐齿，尤其是世故又完美的艾玛·汤普森，可真不是省油的灯啊。刚开拍时的李安，茶壶里煮饺子——有货倒不出，常常一场戏拍完得到酒吧喝一杯。

“要不是碰到詹姆斯，我今天不知在拍什么呢。每当我面对白人世界感到局促不安，他都会用雍容大度、博学、好口才帮我应对。他打前锋，我打后卫；他很前卫，走在时代前端，我保守老实，但我出手就容易卖座；他提醒我卖点，我做艺术上的坚持；他的直觉常常很准，他是个优秀的电影工作者，一个出色的卖片人。”而詹姆斯也对李安讲过，要不是遇上李安，一起合作了大部分电影，他可能只是个为人捉刀混饭吃的小作家。

剪辑师蒂姆·斯奎尔思是另一位重要人物。“他是一个脑筋很清楚的人。《推手》全部是中文，而他大概只会用中文说‘谢谢’，但他剪出来完全是对的。不光选对的画面接，哪句接哪句，他都能做得一格不差。开始也没别人雇他，就一直跟我做，直到《理性与感性》才做英文片。做电影一半时间在后期，有特效会更长，所以这么多年，等于有一半时间，每天跟他在一起10个小时到12个小时，我跟太太或其他人都没讲过这么多话。他不仅是个很好的剪辑师，也是个科学家，思路非常清楚。他的家学很好，哥哥主持火星计划，是优秀的科学家。蒂姆跟我是很好的搭档，因为我们的品味非常不同，而且他不太甩我，有话直讲。”

《推手》结尾，两位老人在夕阳余晖里喃喃道：“没事，没事。”《喜宴》里，将军要跟老陈握手，老陈不敢，将军拍拍老陈的手，默默无语。《饮食男女》结尾处，父女共扶一碗汤。《断背山》里，拍得像中国山水画一样的美国中西部……这是李安的品味。中国人的山高水长、忠与孝、含蓄与厚道（李安说，厚道常常也是装糊涂），是从父母亲那里接过来的对中原文化的缅怀和想象。它们代表的旧秩序给过他安全感，它们内含的旧式伦理和教养形成他人格的一部分。当李安遇见代表西方文化的优秀电影人，他们碰撞，互相讲解，来回切磋，妥协，发展出一种新的电影语言，一种寻求最大公约数或最小公倍数的世界语言。不管形式题材如何变化，技术如何酷炫，到最后，打底的都是那个李安，那个会安排易先生在王佳芝床前黯然的李安，到最后，也无非是要激发观众的想象，搅动他们的心。

那么最初困扰过他的文化和身份认同呢？

“（电影）是通过一整组人，用上我的心力和电影才能进行的分工合作。成果是属于大家的。从工作的角度而言，我不会去分华语电影还是美国电影。从认同的角度来想，我一直把自己当作一个华人电影工作者。今天我在美国拍一部电影，其实跟我在中国拍一部电影没有区别。只要收录对话，跟人合作，开展工作。但支撑我的是非常中式的精神，我会根据所拍的电影进行调整，但它不会变。回到中国拍片时，我也会灵活采用许多来自美国的元素来改变我拍摄华语电影的方式。有时我会这么想，像约翰·列侬唱的 *Imagine*，想象，想象一个没有国家、宗教之隔的所在……”

05

谭盾还讲过李安唱歌的故事。他唱歌跑调，大家笑得肚子痛，他不好意思，也跟着笑，忽然把眼一瞪：“我再来一首吧！”那一刻，谭盾觉得李安像阿甘，生命中有一种非常顽强和朴素的东西，而他自己并不太察觉——他有句无辜的口头禅：“我也不晓得。”

从 29 岁到 36 岁，李安花费许多时间推剧本，诸事不顺，靠太太养家。如果不是遇到林惠嘉这样理性又细腻、俞秀莲式侠骨柔情的大女人，如果不是身上那种他不自知的朴素和顽强，可能撑不了太久他就改行了。纽约大学毕业的不少电影高才生在改弦易辙讨生活的路上，都会屈就拍那些跟自己毫无关联的东西，结果把自己拍没了。李安也在心里哀过叹过，自比秦琼卖马，或者卖烧肉粽的少年，但他就是不肯走。然而，在兜售剧本屡屡碰壁的那 6 年里，他在电影方面是有增益的，“西方奠定了电影的语法，它要求精准。吃过苦头，我就知道一个剧情长篇需要什么，电影结构怎么弄，商业电影怎么弄，每天在那边想，就跟在学校一样，一直在不停地学东西，只是没有出手。我有一点才华，但不是一开始就凭才华震惊大家，然后凭个人魅力经营电影，我一直像学生一样，慢慢做，我不会志得意满。”

导演的才华是多重的，跟制片方打交道是一种，跟演员相处、捕捉他们调教他们令他们发光是一种，看清电影的目的——如同康德写下“人是目的”——安顿好自身与电影的关系是另一种。李安很早就把自己看成一段导体，一个燃烧自己伺服电影的工具，一个盛放菜肴的容器——里面是由最新鲜的食材、最精湛的刀工、最恰当的火候烹饪出来的。所以他常跟年轻的外国演员，以及想当演员的小儿子李淳直说：“其实你并不重要，我也不重要，观众的想象最重要。”这决定了他拍出来的电影不完全是个人表达和宣泄，他给出的刺激也不是感官层面的，他要进到人心里去，他要人动情。这是当代许多导演已经不想也不会了的。

“我常常觉得是片子在拍我，而不是我在拍片子。当然我在片场还是要有权威，做决定要非常快，每天要做几百个很快的决定，这是我最头痛的事情。但只要熬过去，好像就有一种天意，就会出现一种奇幻感，姑且叫它信仰吧，就是这部片子在拍我，它一定要做成。当我决定拍一个题材的时候，它就主宰了我，我会用虔诚、纯真的心去做，这是一份责任，将来要面对观众的，不能打诨……必须把‘自我’放掉，真的是片子在导我。”

06

天尽黑了，毛毛雨在下。鸭汤面馆生意比平常冷清些。两个姑娘跑进来吃面，胃口蛮好，还加了份鸭肉。吃完，付了账就要走，老板娘边收拾桌子边道：“书别忘记拿了。”她拿起书递过去，瞄了一眼，《十年一觉电影梦：李安传》。那个臂上满是刺青的化妆师什么时候出弄堂的，她不晓得。那辆黑色轿车什么时候从她眼前开走的，她也不晓得。

对话李安 / 我的变与常

问：我到过屏东，对那里的自然环境有印象。

李安：我是在屏东出生的，我爸爸妈妈是在那里结婚的。可是我不记得了，我七个月就离开屏东到了花莲，10 岁以前在花莲长大，后来到台南，一直到现在。

问：那是个什么样的环境，半乡村半城市？

李安：花莲是台湾东岸的一个城市。东岸是山，峭壁接海，它就在山跟海中间那个小小的半平不平的地方，依山傍海的，很有情调，我觉得它是台湾最美丽的一个地方。我是在那边度过童年最快乐的时光的。后来就到了台南，台南就很不一样。

问：怎么不一样呢？

李安：那是个大地方，花莲是一个小城市。因为中央山脉的阻隔，所以台湾东部开发得慢，一直到现在还是一样，西部、北部就比较现代化。那个时候到花莲的横贯公路很难走，从台北走北一公路，还有一个苏花公路，很险峻，悬崖峭壁的一条路。再不然就坐飞机，以前人们很少坐飞机，所以花莲一直有一点与世隔绝、独善而居的感觉，很淳朴。台南是台湾最早开发的地方，叫府城，类似首都。其实在日本人来以前，台北变为一个中心以前，最古典、最先进的都是在府城。

问：您看那些法国新浪潮、意大利电影时，都是在台南吗？

李安：那时候我已经到台北念书了。我小时候很喜欢看电影，都是比较通俗的。

问：《梁山伯与祝英台》？（李安曾对外媒详细描述过这部由已故香港导演李翰祥执导、由乐蒂和凌波主演的黄梅调影片：当时他9岁，第一次看便哭得不能自已，以致影院里好多人循声来看是谁哭得这般凄惨。他后来可以把整套电影的歌曲和对白背诵出来。他父母也是一看再看。“我记得他们第三次去看这部电影时，正刮着台风，但他们仍顶着风去看。”）

李安：港台、好莱坞的电影，偶尔看到艺术片也不太晓得，只觉得这个片子很奇怪。后来到台北阴错阳差地上了艺术专科学校，才明白自己对这方面的喜爱，才有机会看艺术电影。

问：看伯格曼的作品也是在台北？

李安：对，到台北的第二年才开始。那个时候不像现在，影带、DVD什么的很常见，那还是胶片放映的年代，只有电影俱乐部。台湾以前没有什么艺术电影，那些片子阴错阳差地进来，电影发烧友就会组织电影俱乐部。我十几岁离开高中以后才知道这些事情，看过以后就这样改变了。

问：就掉进去了。

李安：开始开窍了。台湾和香港的电影其实是一种好莱坞次文化，就是学人家拍。大陆电影是从上海开始的，有那么一点点的老底子，从香港、台湾搬了一些器材去。刚开始都蛮简单，学拍通俗剧，也有一些写实剧，基本上还是因陋就简的。

问：您回过（江西）德安吗？

李安：还没有，我弟弟陪我爸爸回去过。我爸爸妈妈是逃到台湾的，刚到时是很苦的。因为台湾那时候刚刚脱离日本的统治，日本治理了50年，它有它的习惯，所以国民政府到那边以后不是那么融洽。我等于也是在两种文化里面，日本式的台湾文化和中原文化。我们算是外省人，以中原文化的传承人自居，父母他们觉得任重道远，所以在我们身上加了很重的中原文化的东西。我想他们对家园的怀念也是美化过的，不是很真切，就是一个更梦想化的地方，还有中国的历史，它在我的脑海里面一直是最美的。

问：所以，您对中原文化的认知里有很多想象。

李安：我没有直接见到，就是在脑海里形成的别人传授的想象。其实对美国的想象也是有的。那时候看好莱坞电影很憧憬，想象那是一个理想的国度，人都很漂亮，衣服也穿得很漂亮，心胸很开阔，建筑很宏大，不晓得那是电影。那是冷战时期，也是美国电影的黄金时代，所以我对美国的想象就像台湾人对日本人的想象，台湾的外省人对中原的想象。当我到了美国以后，认识就比较清楚了，它也不是那么回事。

问：在您的片子里看到点点滴滴，看到对美国的反思，还有不服气，是有吧？

李安：对，这是自然的成长。不管从电影，还是从生活方式、意识形态各方面塑造起来的美国精神，力量都是很强的。二战以后它的软实力非常强，流行文化的影响很大，有过一个文明的高峰时期，这个没有什么好讲的，当然它的国力也很强。凭良心讲，美国也需要这个东西，需要全世界对美国的想象，但它其实没有人们想象的那么好，还不到那个层次，美国人也是人。我有我的观察，我觉得不管是对世界还是对美国都应该有一个回馈，就放一点在电影里，这个东西很值得检讨。

问：您总说，23岁到美国，您已经定型了。您又说，《易经》里告诉人们，世上不易的东西是变。入行10年，拍片25年，您在美国待了也快40年了。能不能说说这40年里，您的什么在变，什么没有变？

李安：一直在变。我这么讲不晓得有没有矛盾，有些东西我希望它是不变的，为了保持那个不变，我要一直变，因为这个世界一直在变，这是自然规律，没有办法。比如人际关系，跟太太、孩子的关系。孩子一直在长大，从2岁长到20岁，你必须要变，但你爱他的心、对他的感觉是不变的。我跟太太的关系也是这样，我一直在变，她也在变，我们两个的关系要维持不变就必须要做调整。我跟工作人员的关系，比如说我跟我的剪辑师，从第一部电影（《推手》）到现在，关系一直在调整，变了很多，其实也就是希望跟以前一样。

问：蒂姆是吧？

李安：蒂姆·斯奎尔思。比如说，这个世界越来越不可爱，但我还是愿意相信它的可爱，不变的是那种初衷，那种赤子之心。对电影，我希望能够保持像初恋一样，就是小时候第一次对它动心的那种感觉——电影导演原来可以干这个事情，不光是娱乐大众，不光是起承转合讲个故事，还有些东西可以表达，是很特别的，言语没有办法形容的，是你个性里面很奇怪的一些东西，你也不太好意思讲，假装透过这个剧情，好像你的私密表现出来了，也不会那么直白，这就是所谓艺术吧，这个东西很有意思。当然实际上那个套路我越来越熟，不可能总是初恋，所以我要一直寻找新的题材，寻找不懂的东西，把我放在一个边缘上面，让自己有一种害怕的感觉，这种新鲜感、刺激感才能让我保持对它的纯真不变。新鲜感对我蛮重要的，没有新鲜感就不太有滋味，没有感觉自己还活着。

问：您身上23岁之前定了型的东西，是一种蛮强的根性，它让我对那个传统，对那时候从大陆到台湾去的一批读书人很好奇。比如说“中研院”的王汎森院士，他爸爸是小学校长，也是教子有方那种。您父亲是中学校长，电影里看到他写的书法，《色戒》里易先生用的桌子据说是按照他用过的款式去找的，我对他们带过去的那种文脉非常好奇，您能不能讲讲他教书育人的理念，他的藏书，平常到你们家来的那些叔叔伯伯……他在基因上、精神上跟您的牵连，我都想听。

李安：我父亲是个严肃、传统的人，他是蛮典型的五四运动之后中国出现的年轻一代，对过去的传统有守旧的一部分，也在西化中吸收到一些新的东西。他们那一代真心希望中国能够现代化，能够强大，不要再受列强的侵略。当然他是跟国民党受新生活的教育：年轻人要有朝气，要有思想，以天下为己任。他是长子，所以他身上没有真正属于孩童的气息，一直是很成熟、很严肃的。

问：他很年轻时就做过县长是吧？

李安：对，他在江西虚报年纪，28岁就做了县长，抗战的时候也去过大后方，然后做县长，给国民党做事。他家里是地主，有地，也做商业。

问：爷爷念过书吗？

李安：爷爷是做生意的，做得很成功。我听父亲说，他有一次被一个县官欺负了，就说钱赚那么多有什么用，一定要送孩子去洋学堂。我们老家德安是个小县城，他把孩子送出去念书，送到大城市。我父亲是南昌一中毕业的，后来读政治大学政治系，他在台湾是很有名的校长，很受人爱戴。台南一中是很好的学校，我也是那个学校毕业的，但没有考上大学。虽然他办教育办得很好，但我觉得他其实是很好的行政人才。国民党带到台湾的，有部队，另外就是像他这种比较精英的行政人才。我觉得这些人才为台湾奠定了一个不错的基础，我父亲是其中的一部分。现代人都把自己放在前面，他们那个年代的人会把国家、社会的建设，包括对孩子的教育放在比自己重要的位置上，跟现代人不太一样。我很怀念他那个年代，虽然有时候他们有点古板，虽然国民党在台湾也有它的问题，但基本上他们这些行政人员是非常肯付出的，他们比较有理想。

问：一批士子。

李安：就是中国传统读书人的那种清廉，那种气节，那种以天下为己任的精神。从前读书人不是很多，读过点书的人就有一种责任感，跟庶民不太一样，说白了就是士大夫观念。他们也希望小孩子读书，有气节，对忠孝节义那套东西看得很重。不如意的时候，道家的、佛家的思想都进来了，得意的时候非常谦卑，儒家那套东西就起来了，大概是这样。但是他们到了台湾需要适应，他们很想念家乡，台湾在日本人治下有它的一套，本省人跟外省人刚开始也有一些格格不入，所以我父亲那一辈基本上都有比较重的忧患意识。我在电影里面很喜欢讲他，因为电影要讲戏剧性、讲冲突。父亲给我的压力挺大的，因为我不是一个很好的学生，我的联想力很强，所谓的胡思乱想。

问：看叶子能看好久是吧？

李安：我是属于创作型的人，我没法定下来去盯着一页书看，会想出去，思想挺飞跃的。大概很多创作型的人都这样，喜欢沉浸在想象里面，在学习上的专注力是比较差的。

问：比较容易神游。

李安：意识流比较强，读书不专心。我总觉得愧对父亲，对于他代表的中原文化流落到台湾以后要怎么延续，他有很深的责任感，这个也传给了我。虽然我是在台湾成长的，可是对中国文化的传承还是有一些责任感，其实都是从他那里来的。23 岁以前定了型的就是这些东西，我不去想它，它也跑不掉。

问：已经在骨头里、血液里了。

李安：小时候不管是家庭教育还是学校教育，灌输给我的那个传统的中国一直没有变，好像是一场春秋大梦。但到美国美国在变，回台湾台湾在变，回大陆大陆在变，现在的上海也不是从前那回事了。所以我一直会回到电影的世界，我不晓得哪个世界是比较真实的，难讲。

问：所以那个中原文化不只是"四书五经"。

李安：不止。"四书五经"当然有，但有的时候言教不如身教。父母、师长、朋友，大家行为的准则，怎样进退应对，怎样自持，怎样律己，怎样待人，这些东西更加根深蒂固。它塑造了一个人行为的模式、心理的素质，还有内心的秩序，然后延展到一个社会的秩序，这个东西不限于书本。现在我的儿子在台湾学中文，光念书他不能体会，生活在其中就有体会了。

问：在为人处世、进退自持方面，您像父亲吗？

李安：非常像，越来越像。我这个人骨子里面有点拘束，比较老派，拍电影也有一点反映，不过还好拍电影的时候手法还可以变。

问：您在美国学电影，然后从业，有没有感念美国那个文化，包括好莱坞电影工业给您的一些东西？

李安：我进入那个社会里面去学习、去生活是23岁才开始的，但我从小看美国片长大，还有新闻、电视，受美国文化影响非常大。美国是一个新兴的国家，主要是从英国教会里面跑出来的、比较不兼容于社会的人出来闯荡天下，新创的这么一个国家，所以它的先民跟立国精神是独立，讲个人自由，讲创业，有这么一个精神。这个对我来讲是很大的憧憬，也让我开了很多的窍，所以就是一个我很向往的地方。只是我亲眼看到它，用英文跟人交流、学习以后，感觉又不太一样。

我在台湾长大，因为当时正值冷战时期，管得比较严，很多这边的书看不到，到了美国反而都看到了，美国的文化我也吸收，所以头几年对我来讲是很大的冲击。在台湾基本上没有思考过这个问题：整个世界在20世纪有两大思潮，一个是社会主义、共产主义公有制这种思想，另外一个是美国的资本主义思想，讲自由，讲个人地最全面表达自己，不要受任何约束，勇于实现梦想，注重创造力跟理解力，同时彼此尊重，是另外一种集群的方式，群体性也很强，我在反思这个问题。其实学电影还是小事，因为从小就看，只是上手而已，原来就懵懵懂懂大概知道的事情现在比较会做了。对我真正有影响的是学了几年的戏剧，我刚到美国是学戏剧的。

问：两年，伊利诺伊大学。

李安：探讨人性，讲冲突，讲情结，讲这些比较抽象的东西。后来我只是用电影的手法，用声光效果把它们拍出来而已，那只是一个技术。我从电影学校开始慢慢走到现在，一步一步在视觉上开放了。我原来讲究细节的变化，怎么样具象地表达一些抽象的、心理的东西，这个我天生就会。可是视觉上面怎么样让它更醒目，更能够有表达力，这是后天的学习所得，就是现学现卖，一步一步地学，开发，吃透。我希望自己不要因为两部电影成名，年轻的时候就局限在那里面了，一直在同样的地方表现，我觉得相当没有意思，新东西是学不完的，我觉得也是一种幸运，别人出钱我来学，边学边做边表现，这对我来说是一个比较理想的电影生涯。像派（《少年派的奇幻漂流》）里那些画面，刚上手头几年不会想到那些画面，只是靠讲话（台词），靠演员表演，靠剧情推动的。如果在视觉上面我没有开窍，一直那样拍下去，就是在吃老本。

问：所以之后又尝试这部 *Billy Lynn*？

李安：*Billy Lynn* 还是比较戏剧性的，还是以讲话为主，除了半场秀跟打仗那个场景是完全用声光表现，电影台词很多的，不是只有 3D、4K、HDR 这些技术。

问：大部分人跟我一样，对这项新技术带来的效果还是蛮感兴趣的。在拉斯维加斯看过 11 分钟试映的人，讲了一点他们直观的感受。我想知道，您看到了什么？

李安：电影看清楚了挺可怕的。

问：它是不是已经超出了人类的眼睛可以看到的清晰度？

李安：其实我做到的那个样子比人眼能看的还差了一大截，眼睛比电影厉害很多。电影是一格一格画面连起来的（过去一秒钟 24 帧画面，李安在片中尝试一秒钟最高 120 帧画面），电影我从来没看清楚过，稍微动一下就不行，但眼睛看到的画面是不闪的。其实不是有了什么，而是没有什么去弥补才产生了艺术。电影从无声到有声，从黑白到彩色，这些技术进步都是弥补带来的。现在数码技术已经到了这个程度，让你看清楚了，你不能看到了假装说没看到。我要保持电影新鲜，就是要用看得更清楚的这种媒介来重新做梦，去投射感情，这是个新的课题。

问：有一个看过试映片的人说，好像是屏幕后面的空间被打开了，非常非常清晰，像隔着一个干净得难以置信的玻璃在看。还有一位观众说，影像清晰到你可以看清一颗子弹在飞行过程当中遇到的灰尘，我觉得这有点可怕。

李安：最可怕的还不是那个，那还是小的。我可以看到人脸上的气色，皮被看透了，所以我不敢（给演员）化妆。可以看到人眼睛里面的感情、思想，还有以前电影里看不清楚的东西，在新镜头底下都能看到了，所以我拍的时候很紧张。可是我觉得现在只是一个转变的阶段，再下去还会进步，造更新的梦。我一看到这个新技术，就觉得这是下一个世代要做的：数码电影院线。我们现在虽然是用数码电影的技术在做，可思维还是在平面上制造立体的效果，用到一点光影，就是用 2D 思维来拍 3D 的东西。这个片子看一看就清楚了，我希望把新的课题摆出来，呈现给大家。当然大多数人因为习惯了一个东西，要改变，他们会排斥。我感觉现在只是一个过渡期，我自己也在过渡。当实验小白老鼠可以，我希望自己不要当炮灰（指白白牺牲）。

问：但是拍出来的片子太先进了，没地方放怎么办？如果您拍得出来，观众却看不到，这不是很遗憾的事情吗？

李安：新的拍法和新的看法匹配的过程，会有时间差。小孩子长大，我不能再抱他、亲他了，有点受不了，可他就是要长大，等他再生了小孩我又可以抱可以亲了，就是这么回事。一百多年前连电影都还没有，怎么说？刚有电影的时候，大家对演员也看不起，认为那是马戏团的把戏，很多演员不喜欢演舞台剧，不屑于演电影，现在电影表演也变成很专精的一门艺术了，都有一个过程。我可以跟你讲，*Billy Lynn* 的清晰度、观察度离我们眼睛还有好长一段距离，只是我们的眼睛没有放到（银幕）那么大。

问：*Ben Fountain* 的原著小说是有点讽刺的，背景是伊拉克战争。*Billy Lynn* 用的这些技术，会为这部片子加分吗？

李安：我希望是这样，现在片子还没上映，很难讲。我刚好有个机会可以用一用这项技术，试验一下。一个新技术来的时候还需要有一个做试验的理由，将来不需要理由，生来就是这个样子，习以为常。技术是拿来用的，梦幻的东西可以拍，歌舞片、神怪片都可以拍。试嘛，不试不晓得。观众认不认，会不会排斥都不晓得。推想没有用，一定要做出来，然后看大家的反应，慢慢演进。推动我前进的，与其说是勇气不如说是好奇心，我从很年轻的时候，就有很大的好奇心，相信电影的世界比相信真实的人生还多一些，所以怎么样叫真切、怎么样叫存在，对我来讲都是一个蛮重要的课题，我会继续追问下去。

问：所以这项新技术跟这个电影所要表达的是有一个契合的？

李安：当然。因为战士的肾上腺素分泌跟普通人不一样，他随时有性命危险，所以他的警觉性非常高，他对周遭的体会跟一般人也不一样，害怕，紧张，恐惧，一触即发，他的肾上腺素会冲得很高。你把这种心态的人突然调回到平常生活里，他看别人的行为就是非常古怪的，讽刺就在这里。Billy Lynn 睁着眼睛，把他平常不去注意的、习以为常的东西看清楚了，这项新的技术帮他看清楚了，有一种解释的味道在里面，所以它们是相合的。

问：期待11月新片上映吧。回到刚刚的一个话题，您说在很年轻的时候就更相信电影的世界，胜过真实的世界，为什么？

李安：我是比较明显的，可是我觉得每个人其实都这样。电影里的黄飞鸿跟历史上真的黄飞鸿是两回事，哪个比较真切呢？想来想去，是我们想让黄飞鸿那样。一辩证下来，真假虚实就很耐人寻味。在真实人生里面有很多东西是不能相信的，它很复杂，一直在变。反省国家也好，人生也好，它其实是虚幻的，不可靠、不可信的，我们常常会被骗。可是在文学、艺术上创造出来的角色，如白娘子、贾宝玉，永远都是那个样子，不会变，让你可以相信。一部电影深入人心、脍炙人口以后，它基本是不会变的、可以信任的，它的美感是绝对的，它在我们心里的投射也不是虚幻的，那是一个绝对的东西，很多人都会被它吸引。

问：被恒常吸引。我们都看出来了，您是一个适合活在自己的精神世界里的人。我也相信人群里，世世代代总有这样一种人，对纯粹和绝对的需求比较高，以确保产生真正高级的艺术。我好奇的是，在您的那个世界里，您用什么思维？图像、声音、气味？还是别的什么？

李安：这个要讲吗？很抽象的。

问：这个有意思啊，您从来没讲过。

李安：是我自己幻想的，跟拍电影不太一样。有时候发呆就是发呆，不然怎么叫发呆呢。发呆有时候是没有具象的，我也不晓得脑筋里是怎么样，很难形容。但拍电影是很具象的东西，你今天找一个女演员演绝世美女，要怎么做，怎么样把她的魅力发出来，用她的形象刺激大家的想象力，上妆、造型、打光，一步一步都是很具象的，必须把你想的那个东西掰开，上手去做，不然就成了眼高手低。电影就是着色相，常常着了色相就不够高妙了，落到实地就没玄虚了，怎么做也达不到你想要的程度。在摸索的过程中，会有一些莫名其妙的东西出来，有时候到最后还是搞不通，有时候通了一半，又回到熟悉的情感和思路里来，可是每一次总跟上一次又不一样了。失望、沮丧是经常会有的。

问：您开始构思一部电影，会不会是从脑子里的一个画面、一个核开始，像写小说那样？

李安：常常这样。比如《卧虎藏龙》小说结尾，玉娇龙从山崖跳下去，用轻功飘下去，在云里面消失了，我看到这里就想拍这个电影，怎么拍我不晓得。比如《冰风暴》里有一个场景，小男孩被电到以后在结冰的路面滑下去（触电死了），就让我想拍一个电影。比如《断背山》，杰克最后爆发："我们剩下的只有断背山？这是扯淡！"很存在主义的一句话，这句话让我想拍那个电影。常常就是一个点、一种情绪、一种奇怪的没有办法形容的感触，让我想去拍一部电影，这倒是真的，当然过程中又会有新的激发、新的想象、新的点子陆续冒出来。像 *Billy Lynn*，小说里那个半场秀跟打仗不是在一起的，我看的时候忽然有一个想法，这两个东西如果拍在一起，对比会非常强，有冲击性，其他的我不管，先把这两段编起来就是了，这是我为什么想拍那部电影。

问：您在哲学上是不是下过功夫？萨特的存在主义，还有德里达的解构？

李安：我 20 岁左右的时候，有一阵子对哲学特别感兴趣，但只能说是入门程度的西方哲学、中国哲学。中国哲学与西方哲学相比，不算那么严谨。过了 25 岁我就不是很感兴趣了，我觉得哲学只是一种思想训练、头脑体操，脑子里有那么一个结构就可以了，我对艺术本身更有兴趣来表达。过了 30 岁对宗教这种哲学也挺有兴趣，接触之后也只是脑子里想一想罢了，因为电影还是要在色相里面做文章，表现人间的情感、美感、喜怒哀乐。对我来讲，艺术的创作比较有意思一点。哲学就是一个阶段，但想过之后还是不一样的。

问：您在电影里好像还是蛮喜欢讲道理的，总归要讲一点意义，然后总有一个命题去串，是不是？

李安：是有。我觉得电影不管雅的、俗的，必须要有一个命题，这不只是我的个性决定的。否则很难凝聚出一股力道，让人注意力集中两个小时去看。命题会决定你的结构，然后才知道怎么起承转合，怎么样处理那两个小时。电影不只是空间艺术，还是一个时间艺术，时间怎么排布，观影的性情节奏怎么拿捏，都跟命题有很大的关系。

问：早期的命题是家庭和伦常，从《冰风暴》开始有一个命题是能够感受到的，就是纯真的丧失，而且您找的主角都有一张纯真的脸。这是不是跟您自己的生命体验有很大关系？

李安：差不多每部电影都有（关于纯真的丧失），《冰风暴》以前我不太觉察，无意识地在做。以我个人的经验来讲，就是我有一个部分它不想长大，不想面对成人的世界。就像前面讲到的变和常，有些东西我们不希望它变。小时候觉得家是不会变的，父母永远是可以仰视的，有一天，你发现他们也会变老（《喜宴》里有一幕，爸爸晨练回来，坐在椅子上睡着了，儿子上楼叫父亲吃早饭，第一反应是把手伸到父亲鼻下探一探呼吸，李安说，那是亲身经验，他当时就哭了），也会做一些愚蠢的或者不太对的事情。你希望人永远是纯洁的，世界是可以信赖的，一些信仰和价值是坚固的，你希望能够抓住不变的东西，但世界一而再再而三给你看它不是这个样子的，变是绝对的。你有赤子之心，不由自主地就会表现出来，表现内心的挣扎和调适，抒发那种纯真丧失后的怅然。

问：非常喜欢《冰风暴》那个片子，在采访您之前我又看了一遍。喜欢“这些人表面上行为不当，其实另有文章”的内涵，喜欢片尾 David Bowie 唱的 *I Can't Read*，您也喜欢他吗？他今年刚刚去世。

李安：很喜欢。他住的地方离我也不远，他住在纽约，我看到很多人在他家附近献的花。他录那支曲的时候我陪着他在录音棚里面，我陪着他录音、聊天，那是很宝贵的一个经验。他是很了不起的一个艺术家。

问：这些人身上是不是有一种不在常规轨道里的气质？

李安：灵气吧，跟一般的人想法不大一样，一种超脱的、不俗的感觉，蛮特别的。

问：跟好莱坞打交道，是不是也容易激发您的那种伤感，也挺伤神的？

李安：会很伤神。我老是讲世事十之八九不如人意，很多时候不是你想怎么样就怎么样的，不是这样一个挫折，就是那样一个挫折。好莱坞有它很成熟、便利的地方，当然也有它的限制，商业限制、意识形态的限制，你就是要学会用它的好处。遇到不好的地方，想办法在里面求全，拐弯抹角地做一个隐性的或者变相的表达，要么直接跟它冲突，又或者兼容并蓄，有很多的方法。好莱坞有值得学习的地方，电影人的专业素质非常高，制作也非常成熟，这在其他任何地方是没有的。但他们有另外一种官僚作风，重技术不重内涵（讲深一点的东西只希望点到为止），看你能忍受多少，如果挫败感满满的话，就不要在里面做了，另外想办法。我也从来没有完全进到好莱坞，我是一脚在里面，一脚在外面，没有拍过标准的类型片，我都是混合类型。工作人员也是，像《卧虎藏龙》《少年派的奇幻漂流》，都是半好莱坞、半艺术片的混合，一部接一部拍，挣到一点创作的自由。

问：您的好几部片子是 R 级，好几部 PG,《色戒》是 NC-17 级，它们跟好莱坞出品的同级片子还是不大一样的，其实您也在改变好莱坞电影的样子，是不是？

李安：对，好莱坞有这么长的寿命，跟很多外来文化带来的改变有很大的关系。它不变的话，人们看几年就腻了。像我们这些外来的电影制作者，一直给它注入新鲜的力量，它也需要改变。

问：它对这种改变是欢迎的、友好的?

李安：对。我们一方面为了表达自己，一方面要享有它那么好的制作环境跟经费，还有发行能力，所以彼此之间也有拉锯战，中间也有新的东西产生，它也是靠这个力量一直在发展，这是蛮自然的。过去好莱坞西方人比较多，现在东方导演开始进影像了，做过以后再回来拍片，我会希望把它的优点带过来，当然也需要磨合。

问：在奥斯卡这个平台上，东方人拍东方题材更容易被西方接受，是不是这样?

李安：我不晓得。得奖、卖座，我觉得都不是人为可以把握的，我也不觉得可以把它当作一个目标。奥斯卡奖就是那么多人投（票）出来的，有时候过一两年再看，（李安有一个愣一下的身体语言，不过尔尔的意思）常常是跟那一年的风向有关，但风怎么飘，是看不到的。

问：在奥斯卡得了奖，常常意味着你下一步片子的资金可能就容易获得一些了。您也说过，它是一个大的生意场。大家都去争的一块地方通常比较容易变成丑闻爆发地，但我们看到的奥斯卡奖好像也不是这样。是什么保证了它相对的清洁度?

李安：它还算好，所以这么久了大家还这么在乎它。你可以不同意它的品味，或者大家操作做广告的方式，但这个奖基本上是一票一票投出来的，还是让大家蛮信服的。

问：如果我是导演，很有可能去贿赂评委。

李安：他们不是贿赂，是拉帮结派，这也是宣传、促销的方式。各种

party，很多运作的手法，就跟选举一样，招徕人来看。他们总是明着来，人数那么多，大家都要争取这份影响力。我觉得到后来都是看人心向背，那一年的最风向，大家最关心的主题，我觉得那个影响是最大的，最后投票决定一切，当然生意经也是它很大的一个特性。大家都说不必太把它当回事，奥斯卡来了，有这么回事，但过了一个礼拜，过眼云烟。

问：美国电影工业的导演群里有没有山头？就是有势力的大佬各自带一群人？

李安：好像没有什么党派，我美感觉到。还是靠个人，各显神通。当然个人私交好是有的，聚集起来发起一个什么运动或者排斥别人之类的事情比较少。

问：有人说，拍电影最要紧的是摸到电影的骨头，也就是电影的本质。您有没有摸到骨头？

李安：我摸不到。你可以尝试，你可以感觉，但本质你摸到的话，电影就拍到头了。感觉上好像要抓住什么了，那个是有的，一个电影把什么都讲透彻了，我觉得是没有。

问：拍《色戒》那段床戏，是不是已经快要摸到某种东西了？它是什么？

李安：那不能讲，我觉得不管怎么样都不要把病态的东西传播给观众，那是我的体验。你可以尝试去摸某种病态、人性的深度，人性的暗面或者你觉得就是本质的部分，但最后还是从中得到一点超越，给自己一条后路，不然整个收获是绝望，一沉到底。我那时候最主要的功课就是不要让自己陷到病态里，而是可以解释病态，可以解释人的任何状态，包括大逆不道，但是没有一个最终的关怀，我觉得对观众不太好。所以在那部片子结尾的时候我还是收敛了一点，不然我以后大概就不要拍了，不要活了。

问：被那个黑暗缠住了。

李安：完全到那边，我觉得不好，应该有一种关怀之心。有时候讲光明正大，文以载道，没有那么简单，那样对人性也是一种不尊重。也只有像电影这种东西可以去叙述，可以跟大家来分享，这是有意义的，也需要勇敢，因为人生有很大一部分是在掩饰。只是我们怎么样去面对它、处理它，要下一点功夫。不要把它讲透，当你在做这个工作的时候把人毁了，把眼睛毁了，把自己毁了，把观众毁了……所以我后来还是保留了。我也挺挣扎的，不挣扎也对不起观众，对不起我的演员——那么投入、对我那么信任。汤唯还很年轻，那是她的第一部电影，梁朝伟比较成熟了，我要使出全力让他们的信任能够有一个发挥，他们都是戏痴，跟我一样，可是到结尾，我觉得也要顾虑他们的健康，包括我自己的健康。

问：您有三部电影是涉及同性恋这个题材的，您也跟那个群体接触过，您觉得同性之恋是不是一种际遇？就是碰到了，激发了另外一个自我，有的人一辈子碰不到，就没有。

李安：据我的了解，男性同性恋多半是天生的，本来就是这个样子。我觉得女性反而可能遭遇的成分多一点，我没有拍过女同性恋，所以我也不能确定。比较不正常是人们看待他们的眼光、观念，这其实是正常人类的问题，不是他们的问题，归结成他们的问题，是相当不公平的。当然这不是我拍这些电影的动机，也不想做（社会）运动，只是那个故事非常让我动心，想把它讲出来，比如《断背山》。

问：听说您想拍拳王阿里的对手、那个基督徒乔·弗雷瑟的故事，搁浅了，现在还打算拍下去吗？

李安：我希望可以把它做成。

问：这个故事打动您的是什么？

李安：要讲很久……我想到最后还是人跟神的关系吧，从《少年派的奇幻漂流》延续下来的，只是这一次用另外一个形式，两个拳王对决的故事来讲。

问：这么多年拍下来，您是不是觉得自己有一点“老辣”的东西出来了？

李安：不敢这么讲，我自己还不是特别习惯。我想我有一种天真，老辣只是手段。

62 岁的李安导演坐在高高的圆凳子上，在一种缓慢、温暖、近乎呓语般的节奏里完成了这个访谈。他仍在倒时差。他在摆好了摄像机轨道、胶片箱的影棚里配合拍大片，有几分游离。我问，拍片之前要烧烧香，拜南方，拍完最后一条他会做什么。“筋疲力尽，”他垂下头作凋谢状，甚至还伸了伸舌头，“抱抱演员喽，特别是年轻演员。”

采访于上海

写于 2016 年 6 月

周英华 / 父亲周信芳就是我的中国

01

周英华（1939— ），知名京剧表演艺术家周信芳之子，13岁赴英留学，先后研修艺术和建筑专业，高级中餐厅 Mr.Chow 的创办人，有“华裔食神”之称。在好友杰弗瑞·戴齐的鼓励下，周英华重拾画笔，成为“麒派画家”。

李毓琪 / 拍摄

周英华拧开一瓶饮用水，举过头顶，倒在自己头上。上海京剧院二楼会议室霎时间肃静下来，满屋子的年轻演员仿佛都被按了暂停键，齐齐望向讲台前这位 76 岁的男人，前院长周信芳先生的小儿子。他们是来听儿子讲父亲的麒派艺术的。

这款亮相跟传统京剧里的不同，但在攫人视线这一点上，看起来一样有效。1925 年 11 月末，周信芳在上海丹桂第一台的连台本戏《汉刘邦统一灭秦楚》演到第八本《鸿门宴》。

“先是那些背后插着旗的花脸和武生出来，一个个地亮相，念白，走圆场。我虽然觉得挺热闹，可又感到没多大看头。后来你们爸爸扮的张良出来了，我觉得眼前似乎顿时一亮。那天他穿的是一件绣金花的白蟒，头上戴的是顶白文生巾，望过去英俊又飘逸，一撩帘子，场上就是个满堂彩，以后一直掌声不断。我就这样一眼不眨地一直看到谢幕和散场。”裘丽琳——周信芳先生的第二位妻子，他们6个孩子的母亲，20世纪50年代在上海家中阳台上对二女儿周采蕰（后改名周易）讲述这因缘第一面。

“就像阿拉爷（我父亲）一出场，啪一记扇子打开，全场视线都集中在他这把扇子上。”讲座结束后，周英华跟我解释这个“开场噱头”。谈到自己的绘画的时候，他会更频繁地提起父亲和他开创的麒派艺术。

演讲过程中，他也展示了掌控现场气氛的能力，兼得中国传统戏剧和好莱坞娱乐圈的精义：“一本戏四样东西顶要紧：出场、中心、节奏、退场。要暖场，要让观众记得你，要让人不觉得乏味。领袖气质就是从动物性、暴力和性这三样东西当中产生的，这是我三姐（周采芹，周家另一位可以写本书的人物，当然20多年前她已经写了，叫《上海的女儿》）告诉我的。”

周英华住在洛杉矶比弗利山庄。就在此次回中国前几天，在他据说如皇宫般的家中，他招待了当今美国总统贝拉克·侯赛因·奥巴马二世先生，他们共进了早餐。他的第二家Mr.Chow餐馆成为洛城好莱坞电影人与时尚圈名流的一处热地（Hot Place）已有41年。

从伦敦、纽约、洛杉矶到拉斯韦加斯、迈阿密，Mr.Chow共有6家店，每一家据说都是所在城市的时尚艺术地标、上流社会的符号。诗人翟永明曾在游历美国期间被朋友领去参加了纽约下城一家Mr.Chow的新店开张party，记下了餐厅内部典雅高贵又时髦的装修、考究的骨瓷餐具、英俊的意大利侍者、浆得挺括的雪白桌布、曼妙的灯光，满墙知名艺术家的原作，以及前厅铺天盖地一片闪光灯中的乌玛·瑟曼，还有邻座刚刚落桌的某届奥斯卡最佳男主角奖获得者杰米·福克斯。

“如此近距离地看过去，他的眼睛比其他人的显得更加明亮。”女诗人写道。

周英华已逝的兄长周少麟（原名菊傲）在回忆录里说，弟弟英华幼年患有哮喘，格外得母亲怜惜；他聪明又活跃，每看完一部电影回来，都能学得活灵活现。周英华告诉我，他在16部电影里演过角色，当然镜头都不多，比如早先 007 系列某部影片中一闪而过的小角色，比如《马可·波罗》中一个死了女友的中国人。2012 年转向绘画之前，他的兴趣是投资拍电影。

同住洛杉矶的周采芹前一天告诉我，她喜欢伦敦胜过洛杉矶，她说：“伦敦是个讲文化的地方，有许多剧团，那是我喜欢的，而洛杉矶是挣钱的地方。”

周采芹今年 79 岁了，眼睛里仍有既令人不安又让人心动的光。她和弟弟都亲历过美国 20 世纪 60 年代，那是反越战、民权、黑人和女权运动风起云涌的年代，也是出产金斯堡的《嚎叫》、凯鲁亚克的《在路上》以及嬉皮士的反叛年代。

她年轻时的剧演高峰是 1959 年 11 月在伦敦威尔士王子剧院演出《苏丝黄的世界》。话剧是根据一部畅销书改编的，最初在美国百老汇上演，讲的是一个英国青年和一个心地善良的中国妓女间的爱情故事。它引起了轰动。“苏丝黄”很快成了善良东方妓女的代称，正宗伦敦妓女一度也在广告中自称“苏丝黄”。

“您现在还拍电影吗？”我问。

“拍啊，马上要去伦敦拍。电影大概叫 *When I Saw Him*。剧本还没拿到呢。哎呀，我演的那些电影我自己从来都不看的。”周采芹一低头，两排刷得浓密的眼睫毛和手上两只波西米亚风格的大戒指同时在闪。

她在《上海的女儿》中写道：“西方人把东方小姐幻想成百依百顺的莲花处女……这类想象显然很有市场，我后来在西方演戏时就常被选来扮演那种亚洲妇女，不是东方娃娃，就是东方妓女，要不就是娃娃兼妓女。”

02

1952 年，13 岁的周英华和 16 岁的周采芹告别长乐路 788 号，一幢三层楼的法式洋房，被送到伦敦，此后再也没有见过父亲。他俩试图通过戏剧、电影、绘画、建筑等艺术形式安身立命，同时在灵魂深处与父亲相连。但在 20 世纪五六十年代的伦敦或纽约，一个中国人想要在主流艺术界存在极其艰难，因为类似“华人与狗不得入内”的原因。所以，周英华说，无论在早年开餐馆还是如今的绘画事业中，反对“种族歧视”都是一个强烈的动因。

具体地说，周家姐弟遭遇过什么样的歧视呢？周采芹记过一鳞半爪：“有一次去租公寓，只因为我是个中国人就被拒绝了。我当时就像挨了一记耳光一样，满脸通红，自己什么错误也没犯却要受此侮辱，我觉得这太不公平了。我从这件事中学到了不少东西，真正体会到那些看着公寓窗户上写着‘爱尔兰人和有色人种不必申请’的人，心里会是怎样的痛。”

另一次，她被一个英国男人拦住：“我不想显得没礼貌，可是我能不能问一下，你的乳房是真的吗？因为，传说中国女人都是平胸……”

六十年间，从欧洲到美洲到亚洲，周家姐弟留给世间一连串跳跃、夸张、反差极大的影像或记录。他们有时消沉得如坠深海，有时快活得手舞足蹈，有时骄傲，有时萎靡，绘就一幅曾经沧海难为水的壮阔长卷。

或者可以从陈冲写周采芹的这段文字里体会丁点“艺术挣扎”之下的反弹，它与费正清先生用于描述近代中国的“冲击—反应”论像是一个道理——

“时不时地我会在荧幕上见到她，角色都并不大，但演什么像什么，是个极有生命力的演员。真正见证到她的演技是在舞台剧《金孩子》（*Golden Child*）里面。采芹演的曾外祖母令人难忘，她的悲情、她的执着、她的幽默、她的可笑，都表现得淋漓尽致。采芹的每一句台词、每一个停顿、每一个形体动作都是那么精准，简直是炉火纯青。”

“阿拉爷在台上，是要啥有啥（指举手投足间已臻化境）。我现在画画，也求这个。”周英华对我说。

除了长子周少麟，周家其余 5 个孩子都被有四分之一苏格兰血统的裘丽琳送到了英国或美国。而周信芳在上海孤岛时期，与田汉、姜椿芳等文艺界左翼走得很近，编演过许多进步剧目；新中国成立初期也和梅兰芳、周扬同登天安门参加过开国大典，担任过上海京剧公会主任、上海文化局戏曲改进处处长……小女儿周易曾经清点过父亲任职、兼职、挂名的职务，有二十多个。

“那么，母亲为什么一定要送你们出去呢？”我问周采芹。

“我们很小的时候就知道我们都要出国的。我爸爸再有名，也是戏子啊……你们年轻人不知道从前的戏子意味着什么……我妈妈很了不起，我大姐是第一个出国的。”（大姐周采藻，娴静良善，定居纽约，曾在三妹狂野生活濒临崩溃时伸手相帮，没有一句责言。她后来形容采芹的生活是“作料太多，而主菜太少”。）

在旧社会，戏子意味着喜连成科班式血泪交加的苦训，奔波于码头，迎受各路欺凌，承受着不成角儿的苦闷以及成角儿后的种种负累。饶是周信芳 7 岁登台（“麒麟童”的名号从“七龄童”来，本是一位写海报的王老先生错听误写，不想歪打正着），17 岁在上海成名，也免不了被剥几层皮。

当年天蟾舞台的老板顾竹轩是上海滩仅次于黄金荣、杜月笙、张啸林的第四号人物，他诓骗、盘剥、威胁周信芳的手段都在女儿周易的回忆录里有所记述。为了摆脱顾四先生，周信芳一度在舞台上敷衍“泡”戏，散戏后痛苦又自责。为了摆脱顾四先生，他不得不转到更大的债权人黄金荣手里，并拜了门生，以求照应。他还接到过“七十六号”吴世宝家唱堂会的霸王邀约。

裘丽琳曾经偷偷跑到一家比利时洋行，花 120 块银圆买了一把 0.25 口径、能连发五发子弹的勃朗宁手枪，每夜护送周信芳往返戏馆，每遇彪形大汉，便用身体挡住丈夫，同时抓紧手提包搁在胸前……直到有一天，周信芳看到包里的枪，大吃一惊。

一生辅佐丈夫、精于理财的裘丽琳没有想到的是，铺平道路，试图让子女们挣脱一种根植于中国传统文化的歧视，却令他们遭遇了源自西方的另一种歧视——那是一种“文化战争”，与国力强弱息息相关，在近代全球艺术中心自欧洲转向美国的轨迹中有全套逻辑可循。周英华在自己非学院的、来自艺术圈三教九流的芜杂知识体系中，摄入了这一认知。于是，在过去的半个世纪里，他奋力完成了两个动作：先富（开餐馆），后强（做艺术家）。而中国在过去175年的漫长岁月里，也在苦苦经营这个富强梦——2015年1月，周英华第8次回到中国，在京沪两地举办首次个人画展，仿佛国家与个人共舞，两厢节拍刚好踩在一处：恭逢盛世，艺术昌荣。

跟随周英华左右的有好几位外国人，他们来为他的画展捧场。卷发、褐色眼珠的Wyatt Kahn在我的笔记本上写下他的名字，之后一查，他1983年生于纽约，本科就读于芝加哥艺术学院，2012年亨特学院艺术硕士毕业，如今是相当活跃的新生代艺术家。在许多主场语言为中文的场合，他说，抓瞎了（I'm totally blind），就想想怎么把自己的艺术做好。

周英华是一个相当open但又很难真正吸收提问的受访对象。横跨三大洲的经历和磨炼让他成为现实生活中的表演艺术家，面对各路记者、观众，他有令人眼花缭乱的身段，也备有几套唱段般的说辞（歌词大意可见各媒体报道），不由分说交代完，他会果断地一挥手："我给你很多料了，够了！"其中有两个时间点，我在不同场合听到不下五遍：一是1949年开国大典之前一周（他强调不是"十一"当天说的），毛主席说，中国人民从此站起来了；二是2008年8月8日（北京奥运会开幕式）以后，中国人的世纪来了。

03

众百姓：【吹腔】爆竹除旧万户新，元宵佳节庆升平。

张元秀：【二黄摇板】夫妻双双朝前进。

贺氏：【二黄摇板】大街观灯去散心。

薛贵：【二黄散板】堂前领了大娘命，荒郊抛弃小主人。

薛贵：【二黄散板】伤天害理心何忍？

1月16日晚，上海天蟾逸夫舞台（就是当年顾竹轩开办、周信芳唱过5年戏的场子），周信芳的私淑弟子、周少麟的拜门弟子、当代麒派领军人物陈少云和夫人杨小安合演《清风亭》。他俩上一次同台，是22年前。满场票友，脖子都伸长着。

谢幕加唱，麒派经典《追韩信》“三生有幸”片断。全场站立。

一声念白“将军，你千不念万不念，还念你我一见如故”刚出，台下一片齐唱“是三生有幸，天降下擎天柱保定乾坤……”有板，有眼。这本是人物情感激烈的唱段，当年周信芳却将节奏处理得缓慢而平稳，反而更能烘托情绪，别开生面。他运用的各种板式，如高拨子、清江引、四平调等，在过去传统老生的唱法里也是不多见的。周英华站在第八排中央位置，眼泪流了下来。

几小时之前，在京剧院演讲末尾，他也哭了，那是说到同麒派艺术源自血液的关联。而几分钟后，他又兴致勃勃地鼓动大家提问，甚至开玩笑说要悬赏。有愣头青问：“周先生，您现在的画多少钱一平尺？”他滑过去：“就一块豆腐钱。今朝夜里《清风亭》，（主人公）就是磨豆腐的。”说完，一个手势带出身段，“锵！锵！裁！”

1月13日，在纪念父亲诞辰120周年的研讨会上，他用英文致辞。讲到后半段，伴随着声音情绪的起伏，他的身体不断在椅子上弹起来，又落回去，气势是很足的——隔天周英华告诉我，姐姐们关照他，讲话的时候身子不要乱弹。

“我父亲通过京剧为中国贡献了一生。作为身处异国他乡的孩子，我感到自己从未对我父亲和我的祖国有过深切的认识。我一生都致力于通过弘扬祖国文化同父亲和中国重建关联。幸运的是，在50年并不平静的中断后，我以麒派的方式重拾绘画，以此拉近了与父亲的关系。对我来说，这是耽搁良久的旅程。今天，在父亲120周年诞辰的庆典上，我终于填补了那段漫长的虚空。”讲到这里，周英华哽咽了。

一转身，他开始同长辈嘘寒问暖，甚至讲笑话。他就这样哭哭笑笑，从北京到上海，折回北京，再返回上海。他的喜形于色、对人不设防和从头到脚的活力，早已同一生沉默稳重、谨言慎行的父亲远远拉开距离。

有位记者问他：“请问当年您父亲怎样表达对您母亲的爱？”周英华嗫嚅道：“我 13 岁就走了，真正跟父亲朝夕相处的时光只有走之前的两个礼拜……”众人散去后，我悄悄告诉他：“1970 年深秋，周信芳先生从监牢里放出来，回到家立刻上楼，一边唤‘丽琳，丽琳，我回来了！’但他没有找到人影。儿媳敏祯赶紧搪塞过去（裘丽琳经受了‘文革’中惯见的折磨，在 1968 年 3 月 27 日咽了气），但她看出来，公公心里明白，她说从那一刻起，老人已经失去了活下去的勇气。”

周英华顿时动容，诚挚地柔声问：“你是怎么知道的？”“看书。”我说。他郑重地点点头。

“我一生一世都在寻他，寻我的父亲，寻我的中国。父亲就是我的中国。”周英华说完，哽住了。

此次回国，有关当年周家的细碎往事他都迅速吸收，比如饭桌上姐姐们告诉他：“你就生在淞沪战役前夜，我们胜利了，所以你叫英华。”她们讲的是上海话，是久违的老上海腔，有迷人的舌尖音，比如“全部”的“全”。

那个上午，江南的冬雨打湿了西郊龙华墓地里一尊尊花岗岩塑像，像是让他们润起来，醒过来。周信芳先生紧挨着搂着三毛的张乐平先生，他被子孙们敬献的花圈和许多把雨伞包围，纯白色的百合花瓣和伞尖都在滴水。

老幺周采茨亲吻了手中的一枝黄色雏菊，又用花苞轻触父亲心脏的位置，随后将花枝摆放在墓前。老二周采蕰行中式礼，三鞠躬。周采芹持菊对着父亲粲然一笑，那是一种会令男人、女人都怦然心动的笑，纯真妩媚又凄凉。

周英华深深躬下腰，良久不起。在他的正前方，一块黑色石碑上刻着细细的字：艺术大师周信芳（1895—1975）。

对话周英华 / 我的绘画就是一种表演•

银光闪闪的“奇迹”

问：听说2012年您忽然转向绘画是因为杰弗瑞·戴齐先生（Jeffrey Deitch，曾任洛杉矶当代艺术馆LA MOCA总监）在您家厨房里看到了一幅您1959年的画作。说说那件富有戏剧性的事情吧。

周英华：他看到那幅画以后震惊了，他看出那幅画里有丰塔纳（Lucio Fontana，意大利艺术家，空间主义的创始人，最著名的是一系列“割破的”画布作品）的味道。他知道我和艺术有很深的渊源，我收集画像，放在餐厅里展示……但他不知道我以前是个画家，他很吃惊：“这幅画非常棒！”正好他在MOCA有一个展览，叫作“绘画工厂”，汇集了过去三年所有顶级艺术家的作品。我走进去浏览了一下说：“也许我应该重新开始绘画。”这是我自大的一面。我说：“我的作品会比他们大多数人的都好。不是所有人的，但也差不多。我想现在我可以击败他们。”再次强调，这是我

• 访谈由京沪两场组成（北京部分由方军先生采访），以英语为主，辅以少许上海方言。它们留下来的语感，竟也有些像一幅拼贴画。

周英华作品

不够谦虚的另一面。

我有种重生的感觉。因为小时候受过严重的创伤，年仅 13 岁，形单影只，漂泊异乡，全靠自己熬过了孩子气的那段时光。你可以说我幼稚——我喜欢电影，我希望像电影中那样生活，其实我的生活是有点像电影啦——我回到家并有了自己的目标，这就是我把重返绘画领域后的第一件作品称为"奇迹"的原因。

从两年半以前开始，我每天一早起来就把自己扔进画室，从未停止过，像着了魔似的。你知道，"奇迹"是一件很大的拼贴作品，10 英尺乘以 8 英尺（1 英尺 =0.3048 米），因为迫不及待地画，我忘记戴手套，钉完上千个钉子之后，我手上划痕累累……

这一生，我从一件事做到另一件事，我被领到昨天、今天，一直到此刻的此处。

问：冒昧地问一下，1956 年到 1957 年您在伦敦圣马丁艺术学院学习了一年，后来毕业了吗？

周英华：没有啦。我小时候不爱读书的。我大概只认得三百个汉字，但长大以后，我意识到没有受过完整的教育带来的不足，所以我无时无刻不在学，向周围的每一个人学习。比如，早上我会看 YouTube 上的视频，有很多有关艺术大师们的内容，如达·芬奇等。我学得很快，像海绵一样吸收，而且我的好奇心的跨度很大，这也是麒派的精髓所在——像拼贴画一样，将不同的元素结合在一起，这种方式很适合我，而且贯穿了我的整个人生，涉及亚洲、欧洲、美洲三个大洲。我不是知识分子。知识的好处是可以让人悬崖勒马，而最终我也可以找到自己的方法，同样达到悬崖勒马的目的。

我问跟随周英华近十年的助手陈昱先生，他眼里的周英华是什么样子。他得体地说："就是你现在看到的样子——充满活力，充满创造性，是一个教育家。"周英华听到了，立刻补充道："我也是一个学习者。"

问：您后来在汉默史密斯房屋与建筑学院又待了两年，据说有两位年长的朋友对您影响很大？

周英华：他们从中国来，一个是广东人，一个是台湾人，整个学院就我们三个中国人。我们在一幢房子里画画，没日没夜地画。那段时间我临摹了许多大师的作品，比如这两周模仿凡·高，过两周又换一位……事实上，1958 年我们在伦敦 A.I.A 画廊办过一个"三位中国当代艺术家展"。

问：很遗憾您没有继续下去。除了种族歧视，还有其他原因吗？

周英华：种族歧视或许不是唯一的原因。我确实被拒绝过好多次。我记得当我带着作品去美术馆央求他们看看时，他们直接拒绝了。回想起来，当年中国艺术家想获得成功简直太难太难了。而我有野心，我梦想成为最杰出的画家，即使当水管工，我也要成为最好的那一个。当时我知道不大可能实现那个梦想，在某些时候，我也是比较务实的，于是我开了餐馆，它成为全世界最好的餐馆之一。现在我觉得可以做这件事了：带着"奇迹"卷土重来，实现杰出画家之梦——这个梦在高压锅里压了50年！

问：谈谈您不够谦虚的那一面吧！我听说当代艺术家中只有两位——安迪·沃霍尔、克里斯托弗·沃是您觉得没有办法超越的，还有老艺术家是您无法抗衡的。能不能告诉我们，有哪些大师让您心存敬畏？

周英华：在绘画方面，我最推崇的是弗朗西斯·培根，他对颜料的使用超过他之前所有的艺术家……这份名单会很长，恕我不报了。现在我很高兴地说，我已经超越了培根，不是因为我画得比他更好，而是因为我使用了更好的介质。其实，绘画水平不是靠转换一种风格就能提高的，绘画只能从你的内在来，你无法逃脱自身，因为作品不会撒谎。晚上我常常看着自己刚完成的作品，听着 ***Gone with the Wind***（电影《飘》的主题曲），觉得自己太伟大了！但早上起来再一看，一坨屎（a piece of shit）一样！

但内心里，我是有自信跟当代前十位艺术家在同一张桌子上吃饭的，私下里说，我其实想冲刺前五。我已经不再年轻，我没有时间谦虚了。你看路易丝·布尔乔亚（Louise Bourgeois），她的艺术生涯在75岁以后才爆发，这给我以鼓舞。

问：在画布上使用银箔甚至金箔是您的创举，为什么要用这种材料？

周英华：银作为绘画材料是从纽约兴起的。一个偶然的机会，我透过橱窗看到了米罗的一件蛋形雕塑，它启发我用黄金去做一件拼贴作品。我打电话给一个做黄金交易的朋友，他又把我介绍给一位珠宝商。就这样，我拿到一小块 24K 的黄金，上面还有一些小孔……那真是一个黄金般的时刻。我后来才知道，那样一小块黄金要一千美元，所以我就换成银。我拿了块纯银，把它熔化并做成薄片。这种材质既有韧性又有刚性，而且再次凝固以后不会暗淡无光。

问：听说有位收藏家很喜欢您作品中银光闪闪的部分，但因为不喜欢另外一些像“垃圾”的部分而放弃了购买。确实，我们瞻仰了您的作品，觉得有些部分看起来比较“脏”（messy）。

周英华：我不会因为收藏家的品位而放弃那些部分。在我看来，金银和那些“垃圾”，和我画画时用过的手套、塑料袋、破布片、零碎美元是同等的，你可以尽情发挥其中的含义——反种族歧视、破坏或者和谐，诸如此类。我就是要打破那种银光闪闪的节奏。

我使用的材料都是很有个性、对我来说很直接的东西，比如家用油漆。我不会特意去采购，顺其自然而已。培根曾经用人类已知的每一种技巧去画画，“人类已知的”这个短语一直印在我的脑海里，挥之不去。我创造颜料层并运用新的介质，就是想尝试一下未知的、别人不曾试过的东西。

问：在您壮观的配方中还有蛋壳，为什么使用蛋壳呢？

周英华：鸡蛋是非常普通的东西，它非常性感。蛋清并不太适合绘画，因为它不容易干燥，但是在我的画布上蛋清却奇迹般地保留了下来。我这里有一个视频，我站在梯子上扔鸡蛋并把这个过程拍了下来。这又像是命运，命中注定。我本打算直接扔出去，让蛋壳随意掉落，但这时蛋清起到了完美的作用。蛋清从某种程度上为我的画敷了一层膜，它看起来就像一个太阳……这就是我要的绘画，我当时叫道：“Wow！”

我现在的作品可以说是对两个工作的继续：一个是泼洒，不同于如今西方艺术界常用的那种波洛克式泼彩。西方艺术家通常都是垂直地在画架上绘画（horizontality），尤其到了 20 世纪，当画变得更大更抽象以后。

周英华作品

这样的手法创造出来的印迹人们已经熟悉，很难再创造新的纪录。几乎没有西方艺术家会水平地在桌上绘画（verticality），但是中国人整天都在书法和水墨画中那样做，我吸收了这种画法。

我是一个拼贴画家，一半是雕塑一半是绘画。在雕塑中，一个艺术家使用的任何介质都是他人格的一部分。你看克里夫德·斯蒂尔（Clyfford Still，1904—1980，美国抽象表现主义画家）使用的介质，和罗斯科（Mark Rothko，1903—1970，美国抽象派画家）的就不同，后者主要使用布等，那么留下的印迹也不同。不同介质让艺术家的个人特征显现。画上应该印有作者指纹一样的个性，这种“个人主义”对于当代艺术是非常重要的。

麒派在我心里

问：您提到过您的作品和生活都是拼贴画，而京剧，尤其是您父亲的麒派艺术也是一幅拼贴画。为什么这样说？

周英华：我的作品你已经看到了。我在生命的不同阶段周游了世界各地，也对自己进行了很多次重组。我在各种不同的领域有过从业经验，比如剧演、电影和建筑行业，因此我的生活也是一幅拼贴画。

京剧是中国的国粹。京剧的基本精神，比如我父亲的麒派，是表现主义的。麒派的精华，归根结底有两点：真实、原汁原味。很长时间里，京剧是嗓音的艺术，所以人们迷恋唱段，而演员的步伐与动作只是走过场。我父亲 15 岁左右因为唱戏太累声音"倒仓"，他的嗓子回不来了，于是他开创了一套新的表现形式。他的台词不再只是背诵的句子，而是激荡人心的演讲。他的步伐也不再只是对英雄人物动作的模仿。他也在电影和其他艺术形式里吸收可用的方法，通过抵达真实的人和故事跟观众建立了联系，就是在这一时期他奠定了麒派的基础。

我相信我身上遗传了这种表现主义。我画画的时候很像是一种表演，完全是无意识的。因为我的背景和性格，我天生是一个表演者。是的，我渴望掌声，但同时，我试着聆听父亲的教诲："不要过分在意手上发出的掌声，而要倾听心灵发出的喝彩。"

问：离开上海前两周，您跟随父亲度过了一生中最近距离的两周。那两周里，您经历了什么？

周英华：那时候他一个星期唱 9 场戏。每日夜里做戏，我便跟着他到戏院，人们叫我"小麒麟童"。我印象最深的是，为了获得更好的音效，他们在剧场里挖了一个洞。

技术到后来常常会成为艺术家的束缚，艺术家与工匠的不同就在这里，我觉得父亲演戏完全是个人化的，是别人学不来的。同一本戏，每次演都不同，每次都是新鲜的，而且一气呵成。这“一口气”很重要，我画画也追求这“口气”。暴力与和谐共存，刚柔并济，这也是我从父亲那里学来的。

做完戏，他回到屋里厢吃点饭，有时候在新雅饭店吃……因为小时候家里穷，他不吃蔬菜，只吃肉，最喜欢蹄髈的皮……有些小事我记不住了。总之他是个典型的中国男人，不重修饰，不喜欢肤浅的东西。那时候只要父亲在，我一声都不敢出的，我们都有点怕他。

问：您父亲当年练功，每天早上要穿硬靠、厚底鞋，单圆场就要跑一百圈。他后来在舞台上的挥洒自如，是有扎实的童子功垫底的。我想问的是，父亲在台上看似随意的即兴挥洒和您如今画画时的那种自由与即兴，有本质上的区别吗？

周英华：我在非常年轻的时候画了十来年，从1957年到1968年。我临摹过几乎所有风格的艺术家。这两年半以来，我画了上百件作品，有些技巧和画法已经自动成形。我发现一件有意思的事，就是我有遗忘的能力，我觉得这不是很多人会去谈论的。我每次创作时都会清空记忆，忘掉技法，因为如果记得它，我将会依赖它，那就是工匠式的重复。在这一点上，我与父亲没有不同。

我想说的是，麒派不仅仅是一种表演流派，更是一种生活方式。它就在我心里面。

问：为什么在谈论您的作品的时候，那些西方评论家（他们真挺能写的，比如“鸡蛋暗示天体”“顶端上色的旧钉子像菌类”）需要借用另一些艺术家的名字，像波拉克、丰塔纳、劳森伯格、施纳贝尔等，来作为理解或进入它们的注脚？

周英华：当每一个新画家出现时，像我经过了50年的中断，观众对作品的了解有限，所以评论家需要给予一些他们相对熟悉的“参照系”。在京剧中是以某某流派来命名的，绘画中也有，常常会提到具体的画家。以后，当我的

画作广为人知了，相信评论家就不需要再这样做了。

问：今天提到一些西方画界的朋友给过您一些关于绘画的有益建议，但又滑过去了。能否举两三条给我？

周英华：比如乌尔斯·费舍尔（Urs Fischer，1973 年生于瑞士苏黎世，新锐艺术家）告诉我，如何在美术馆办画展。比如朱利安·施纳贝尔（Julian Schnabel，生于 1951 年，美国当代艺术家及电影导演，曾获金球奖最佳导演奖以及奥斯卡金像奖提名）告诉我，艺术家需要百分百地将其生命奉献给艺术。比如 Wyatt Khan，他认为柴姆·苏丁（Chaim Soutine，1894—1943，犹太人，法国表现主义画家）是比弗朗西斯·培根更好的画家。

他们尽其所能画我

问：必须谈谈让·米歇尔·巴斯奎特，天才来的。还有安迪·沃霍尔，听说也是您的好朋友。

周英华：我跟安迪·沃霍尔没有那么亲近。巴斯奎特和我很亲密，他一度天天泡在我的店里。通常他对别人会有防范，但和我在一起时不会，他想了解我的世界，所以我们一起去了趟香港。他很可爱，真遗憾他已经过世了。

他在很年轻的时候就已经创作出伟大的作品。我见过他画画的全过程。他不看的（头转向一边，表演不看手的涂鸦），但他知道手里的分量，一切都在他的控制之中。什么叫杰作？就是作品尽在掌控之下的意外。

问：在谈论您的自画像收藏之前，能不能介绍一下您收集俄罗斯邮票的情况？

周英华：我喜欢拔头筹。我总想做到最好。我想成为俄罗斯邮票之王。我会创造一个专属领域，这在收藏家中并不少见，比如有人为了收藏毕加索的珍品而捐给博物馆 5 亿美元，这样他的藏品中就含有四幅或五幅毕加索最好的画作。

我收藏自画像，也收藏其他艺术品，我收的艺术品也很棒。我的餐馆里还有一份史上最厉害的顾客名单，都是各界名流。在那里，你会有许多机会遇见 Lady Gaga，甚至总统，所以这也是一种收藏。

对了，我还曾经每天收集一件种族歧视的例证——某个人的姿势、表情或者其他。它们成为我今天艺术创作中愤怒的来源。艺术应该是含有怒气的，凡·高曾经很愤怒，他对教会和世上的不公正满怀郁忿。每当被排斥的时候，我都会变得更强大。事实上，我不能承受太多的爱慕和崇拜，它们会削弱我的力量。

问：这次个展，您那些出自名家的肖像画相当令人瞩目。您怎么会想到让画家朋友为您画像？

周英华：一切从彼得·布莱克开始，他是我的好朋友。当时是请他为我画张像，来反抗对中餐厅的歧视，我希望他能深层次地挖掘反种族歧视的精神，所以他创作了一个斗士型的餐厅老板，把中国、意大利、各种族的文化元素都融进来，体现了一种混合文化。由此我产生了收藏自画像的想法。然后大卫·霍克尼为我画了像，再后来许多画家都画了。

问：付酬金吗？

周英华：不，不。一般都用一顿饭来换。每张画都有故事。大卫·霍克尼把我画得很好。我坐在那里 3 个小时，一动不动，简直要疯了。他说："下周你得再来一趟。"我说："再说吧。"但他又画了一张，也很棒。

安迪·沃霍尔很酷。我当时在订比萨，我说画成黑白的，再用上钻石砂。他像举着一块三明治一样举着色盘作画，就这样画成了。

问：在哪里画的？

周英华：我去了他的画室，他用这样的相机给我拍了张照。他很棒。巴斯奎特画得也很棒。他们都画得很棒。我想有一部分因素是，我是中国人，他们要以不同的视角来看我。另外，他们知道其他人也为我画像，他们知道这是有竞争性的，所以会尽其所能。把他们聚在一起，就是这么棒。

问：Mr. Chow餐厅名流会集，是什么促使您结识他们？您是怎么做到的？

周英华：我到了伦敦，一切重新开始。然后我开始有意地结交名流，60%是有意的，40%是偶然的。当时我从事的设计工作也需要名声。我很容易就能获得媒体的关注，比如我去了一趟农场，就上了头条……

曾经，Mr. Chow餐厅里挂着许多优秀艺术家的照片，它是所有有创造力的艺术家的聚集之地。我们都是艺术家，我们气场相合。我觉得就像动物一样，艺术家能辨别自己的同类。如果你这个人和你的作品从不妥协，保持真实，他们就会被你吸引。如果你弄虚的那一套，以为自己隐藏得很好，没戏。比方有一次乌尔斯·费舍尔跟我一起做蜡像，说想跟我交换一幅画。我说："当然可以，但你能给我一幅钻石沙画吗？"他说："不，但我可以为你画幅像。"我欣喜若狂。就这么简单。这是一群特定的人，我跟他们交流毫无障碍。

问：您怎么看待当代的中国艺术和文化？

周英华：一部分在西方受过训练的艺术家，像徐冰、蔡国强，都是很好的艺术家，他们更加兼容并蓄并且在迅速赶超。还有一组艺术家，正在从传统中汲取养分，想要复兴中华文化。一组人的使命是把西方文化带进中国，另一组人则是把中国文化带给西方，我的工作属于后一种。我们在这个完美的地方相见，其实做的是同一件事，是同一个硬币的两面。

但是恕我直言，大部分中国艺术家不知道我们真正好的东西在哪里——在汉代，在唐代，在宋代，明朝以后就往下走了，后来的东西骨子里都发虚，分量不够重。过去两三百年里，艺术，包括当代艺术都是以西方为主导的，必须承认这一点，如果不承认，就不会虚心去学。

问：最后一个问题，有人收藏您的作品吗？

陪同周英华的一位女士代为回答：有啊，周先生已经有 20 多幅作品被收藏。第一幅被收藏的作品是 50 万美元出手的。其中重要的一位是……（她在我的笔记本上写下 Francois Pinault）。

经检索，此人为弗朗索瓦－亨利·皮诺（Francois-Henri Pinault），世界上最大的时尚奢侈品帝国法国巴黎春天集团（Pinault Printemps Redoute，简称 PPR）董事长兼首席执行官。PPR 旗下拥有 Gucci、Yves Saint Laurent、Puma 等品牌，还拥有佳士得拍卖行。

此外，在周英华的英文版画册上还印着：他的作品被莫里斯及保罗·马其亚诺艺术基金会（Maurice and Paul Marciano Art Foundation，拥有者为 Guess 品牌首席执行官），纽约 MOMA 以及许多私人收藏家收藏。

采访于上海、北京

写于 2015 年 1 月

老树 / 画在人心的苦闷上

老树，本名刘树勇，毕业于天津南开大学中国语言文学系，现为北京中央财经大学文化与传媒学院教授，文艺评论家，摄影圈知名人士。

李毓琪／拍摄

清明时节，胶东半岛下了一场大雨。老树回临朐老家，看雨后桃花开着，麦子青着，忽然记起童年的黄昏：麦田无边无际，蝙蝠翻飞，远山如黛；风起的时候，麦浪暗涌，朝山那边淌去。

前些年，他画了一张被风吹向一边的青麦穗发在微博上，引来不少回复，其中有一条是这样写的："麦子还没成熟时是直立的，这画得也太不真实了。"17 岁离开农村去天津南开大学念书之前，老树每天一睁眼就看见麦田。他见过风口上的麦子，大雨过后扑倒的麦子，以及高坡上的青稞麦。他说，那些指出"不真实"的人，多半见过麦田的图片，也许偶尔经过麦田——那个图像的、知识的、观念中的麦子，与一个人经验中的麦子，哪个更真实？

老树返回北京，在一片事务性繁忙中挣扎着同我们见面。每天，他经过一座高梁桥，就到了供职 32 年的这所大学。当年老舍先生写过高梁桥，说是清明时节，人们出了西直门，到这里踏青，但见桥下清流一碧，西山举首可望，云蒸霞蔚，两岸落英缤纷，仕子如云。如今，这桥屈在西直门轻轨站下，桥下一汪浊水打转。背过身去，老树摊开纸，蘸了墨，画他的小桥流水，飞鸿落花——这变动中的现实的桥，和他心中的画中的桥，哪个更真实？

诗 意

四两红星二锅头缓缓落肚，老树的脸活泛起来，话多起来，夹着“唉唉”的叹气声。小时候，母亲对他说：“孩子，你能不能别老叹气，你一叹气我心里就咯噔一下。”母亲不知道，叹气是儿子的一种休息方式。老树打小还会另一种调剂，带着弟弟妹妹做饭、养猪、喂鸡、养鹅，一天忙完，开始做自己喜欢的事情，比方用泥巴捏个汽车什么的，先前的疲惫就全散了。后来更忙，一直忙，忙半天，忽然人都走了，他抽出一张纸来，坐下，开始画画，之前的疲惫也都烟消云散了。

“我能迅速地从某个情境中抽离出来，一丁点儿都不再想。对，我就是整个儿调频，换台了。”

他嗓门高亮，措辞像新鲜萝卜一样生脆。长年剃个光头，眉目容颜被岁月淘洗了好几遍，渐渐显出泰然喜乐的神态。好多公开场合，他揖让着说自己是个“胖大爷们”“像杀猪的”，或者“就是一块五花肉”。

“你把包放下，民工也有把包放下的时候。到了地下，那是咱的地盘。”地下一层的工作室里有个及膝高的铁皮桶，是一个朋友寄来的，里面装着一百斤茅台原浆，另一些朋友已经挽起袖子候着开封。他管共事多年的女同事、小饭馆里的女服务员，以及面前的我们都叫“妹子”：“妹子，吃好面前这口菜。”酒菜下肚，他便是水做的鲁智深，帽子也反着戴了。

“七八个星天外，两三点雨山前，旧时茅店社林边，路转溪头忽见。”“山远近，路横斜，青旗沽酒有人家。城中桃李愁风雨，春在溪头荠菜花。”这些是他喜欢的，所谓平常的诗意。

“你想，在古代，一个书生，进京赶考，家里人砸锅卖铁，把盘缠给他准备好，一头毛驴，驮着一副褡裢，一头是吃的，一头是银两，后面跟个童子，从四川往北京走，走好几个月。没有电话，也不能发微信，沿路桃花开着，小风吹着，净剩想法了。那褡裢，写一句扔到里边，写一句扔到里边，凑一首诗。到了傍晚，知道哪儿有客栈，什么王寡妇开的，你想想里边有多少美好想象……我们老讲古代人活得有诗意，其实那就是生活的样子。为什么现在的人没诗意了？因为没那个生活了。”

“1984 年我去黄山开会，一个破板房子里住了四五十口人，都是小伙子，乌泱乌泱的，夜里十一点钟还在那儿吵架扯淡，臭烘烘的一屋子。我说出去溜达吧，租个军大衣，裹着就往北海那边走。走累了，坐在路边一块大石头上，听松涛的声音，看月光透过松针洒到地上，突然觉得屁股底下湿了——山里的石头控得住水，正往外渗。好嘛，立马想起‘明月松间照，清泉石上流’。好多古诗都是白描、写实，你愣憋愣想，那哪行！”

老树的画上的一株垂柳、几枝海棠，多是他前 17 年乡村生活经验的反刍、提炼和诗化。那些形状各异的叶片，好多是山中草药，从前他在山里采摘了卖钱。他知道“五一”前后的柴胡才能入药，丹参要秋后初冬去刨，野山药的叶片跟何首乌的长得很像……他生吃过何首乌，当场倒地口吐白沫，那叶子的长相更难忘了。

1979 年，老树考进南开大学中国语言文学系，遇上一些老先生，邢公琬、李何林、李霁野、朱维之，都是诗文功底深厚，同时活在古风里的人。古代文学史学了三年，六个学期，自先秦的《诗经》《楚辞》一路下来；音韵学重点讲诗词格律；唐宋诗词也细细捋了一遍。这期间，叶嘉莹先生应外语系主任李霁野盛邀回大陆讲学，带的第一个班就是老树所在的班级，台下坐着的学生中间还有叶先生的侄子叶言材。

“她讲宋词，没有讲稿，在讲台上来回走，侧向着学生，秉承顾随先生的讲法，完全是体验性的，好像就走在宋人的庭院和山水里。她还会古人那种唱诵式的吟咏，不仅心境进入，同时身体进入，你都会恍惚她是个现代人还是个南宋人。单就讲台上的风采，后三十多年里我还真没有见过第二个人。更重要的是，她把你带去那儿了，走得有多远。她讲柳永时，哪有柳永？她就是柳永。她讲秦观时，哪有秦观？她就是秦观。2003 年，我们毕业 20 周年，把老太太从加拿大又请回来，给学生做了一场演讲，她已经八十多岁了，真棒啊。她讲姜夔的一首词，讲得泪如雨下，在台上成了泪人，底下的小孩都傻了。人家进去了，回到一千多年前，与古人共推移。现在有几个老师能这样？没有。”

“顾随先生的弟子，我还遇到过一位，杨敏如杨教授，比叶先生高一两级，一直在北京师范大学教诗词。她 90 岁那年，来给我们讲了一回课，讲的是苏东坡的一首词。那会儿她刚做完髋关节置换手术，我估摸讲半小时也就差不多了，结果讲了三四个小时，旁征博引的，底下的学生听得如痴如醉。那个年代的人真是太有魅力了，她的学问、人生经验，以及她这个人呈现的气息，完全是一体的。”

顺着这个理，民国时期军阀张宗昌的那些“丘八诗”他觉得好：天真率直，了无心机。比如这首模仿刘邦诗的《俺也写个大风的歌》：

大炮开兮轰他娘！威加海内兮回家乡！数英雄兮张宗昌！安得巨鲸兮吞扶桑！

还有这首《天上闪电》：

忽见天上一火链，疑是玉皇在抽烟。如果不是在抽烟，为啥又是一火链？

吴佩孚写的军歌《满堂红·登蓬莱阁歌》，在他看来气势浩荡。有一年，从朋友的岳父、当年北京大学哲学系的毕业生嘴里听到哼唱版，对史料里一行字“曾被定为国歌，传唱十几年”有了感知。

“现在太多所谓的诗，技巧圆熟，言语合度，中规中矩，可哪里还有那样的天真、诚恳和好玩？人多少总有些天真无赖的心性，可什么时候在人前、在诗文里表露过？为什么总是假装正经，道貌岸然？所以我说当今最好的文字，就是手机里、网络上传的某些段子。”

轮到老树自己在画上诗文题跋，他写好句子，往通俗里改，改了几遍，就是这样：

街道主任大妈，表情总很严肃。爱看中央文件，走路特像干部。见我最爱打听，为啥你叫老树。听说你是教授，正处还是副处。

梅花对我说，一年没见面。为我吹一曲，我再开一遍。

阴霾遮蔽帝都，还起一个大旱。弹首晴朗曲子，希望心情变好。

进到农贸市场，看到一棵白菜。长得那叫水灵，抱回谈谈恋爱。

春风拂人面，田野采鲜花。吹着口哨回，咣当塞给她。

……

民　国

一个叫庄村真琴的日本留学生捎来良宽的字帖，老树大手翻着册页，口里啧啧赞着，忽然道：“李叔同很受良宽影响。”

老树眼里的李叔同，是民国性情中人的一位，做什么像什么——做留学生，油画、话剧、西洋音乐，一一涉猎，还捎带些回国；回国当公子哥儿，一身白西服，一手拄支文明棍，一手挎个美女，在天津、上海地界上招摇，多少名媛为他心旌摇动；忽就要出家，想到了，就去做，漫天红尘遮不住他的行脚，修的还是失承多年相当严格的律宗。

有一年，老树去山东工艺美术学院新校区，有老师指着后山上一个小亭子说，看，那就是当年徐志摩坐飞机掉下来的地方。老树呆看半天，想这哥哥不过娶了个漂亮风流会花钱不时要抽两口大烟的老婆，不好养，只好求胡适之类有门道儿的兄弟帮忙找点事做，多挣俩钱儿。那一趟，是从上海奔北京讲课，好比老树自己八十年代到处讲课挣外快养家，结果飞机撞了山，就那么矮的一座小山……跟梦一样。

1993 年冬天，老树和大学同学程栋、张卫开始编《旧中国大博览》，在 1900 年到 1949 年这段晚清民国的照片、文字中泡了一年半。《北洋画报》《良友》《现代画报》《联华画报》几乎翻遍了，看了几十万张旧照片，他看到许多与周围环境里性情、气度完全不同的人，看到与新中国很不一样的氛围和趣味。

"那些人真是特立独行。传统流在血液里，留洋多年大概知道外面是怎么回事，回了国，没有半点儿倨傲，迎来送往平常做事，活得生动、自然、好性情——查查史料，个个毛病不少，陈独秀、郁达夫、徐志摩……不管是道德上，还是情感上，乱七八糟的事儿都挺多，但你就觉得他活得像个人样。世俗生活也是多样自在，不虚伪，不强制，宽博有弹性，容许人们任点儿性。你看郑逸梅先生的《艺林散叶》，陈巨来先生的《安持人物琐忆》，民国文人那些生动透顶的言语行动，真是活灵活现，好玩儿极了！想想今人日常说的话做的事，除了叹气，真是无话可说。"

在他眼里，以汉奸论处受审的周作人在被押解去法庭的路上，是塾师去学馆给孩子们上课的样子，可书上说他是"强作镇定，以掩饰内心的恐慌"。看看今日那些获罪伏法的大人物在法庭上露面的神色，老树觉得书上的话说得轻佻。

他说起蔡元培，赴日留学，为的是排满抗清，学的是怎么造炸弹。回到国内，最早的身份是中国第一暗杀团团长。今人只知他倡导过"循思想自由原则，取兼容并包主义"的大学理念，不知这样的襟怀其来有自。那是经历过大事、有血性、有担当的神采。他说起朱德，已官至云南警察厅厅长，拿着优厚的俸禄，住着大院子，仆从一大群，名利双收，忽然就为了心中理想，统统放下，拉上一队人马，革命去了。他说起徐锡麟事发被抓，秋瑾不避不逃，坐在厅堂中从容就捕。负责审办的山阴县令李忠岳一直仰慕秋瑾的人品，待若上宾，命媳妇做了好吃的天天用食盒提进监牢，还让孩子们耳提面命聆听教诲。秋瑾就义后，李县令备棺厚葬，此后手捧秋瑾手书“秋风秋雨愁煞人”，时常饮泣，一年后抑郁而终——大事果敢决绝，单纯简净，为人处世却是君子雅意，一派深情。

得知与我同去的摄影记者是地道的台湾姑娘，老树谈兴更浓。他喜欢那岛上遗存，旧文人和良家女子的声气还在。有一年聚会在张大春家，陈传兴也在，聊起山东临朐，张大春说，朱天文、朱天心姐妹老家也是临朐，马上电话引荐，可惜主人不在。

在台湾，他没事就站在马路牙子上看人，男人、女人、老人、孩子……看够了，拐进小巷子吃面。一家面馆，小得不能再小，只有三四张桌子，却极干净齐整。老板娘胖胖的，头发梳得纹丝不乱，系条蓝格子布围裙照应着，麻利地端面，低声地说话，接钱的时候仿佛做了错事，脸上竟有羞色。访问台湾师大，他立在院子里抽烟，过来一位老太太呵斥：“怎么能在这里抽烟！”老树心里叫声“好”，觉得民国某位中学女校长复活了。台湾摄影师沈昭良领着他去艋舺，沈昭良出生的地方，他更是欢喜；饶河街上机车飞驰来去，女孩儿搂着前座男人的腰，那感觉好。

“现如今不只北京大妞，一国的女孩儿恨不得一个个都跟杀猪似的，隔三岔五想起优雅了，学的也就是林志玲。受不了，我浑身起小米。”

喧哗饱满五味俱全的俗世生活，本是一个社会最丰沃的土壤，上面可以长出各种活物来。一旦被修剪被扫荡，统一在某种意识形态之下，文化生态就毁了。用老树的话来说，只许长一种树的林子看着雄赳赳森森然，可是花也不开了，水也不流了，鸟也不来了。

只是，晚清至民国初的老照片里，明明也有一股腐朽之气。女人缠着小脚，大褂竖起高领，发髻堆得老高；男人春秋冬三季长袍马褂，绸缎料子，富贵吉祥图案，人在镜头前，呆呆怔怔，了无生气，透着几代人被鸦片膏败坏的精气神。这原是民国时代的一面，老树也不喜欢。他看晚清的画，也有这种往下掉的朽败之气，让人觉得清朝不亡都不好意思。然而，这拦不住他构建一个他钟情的或曰想象中的民国：女子良顺，穿布旗袍，温婉朴素；男子文雅，一袭长衫，清新健朗；尘世间自由自在，生动活泼；慢，有闲，在人们脸上看不到急切的欲望，凡事无可无不可的意思。

身在现实，心中驻着一个世外桃源，这样的情形在哪个年代都有。有人心仪六朝倜傥风流，有人怀想汉唐丰饶庄严，老树呢，就认了那个影影绰绰叠着家乡自然风貌的民国。从乡村到城市，从唐宋到民国，在绘画、写作、摄影、设计、书法、制陶、电影批评、摄影批评、出版、授课中游历，老树自觉不自觉地受了文化僭越的恩赐。他像他在窑里烧制的瓷瓶茶壶一般，经了高温，渐渐温润圆融。在画中，他大约是一个反向的朱新建，一个褶皱版的丰子恺，一个更加明亮的竹久梦二。

画 儿

一根线落纸游走，先勾帽檐，四笔连成一顶礼帽；再勾人脸，弯弯半个括号，没有眼睛、鼻子；胳膊、脊背、长衫，衣袂一角被风带起；然后是地坪、青草、树与枝，枝上花苞点点，男人倚树站着；临了墨水笔一顿一折，天边来只飞鸟。亲眼看着老树画，才知他有这等手上功夫。

1995 年某天凌晨 3 点，老树睡不着，瞪着天花板呆想父亲天亮后就得上手术台，切胃。临朐一带是全球胃癌高发区，联合国有个组织在那里设了观测点，一直观测到当地的特产酸煎饼，也没得出结论。

“我爹是做胃镜时发现病灶的。一根管子捅到胃里，发现内壁长个东西，揪出一块来，活检，有癌细胞了。大夫说，胃的外壁可能也有了，但那是胃镜检测不到的。结果手术做到一半，把那胃拉出来，果然外壁有一个，比里边的还大。原来希望切五分之一，结果切了三分之二。当然，胃切掉三分之二的人多了。手术时间很长，大夫很疲惫，那也是个民工（在老树口里，大伙都是民工），拿着个破塑料兜子，里头血糊淋刺一堆，就是我爹的胃。我跟我弟就在那儿使劲表态：‘应该，应该，如果我是大夫，我也这么切。’”

说回凌晨3点，老树睡不着。胖大男人腔子里有颗格外敏感的心。

“性命攸关，那是我爹。心里像有块大石头压着，甭废话，我得找点排解的地方。说白了，那时候要有人拉我泡澡，我就泡澡去了，也就没有后来画画这个事了——1986年放下，是觉得我画的跟所有我能模仿的人都一样，正经重新画国画是在2007年，中间隔了20年——到处找，找到几支多少年前的破毛笔，几张旧宣纸，是这么着开始的。”朋友孟直说，但这20年里，老树画了几千张钢笔小画，涂在各种烂纸上，名片般大小，多是开会时领导在上面讲啊讲，他躲在角落里画啊画的画出来的。老树喜欢开会。

他那天凌晨画的，就是一个穿长衫的男子倚着一棵树。

“画完之后扔一边，忙着伺候术后的父亲。过了十好几天，哎哟，瞧见那天画了这么张画。细看跟谁都不像，这让我欣喜若狂。画好画坏不重要，有我自己的风格，这个太重要了！就像拍了好多年照片，找朋友一看，直夸，太棒了，真像韦斯特！我听了想自杀。这东西是我的，哪怕不完美，有很多毛病，但有存在感了，这感觉特别好。从此一发而不可收。买笔也很邪性，我特意去了湖州善琏镇，买了4700多元钱的毛笔，没几支，特贵，可没一支好用，全是样子货。在学校旁边的金五星——北京最早的一个批发市场——里买，10元钱3支，好使得很！”

1990年，老树的年谱正翻在书法篇上。他研究笔墨纸砚，了解不同年代笔的形制、墨的成分以及纸的材料属性。他看黄宾虹晚年的画，一管秃笔钩来画去，戳戳点点，墨色重重累积，凑近了看，却是有骨有肉，松动而不沾滞——黄宾虹交代过，靠的是宿墨加点藤黄，即使画面干了，也还有一种苍茫润湿之气。他看苏东坡的字，就知道所用的笔不是今人常用的羊毫长锋，否则出不来那种书写痕迹。

老树说，唐宋五代时期画在绢上，水墨在纸本上漫洇氤氲的微妙就看不到。前些日子，他特地去看龚半千画在绢上的水墨山水，积墨的痕迹就比较生硬，不及在生宣上来得自然。有时候朋友送他几刀特别昂贵的宣纸，郑重其事地送来，却不见得好下笔墨，反倒是外面包装的破纸用起来有意外惊喜。画什么不重要，材料、技法只是皮毛，要紧的是态度是否诚恳，作品是否有内涵，最后是否能够打动人心。陆游说“功夫在诗外”，画画也一样，老树觉得画画、题诗都只是表达的介质，眼界、阅历、格局、境界才是内涵的基底。

轻描淡写，无惊无怨，亦无大悲大喜，是老树仰慕的境界，它与气量风度有关，常由文字体现。周作人译笔的冲淡、萧然和古意，有声电影初期演员念台词拿捏腔调的小心翼翼；新文学语词的隔膜、半生不熟、矜持文弱，却又诚恳天真；就算“左联”“创造社”的革命作家比较生猛，最后表现出来的也是粗暴不足憨傻有余——语言初变，将成未成，不知该怎么开口；想动作，刚出手又有点不好意思，这种感觉真妙。

大学毕业论文，老树执意要写汪曾祺。他读过汪曾祺的几篇小说，感觉是活在另一个时代里的人写的，全无当时那种煞有介事的做作，或者特别用力想要表达历史苦难与责任的粗暴。汪曾祺也写“文革”经历，写他在张家口沽源农业研究所下放，没人管，天天掐把土豆花儿来画图谱……如阿城说，感觉如玉。

他背着书包去了北京，经人指点，寻到汪先生，一个极和蔼的小老头。互报家门，原也算得上师兄弟——汪先生是西南联大时期的学生，同巴金夫人萧珊、物理学家杨振宁、逻辑学家王浩等人是同学。汪先生说，战时学生们坐在昆明的一个个小茶馆里看书、写东西，鬼子飞机来轰炸，大家就跑警报，一路跑到郊外墓地的某个坟头上，趴下接着写作业、写情书。汪先生说，他学写作得益于沈从文先生的指点，新中国成立前已写过一些实验性小说，接近意识流。汪先生说，大学就是要任人自由地想，按照兴趣来，不要有人管。汪先生还说，新中国成立前夕他在故宫待过，晚上一个人在午门上看蝙蝠飞来飞去……他说得平平淡淡，老树听得痴痴愣愣。一个从民国过来的人就这样淡泊平易，遭遇坎坷都是平常意思；怀旧止于怀旧，无意炫示。对照今人，一起念，便是要夺人耳目，便是喧哗，便是功与利。

我问老树：“从丰子恺先生那里可有收益？”他说：“我的画跟丰先

秋风总惹故乡忆，再入空山。再入空山。可怜诸花已凋残。
落叶最似游子情，孤立危岩。孤立危岩。聊看云霓过眼前。

生真是一毛钱关系都没有。乍见长衫男子，以为有关联，那是群众误会。从笔墨上讲，丰先生是先用浓的墨笔勾出线来，然后填颜色，严格意义上，他不在中国传统绘画的语言体系里。”丰先生画日常、画童趣，都是生动盎然、意思极好的，但劝人向善、偏于教化的那些，老树觉得没什么意思。2013 年，他专门去浙江省博物馆看丰子恺“护生画集”大展，看到原作，对说教的那些比较失望，因为画得僵硬。

在印刷时代，丰子恺的作品因为宜作插图被广泛传播；在互联网时代，老树的画儿因为微博的传播风生水起，这两年更是微（博）微（信）相传，在这一点上，二人似有缘。

美术史学者杨林见过老树临摹竹久梦二（日本明治和大正时期的著名画家、装帧设计家、诗人；丰子恺留日归来，画风颇受竹氏启发）的 20 多张画，觉得比原作更有情调。老树说，竹久梦二画的天空比他画的灰暗，这是心性上的差距。

在杨林看来，老树取法的人颇多，远的有八大山人、金农、齐白石，山水是新安画派中渐江等人的路数；近的有朱新建、韦尔乔、陈震生、边平山，等等。

“韦尔乔是我一个画友的朋友，在哈尔滨工业大学的医院里当医生，值夜班时没事做，在纸头上用钢笔单线勾那种很小的画。1992 年我第一次在朋友那里看到一大沓他那些小画的复印件，大惊，画得太好了！落寞玄远，清明疏离，好像尘外世界。1993 年春天的一个晚上，我们在紫竹院三虎桥边上朋友的宿舍里见了面，海聊一个通宵。他谈论歌剧、古典音乐，特别是宗教音乐，非常专业。后来他的画好像离上帝更近离人间更远了，相比之下，我喜欢他早期那些非常个人化的、带有日常生活痕迹的做梦一样的小画，那种离群索居活在云上的感觉，特别让人感动。后来才知道他是鲁迅美术学院院长韦尔申的弟弟，我觉得他比他哥画得好太多了，境界上高出太多了。但我自己，还是喜欢身在尘世当中，但又能出离那么一点点儿。”

汪曾祺的襟怀，韦尔乔的性情，诸如此类都为老树所取，滋养了他这个人，然后，投射到他的画中。

收藏大家周叔弢先生身后，天津艺术博物馆办过一个所谓周氏捐赠展，也就是把“文革”中搜掠来的字画、青铜器、瓷器、古砚等拿出来示人——它们在博物馆的地下室里已经放了很久了。正在南开大学上学的老树进了展厅，一眼看到八大山人的荷花手卷，摊开部分五六米长，灰灰的明纸，淡墨丰富，极尽变化。另有石涛、石谿、渐江的一些画，件件是精品。一幅六尺的石涛山水画，枯笔钩出山石脉络，披写山草却不用皴法，画得是清明俊朗，几近白描。他从前看到的石涛作品都画得密实，山石兼写带皴，远山用泼，山前杂树穿插点染，笔墨淋漓，但这种白描风格的还是第一次看到，他是又叹服又灰心。

大二下半学期起，老树差不多每个月都要跑趟北京看展。周末，背个破书包，两元五角一张火车票，火车站出来坐 103 路到美术馆。看一圈，往西走到故宫，从后门进，看绘画馆，从天安门出，到琉璃厂，看荣宝斋挂的画，买几张便宜宣纸，坐地铁到火车站，再花两元五角就回天津了。1983 年春天的罗浮宫藏品展，稍后的蒙克大展，在当时都是大事，老树都没落下。罗浮宫藏品展那次，是全年级两个班集体坐火车浩浩荡荡进京的。

20 世纪 80 年代中期，中国美术馆办过一个方召麟（生于无锡世家，杰出国画大师）画展，老树喜欢画中的拙朴，一学，知道不易，想“拙”却“笨”。

“依我的经验，学画，那些风格独特的人是不可学的，进去就出不来了。你看齐白石，多少门徒学他，除了少数几位力气大的，基本上都死在他门口了。《点石斋画报》上那些民国人物画，学不得，总有股老房子里烂木头的气。刘二刚的画你学学看？造型简括，很容易上手，一画就像，一像就傻，连变通的机会都很少。我觉得不妨看杂书，吃杂食，东看西看，南思北想，忽一天再画，说不定就有点儿自己的意思了。”

1986 年，老树停下画笔研究书法去了。他偶尔留意别人的画，但没有了画画的冲动。只有一次，1989 年冬，寒假里一口气刻了一百多

天天经过小巷，
乱花漫了高墙。
贪看蜂狂蝶舞，
忘了世态炎凉。

张黑白木刻，印出来贴在墙上，将压抑着的情绪宣泄了一回，然后，接着过日子，为稻粱谋。

虚 有

春风梳岸柳，花下喝新茶。世界有人管，你说我忙啥？

无奈生于世间，日子真不清闲。与其跟人纠结，不如与花缠绵。

溪水一旁，住两间房。捆几册书，有些余粮。青山在远，秋风欲狂。世间破事，去他个娘。

1989年，老树27岁，因为种种原因，忽然就想去拍北京的火葬场、墓地，以及北京人家办丧事的场面。他躲在相机后面，看死者的脸，看亲属悲恸的表情，开始认真思考生与死：人活一辈子是怎么回事？死亡呢？骨子里，他是喜欢形而上的，中国语言文学系毕业之后险些去哲学系念研究生。他做电影、摄影理论研究，觉得像打游戏通关，打通了，有幸福感。

1980年夏天的某个中午，老树的一个小学同学，因为没有考上大学，在山野里上吊自杀了。他的一个中学同学，大学毕业后回到县里工作，骑车访友，半夜回家时被大卡车碾成碎片，尸体是用铲子铲到筐里落葬的。他的两个连襟，一个久病不治服药自杀，一个被黑道中人误认成对手当街刺杀。一个同事，傍晚还见他正买菜回家，晚上洗澡突发心肌梗死就没了。一个好友的母亲，春节期间阑尾炎犯了，去医院做个小手术，麻醉出了点问题，下了手术台就成植物人了，一躺就是8年。然后是他的奶奶、爷爷相继过世，他母亲心脏病突发也走了……现实残酷，人生无常。继而他想，这个无常的、也许根本无法把握的人生，这个随时都可能戛然而止的人生，有什么看不开的？有什么值得痴迷、执着的？强烈的虚无感好像让他变得超脱了一些，又超脱了一些，现实中那些名利之争、那些执意和妄念也好像离他渐远了。

可现实还是那个现实。“又出贪官大鳄了。房价越来越贵。好不容易攒钱买了辆车，可堵在路上一动不动，都快崩溃了。滥用农药、化肥、食物添加剂搞得大伙吃什么都不放心。把孩子送到学校里不太放心，走在马路上也不安全。然后这个霾这个水这个空气质量，等等，就是我们身在其中的世界。”

1996 年，老树的年谱翻在摄影理论研究篇上。他力推纪实性拍摄，跟徐肖冰、吴印咸这些经历过延安岁月的前辈，袁冬平、姜健这拨集社会调查与专题摄影于一身的猛将，以及港台大师何藩、张照堂等，多有交集和评述。此前他自己也拍了 8 年，最早用一台漏光的海鸥 DF1，买不起彩色胶卷，买那种成盘的黑白电影胶片，钻被窝里缠进空胶卷盒。后来一整理，也有 40 多万张，纪实、人像、风光都有。20 世纪 90 年代中期的圆明园画家村，1989 年年末的殡仪馆，这些黑白照片如今看起来恍若隔世。

纪实题材意味着对主流之外、弱势边缘人群的关注。许多年风里来雨里去，爬高摸低，角角落落拍过，同道中有吕楠那样杰出的，有卢广那样屡屡获得荷赛奖（世界新闻摄影比赛）的，但是曝光没能改变现实。现实坚如磐石，甚至更加坚硬。唯一进步的可能是器材，当年都穷，用破相机拍，后来用上了苏哈、尼康，用上了高级三脚架。

“那种无力感，真让人沮丧。无力改变这个世界，那你还不活了？你心里愤怒、悲哀又绝望，可总不能也去杀人吧？还有你自己那一摊子：单位遇上事情了，要解决；学生遇到人生困惑了，要疏导；孩子大了，小升初，初升高，那个焦虑；这边刚处理好，父母那边出问题了……甭废话，实实在在一堆事。你想自由，想在天空当块云彩飘着，飘个屁！我们这儿的教育，爱提真、善、美的统一，我说哪个王八蛋发明了这句话，真能跟美、善统一吗？大多数真实都不善，都跟美好、跟愉悦没关系。那怎么办？好，手机里来个段子，调侃一下，顺顺气。20世纪80年代末不是有个‘撒娇派’诗歌吗：‘与天斗斗不过，与地斗斗不过，与人斗更斗不过，于是，我们就撒娇。’你想想，这种情绪，这种内心巨大的焦虑和纠结难道不是更深一层的现实？我管它叫内心现实。它涉及现实世界中最本质的一层，就是活在当下的现代人正在厌倦，甚至痛恨现实。为什么许多人出家、信佛？我周围不少人，一会儿道，一会儿禅，只到嘴上为止；但凡信佛，还是个女的，绝不来往！那个劲大啊，恨不得把你绑了去也信她那套，他们觉得自己活错了时代，活错了地方。至于那个世界是否真像他们想得那么美好自在，我看也未必。但这不重要，重要的是对现实的不满和厌憎找到了一个出口。”

2011年7月23日，温州动车事件发生。25日，老树在同事的敦促下开了微博，发了第一张有关这件事的小画，题的是“送别：为君奏一曲，此去天堂别坐车。”吃完中饭回来一瞧，嚯，600多条回复。

“我们这几代人在短时间里经历了很多事，很长时间都处在动荡中。那些乱七八糟的经验，加上面对现实的无奈感、无力感、沮丧感，让你只能拿自己开涮。你看我这些画中题的字，就是在自嘲，偶尔在画里、在文字里夸张地堕落一下，偶尔装一装很超脱的样子，但心里明白，你超脱不起来。这些回复的人，这些一下子就喜欢上我的画的人，跟我一样，有逃避现实的内心需求——逃避那些公共标准和要求；逃避那些令人难堪、不那么舒服的处境；逃避功名利禄的诱惑，单位里那些嫉妒的眼神，那些毫无意义的表格，评职称、涨工资总没你的尴尬；逃避婚姻、家庭的负累，女人的指责，因爱恋而生成的托付终身的巨大责任；逃避长期教育带来的身为一介匹夫却要担当国家民族大任的可笑的责任感；逃避因为没钱换个大房子对家庭的歉疚感、在旁人面前的自卑感——逃避现实是我们共同的内心现实。”

在生活的刁难之中没被一脚踩死的人，在世界的复杂风景面前虚无了的人，在呼风唤雨者追逐权力、占有资源的游戏中败下阵来的

春风梳岸柳，花下喝新茶。世事有人管，你说我忙啥？

人，都在苦苦寻找一些“有”——总得有点什么，清风明月花好月圆的，撑着人安顿自己，接着在红尘中滚动吧。

“既然不能改变现实，那就改变自己。回到内心，解决好自己的问题，我总算想明白了这个道理。我画那些其实是万般无奈之下的自我安慰，让自己平静下来，我是自摸。没想到好多人也有这问题，以为我在摸他，那不是我的错，对不对？后来我索性大方了，与其整天拿起斧头战斗，不如做一桌子好菜，让大伙儿分享。”

德国现代美学家沃林格尔在《抽象与移情》中说，艺术是人类摆脱现实焦虑和恐惧的最重要的途径，也是人类的本能。老树更喜欢塞尚的说法：“绘画是与现实平行的一种存在。”平行，意味着可以有一个安居之所，然后从现实经验中游离出来，合法地沉浸在另一个世界中。

就这样，老树跟这世上叫“粉丝”的一群人挂上了钩，生活略有变化，但变化不大。因为他随时可以潜入地下（室），或钻进位于校园的两座窑里，独自捣鼓他那点小安慰：写生半棵卷心菜，或者拉坯一个陶罐。

所在学院成立新闻传播系时，他是创建人。通读过那些传播学经典著作之后，他渐渐明白了大众传播是怎么回事。此后不仅题诗往大白话里改，印章也改用老宋体——篆体字他大学时就会刻，可如今没多少人认识了。有一阵，他画了一些类似春宫的情趣用品图卷，想想再盖“人在江湖”“花乱开”这些印就不合适了，于是又专门刻了一套，那取词，堪比现代版的《黄帝内经》或《金瓶梅》，也许直接出自生猛香艳的现世。他存了些出差住店时从门缝里塞进来的小卡片，上面印着些穿得很少的姑娘，模样、神情都差不多。画过民国、花草、蔬菜、瓜果……接下来就画画她们吧。

他对互联网时代新媒介的那种交互性，那种瞬间形成互动的强力有了切身体验，惊讶，又觉得有些可怕。他很早就读过古斯塔夫·勒庞的《乌合之众》、埃里克·霍弗的《狂热分子》，一个世纪前巴黎公社是怎么闹腾起来的，纳粹是怎么兴起的，对他理解网络的本质都有启发。他对自己的“火”保持着一种朴素的警惕，不想被公共话语绑架。

前些年，他卷了一些画到栗宪庭那里，收获不少中肯的意见。比如字还得好好练练，现在的样子还是太随意、太与别人接近了；用宿墨不错，但可以搞得再“脏”一些，这样画面会更丰富一些；董欣宾的某些画面处理方式值得借鉴。栗宪庭对老树叙事性较强的横幅长卷挺感兴趣，这也是老树有意拓展的方向。在地下，我看到一两卷，用墨恣肆，别开生面。

他已经在杭州办过两次个展，面对国画大省诸多前辈的意见，他虚心听着，觉得很有道理，有些技术性的，他琢磨着改进；有些，就由它去吧。

“看赵孟頫的《鹊华秋色图》，画得多诚恳；看看梁楷、法常、米友仁，再看看钱选、倪云林、董其昌、文徵明、陈老莲、渐江、八大山人、石涛，格调高不说，画得多么个人化多么享受啊！我看过齐白石画画的纪录片，坐在那里，如临大敌，一笔一画，画得又笨又慢，那么泼辣恣肆的大写意荷叶，是那样慢慢画出来的，大气极了！徐渭画中的狂放里也有一种对内心的大诚恳，不狂放不足以表现，狂放而不自觉，这才是自然而然！我个人比较喜欢朱新建、刘二刚、何建国、李津他们的东西。特别是朱新建的画，20 世纪 90 年代初在北京外国语学院的歌德学院就看过，挂在上楼梯一边儿的墙上，没有托芯，装在镜框里。好像当时没有多少人注意，但我一看就非常喜欢。他对我有不少影响。最主要的一点，是对待笔墨的放松态度，也就是说，当你按照那些规矩画过很长时间，明白了其中的道理之后，就别再把那些规矩当个事儿了。想画什么就画什么，想怎么画就怎么画，没什么规矩了。”

听叶嘉莹先生讲宋词，看刘小东画民工或时尚青年，以及从自己拍摄、画画的经验中，他悟出一个道理：如果到了自然而然、自由自在的境界，吟什么画什么拍什么都无所谓，对象终将消散，所有的艺术最后都表现为作者内心的外化，是在描写自己。

老树看起来生动有趣，但依然能觉察到他眼神中流露出的疲倦，自信里藏着的自我鞭挞的成分。年届五十有三，他积极地消极着，运作着“这块五花肉”，所谓人生。

采访于北京

写于 2015 年 4 月

罗中立（1948— ），毕业于四川美术学院，艺术家，教育家，四川美术学院原院长。其代表作《父亲》这幅画已经成为一个时代的符号了。

白川 / 拍摄

罗中立 /《父亲》背后那些“人”

01

2011 年的国庆长假，姑苏城里的一位老先生走进苏州博物馆，慕名去看罗中立个展。“我很兴奋，可以亲眼观赏到他的著名油画《父亲》了。但在我脑中存在着一个问题，为什么画展的名称叫‘置换的描绘’？”他写道。

老先生一路上琢磨着“置换”。进到展厅，几个来回一走，明白了：南厅正中挂着《父亲》，1980 年画的，2.16 米高，1.52 米宽；北厅正中央挂着罗中立的学生画的《毛泽东像》，跟《父亲》尺寸一样——原来置换，发生在领袖和老百姓之间，后者也可以成为描绘对象，而且，一般大。“这是一个伟大的转变。”老先生写道，“我是不是有点笨？”

向中国美术馆借来《父亲》原作，苏州美术馆馆长张欣用了一个“请”字。它是由中国美术馆典藏部副主任韩劲松从北京护送到苏州的。

经历过那个年代的人多半记得，当年老百姓买张毛主席的画像回家，用的也是“请”字。罗中立告诉我另一个说法：送宝（像）——当年“送宝”创纪录的是油画《毛主席去安源》的复制品，共印 9 亿多张，平摊到当时的中国人手里，每个人一张还多。翻翻世界绘画史，《圣母像》都没它印得多。

1980 年夏天，读大二的罗中立赤裸着上身，在 6 平方米的临时画室里开始精雕细琢专为参加当年全国美术作品展览而作的画：一个老农的头像。

“暑假的时候学生寝室空的很多，学校就把空房间分配给学生画画，两三个人一间。我跟何多苓一间，罗中立和杨千在对门的一间。有一天，我打完篮球回来一身是汗，罗中立把我叫到他的屋里头，我就看到了他正在画的《父亲》。他当时正要画‘父亲’脸上的汗珠，把我叫进去就是想看看汗珠。那个汗珠是照着我画的。”78 级油画系的唐雯在成都沙子堰的画室里告诉我。

30 多年来，下面这个朝夕相对的场景罗中立讲过好多遍了。而自从 1981 年中国美术馆以 400 元收藏费将《父亲》收进殿堂，罗中立与之相见总共四回。

“夏天的重庆就是个火炉，白天将近 40 摄氏度，我每天光着脊背穿条短裤在屋里画。没有电风扇，白天、晚上门和窗户都开着。晚上就睡在水泥地上，因为睡床实在太热。杨千那个时候正耍女朋友，他女朋友在窗下一叫，我就骂，暴骂，同学间那种要好的骂——（女生上来）又得穿衣服，又得耽搁了。你知道一旦上了画布就收不住了，完全进入状态。每天一睁眼就看到它，晚上熄了灯光亮照进来还是看它。吃饭的时候看着画吃，吃完了把盆子往旁边一扔又开始画，整个人都在画布里边。那个宿舍好小，画又大，想看整体效果怎么看呢？我就买了个儿童望远镜来……前面三稿不算，正式上画布画了小两个月，没日没夜的，真是一气呵成。”

“那时候想，要是有一个像样的工作室多好。所以我上来（当院长）第一年，正是最穷的时候，可我赌咒发誓要建一批工作室，就去找分管副市长，就建了第一座综合楼，实在是这个‘病根’太深了。”罗中立说。

“他画的《父亲》本来是很小的，没什么感觉，后来变成很大一幅，我就说：‘罗哥儿，你这画有两种可能性，一种是连参展的资格都没有，就被枪毙了，因为你画农民画这么大，画毛主席才该画这么大；另一种可能是很震撼，你可能要得大奖。’”唐雯说。其时，罗中立已在小范围内宣布："我就是要画得像毛主席像那么大。"

"那时候毛主席是神坛上的'人'，我把他转换成像邓大伯（邓开选，《父亲》原型）这样一个人，其实是希望艺术能回到关注现实、关注生活的轨道上来。

"我那时候想过，如果这张画要起波澜，应该就是在这一点上。但是后来很多人没有往这边想，他们更多的是从中看到我们父辈的形象……"

这是一张可以吸附一串成语的脸：饱经沧桑、含辛茹苦、忍辱负重、似曾相识……

重庆人王小丫主持节目的时候讲过一件事，当年她问父亲，爷爷长什么样？父亲找来一本杂志，指着上面印的《父亲》说："你爷爷就长这样。"

这一有趣的"误读"或许提示了以下几点：第一，对于来源于生活的形象，人们自会欣赏；第二，视觉往往先于观念——在罗中立的构思里，"父亲"的背后，是一种发自内心的人文主义关怀。

02

《父亲》前后画过四稿。罗中立最早动念画农民，源于一个除夕夜的触动。1980 年大年三十他回家过年，看到一个公共厕所旁边搭着个小棚子，有个老头在昏暗里抽着旱烟。那时候重庆的公共厕所都被附近的农民承包，有人日夜看守，因为粪便是宝。老头守着集体的肥料，他厚道的形象、静默的眼神一下子击中了罗中立。

这是年三十啊！人们吃着团圆饭，吃着大米白面，知不知道农民的付出？罗中立画了一个多星期的守粪老农，草图上全是农民和粪的构图。这是最早的一稿。

画面需要升华。围绕"农民是我们的衣食父母"，他画出了第二稿《粒粒皆辛苦》。背景改成粮食丰收，农民在晒场上捡谷粒。

这时候有点感觉了，但还是觉得有些情节化，他开始想怎么把农民的形象和中华民族的历史对应起来。有一天他把画中农民的头像框起来看效果，眼睛一下子亮了，画一个头像的特写不是更有分量吗！

这期间，罗中立悄悄去了插队所在地大巴山找灵感，画出一稿《生产队长》。当年接收他的农户，当家的叫邓开选，儿子当过志愿军，转业回村当了生产队的队长。

那时候这种现象是很普遍的，都是转业军人当队长、当书记。罗中立当时是想加深对农民这个群体的认识——除了养活这个国家，支撑这个民族，农民和他们的后代还在保卫这个国家。《毛主席语录》里说，我们的军队是农民的军队。

1977 年 12 月，《国外美术资料》创刊，由浙江美术学院理论教研室编译。它可能是“文革”后第一本介绍国外美术资讯的刊物，当时只在美院、画院内部流通。罗中立找到了创刊号，类似今日发刊词的“编辑说明”中这样写道：“……高举毛主席的伟大旗帜，一举粉碎了‘四人帮’，取得了第十一次路线斗争的伟大胜利……”这一期收录了美国人林达·恰斯写的《照相现实主义——后期现代派的幻觉主义》，封底上印的是米勒的《拾穗者》。

照相现实主义又叫超级现实主义，1980 年夏天，罗中立偶遇这类杂志中的一本。“我在学校图书馆翻到一本杂志，上面有一篇短文章，是对很多流派的一个介绍，一个日本评论家写的。其中有一小段是关于 20 世纪 60 年代西方超级写实主义绘画的，提到了美国超级写实主义画家克洛斯的作品。文章中写到，超级写实主义比照片还要逼真，人物的每一个毛孔都清晰可见，甚至超过了照相机镜头的写实能力，让你感觉到那是一个有生命的东西。这几句话一下子就敲在我心上，哪哪直响。

“那个时候我们知识有限，但真是如饥似渴，对一星半点资讯或新知的有效利用率几乎是百分之百，不像现在，信息爆炸之后反倒摸不着头脑。当时我并没有看到超级写实主义绘画是什么样的，只是看到一段描述。后来我看了克洛斯的作品，他是我当时崇拜得不得了的

罗中立《父亲》1980 年

一个人，看了我才知道和我想的差太远了，他根本不是这样画的。克洛斯的画非常平整，他的透视关系跟《父亲》完全不一样，它很机械，很科学，每一个空间都有尺度，相当精密。而我就是凭想象理解超级写实主义绘画，想把每一个毛孔的凹凸感都画出来，所以要把尺寸画大。皮肤的感觉是借用做肌理的方法，用很细的油画笔画的，之后用一把菜刀磨尖了刮的。为了表现皮肤的粗糙，我还在颜料中加了点馒头渣。菜刀还在，那个望远镜也在。”

这就有了第四稿《我的父亲》，但还没完。

1979 年恢复全国美术作品展览是当时画坛的一件大事。新人新作、成名成家，它是云梯；一旦获奖，人生道路就有可能改变。而对于各院校、各机构来说，获奖数量是看得见的成绩，所以台上抓得紧，台下画得勤。

1979 年的全国美术作品展览，82 件获奖作品中，四川美术学院师生的作品占了 10 件。其中学生获奖的是程丛林的《一九六八年 × 月 × 日・雪》、高小华的《为什么》、王亥的《春》。

在成都崇德里自己开的茶馆里，风云人物、当年 78 级版画系的王亥告诉我，从大学二年级开始，他就很少上课了，而是苦修哲学去了，因为拿了全国美术作品展览的奖，意味着“到顶了”。

罗中立也谈到这个高悬的奖以及同学之间暗中较劲、你追我赶的气氛对自己创作灵感的激发，这是此前他从未对媒体言及的：“首先是全国美术作品展览、全国青年美术作品展览……另外那个时候 77 级、78 级的学习风气是很浓的，平常大家打打闹闹，粗话常挂在嘴边，但一到该学习了，就都用功去了，有较劲、有竞争。当时画表现主义的、形式感强一点的，不叫‘当代’——那时还没这个词——叫‘装怪’，而且认为写实能力不强的才装怪……每个人都有自尊心，我想画一幅超级写实的画来刺激一下他们，想证明一下自己。

“选拔分三步走：学校初选、送省、送全国。当时的中国美术家协会四川分会主席李少言是经历过延安岁月的老革命家，也是优秀的版画家。他显然被‘父亲’那张脸打动了，但建议在耳后加一支圆珠笔，添一笔新中国农民的‘明亮’。

“我特别理解，他真的是从爱护的角度出发的，而且真的是热爱自己的事业。他们必须努力让自己省里多一件半件作品。他生怕这件作品在初选时就被拿掉，因为他们也拿不准，所以建议加一支圆珠笔，这样，在推荐的时候，万一有不同意见，他就可以说这是新社会的农民。

“但是我听完后大吃一惊，如果把父亲想成旧社会的农民，这就是一幅忆苦思甜的画，跟我的出发点……没有意思了嘛。但这个意见也给我一点启发，我本就想表现一个今天的中国农民，如果圆珠笔有这个作用的话，为什么不可以加上呢？所以我就在左耳朵上加了一支当时那种竹竿的圆珠笔，并且尽量不让它影响画面。后来围绕这支笔要不要加，争论很多。吴冠中先生是那一届全国青年美术作品展览的评委，他过目后建议去掉‘我的’，就叫《父亲》。结果，这幅画拿了金奖。”

如果说在技法上，《父亲》后面站着遥远的克洛斯，那么在它演变成一座纪念碑的路途上，还有一些热爱绘画同时在政治上如履薄冰的前辈的留痕。

一位80后记者告诉我，每当看到《父亲》，他都会想起一个字：蚀。这张脸像沱茶一样浓烈，以至于很少有人注意到画面上父亲的身后还有一个金灿灿的谷场。

不论时代在《父亲》的画布上埋下多少阴差阳错、机缘巧合，它确实是“文革”后最早出现的一件观念性作品。它也突破了当时国内画界对于写实主义的理解和运用，以充满灵气的方式借用了超级写实主义。同时，它开启了中国当代艺术画人物的大头像模式，一批艺术家从此开始绘制巨幅头像。

03

罗中立15岁时第一次进到大巴山深处，当时，他是四川美术学院附中高二的学生。那是一个农业学大寨的标兵点：平昌县驷马公社。

罗中立回忆说："大卡车开了两天，我们下车后又走了两个多小时，到山顶时天已经黑了。每叫一户人家，领走一个学生，我被分到邓开选家。好多人吆喝，举着火把；狗也叫得欢，在脚边穿过去穿过来的；还有旱烟的味道。那个山被开垦成梯田，村里人领我们下山的时候都用火把照着，就好像礼花从空中散开，对此我的印象深极了。所以我后来的画上，油灯、马灯、火把几乎成了固定的符号，我有对那个光亮的情结。

"两年后我去那里教书，在一个龙王庙改的小学，还是在邓家借住。我跟邓开选的缘分就是这么来的。

"我现在有时候在画室里待着，还偶尔会想起当年那个田里插着红旗、人们挑着担子你追我赶热火朝天的场面，那种高音喇叭喊'晚上开大会'的场景。那真是我们这一代人独有的、美好的记忆。那些东西会随着时间的流逝变得越来越珍贵。所以我这一辈子都在画农民，我这一辈子琢磨的就是怎么把农民画得更有个性、更有感染力。"

罗中立说，邓开选看到过《父亲》这张画，他只是觉得跟自己有点像。他并不知道自己的脸已经成为中国美术史上的一个符号或一块碑，供人瞻仰，供学画者临摹。他在1986年去世。

故事就讲到这里。

《父亲》的后面，有一个活生生的跟历史相匹配的农民，以及一个懂得农民并热衷于描绘他们的艺术家。

如今的大巴山早已不是昔日的模样。许多旧物消失了，新东西不断冒出来，比如，邓家人在罗中立当年住过的屋子里添了个抽水马桶。村里人丁不如当年兴旺，年轻人大多外出务工去了。罗中立也想过重画《父亲》，但今天该怎样表现农民呢？这是一个问题。他仍然需要时不时地回山里看看，在村子里走一走，在邓开选的坟前站一站，听村里人叫他——"罗二"。

采访于重庆

写于2014年7月至10月

画得自由　／　四川美术学院77级•油画班的故事

01

报名的人从教学楼一直排到黄桷坪街上很远的地方。黄嘉在队伍里站了半天，几乎没向前挪动过，总有人加塞。前一天，她从上午8点排到下午5点，没能接近那张发放报名表的长桌。

“这样不行。”陪着黄嘉的母亲说。她是当年金陵女子文理学院法律系的毕业生。她走到队伍前面向老师们提议：“你们得发号，这样才有秩序。”

四川美术学院的几位老师正在接收报名者递交的画作，同时测试他们有无色盲。老师们也被眼前的人海搞晕，再腾不出手来。黄嘉的母亲借了纸，裁成小块，写上号码，在队伍里挨个儿发。这天傍晚，黄嘉报上了名。

200多千米外，达县钢厂锅炉工罗中立正在宿舍里打家具，被车间同事喊去接未婚妻的电话。电话是从县城打来的，通报大事：今年高考

• 感谢受访者提供的画册、书信、文章、图片；本文也受益于《川流不息：四川美术学院油画系教学、创作文献集1977－2010》、何多苓绘著《天生是个审美的人》

恢复了。未婚妻在电话里说："我征求了我父母的意见，罗二哥，你还是考个大学嘛！"如今的四川美术学院院长罗中立告诉我，当时，他未来的岳丈是达县中学的校长，岳母也是文化人。

听到高考恢复的消息后，29 岁的罗中立算了算小账：自己现在拿的是工人工资，每个月 29 元 5 角；大学毕业后拿干部工资，每个月 52 元 5 角，考一下也无妨。于是他忙完手里的活，在报名的最后一天急急地走了 20 多里山路，赶到四川美术学院设在达县的招生点。

晚了，报名已截止。罗中立开始跟招生老师好说歹说，说到自己的母校四川美术学院附中时，对方脸上起了变化。眼前这位，正是四川美术学院附中的教书先生。当时招生决定权由工宣队、军宣队领导掌握，但懂行的老师可以提议，罗中立就这样挤进了 1977 年的四川美术学院报考名单。

这一年，29 岁的何多苓正在成都市幼儿师范学校当美术老师。他也是最后一天报的名。

"当时纠结的是工作不错，比较轻松，收入也稳定。已经干了四年半，满五年才能办理停薪留职，要考四川美术学院的话，等于就放弃工作了。我犹豫了一下，后来还是觉得机会难得，因为 30 岁以上就不能考了。"在成都蓝顶艺术中心的工作室里，何多苓对我说。

这一年，跟何多苓一起学过画画的有：

成都少年才子杨谦（后改名杨千）；

川大子弟李珊；

何多苓家隔壁的正在一家工厂子弟小学当老师的回城知青罗群；

正在成都市美术社为各单位礼堂画毛泽东肖像的程丛林、周春芽和华堤；

正在川东南古蔺县小心翼翼地画领袖肖像的黄同江；

正在川东万县一家工厂里写标语、画宣传画的秦明；

正在川东北南充县剧团当美工的陈宏；

已从部队转业、正在重庆北碚区一家电子管厂当干部的高小华；

上海的“高六八”（1968 年高中毕业）、之后支援三线建设、正在成都某工厂生产第一线三班倒的周鸣祥；

正在川黔交界处綦江县重庆钢铁公司下属矿山当工人的罗小航；

正在宜宾县塑料厂当工人的莫也；

正在云南省晋宁县二街公社插队的张晓刚；

正在重庆长寿湖深处的知青点堆柴山、画风景的李犁；

正在另一个知青点假装手臂受伤埋头复习文化课的朱毅勇；

正在重庆市十二中念高二的陈安健；

正在成都市某中学念高一的雷虹……

他们带着各自迥异的背景和经历，纷纷搭上了 1977 年的高考列车。

高考中断十年，如坝上蓄水，一旦开闸，能量惊人。这一年四川美术学院招生，云、贵、川三省共有将近 3 万人报名，6 千人获准参加高考，最后绘画系油画班录取了 20 人，其中 16 男、4 女，年龄从 16 岁到 30 岁都有。上面提到的这些人，成为同班同学。

雷虹说，进校之前他已认识何多苓。“我爸带我去展览馆看他改画，我叫他何叔叔，没过两个月我们就在一个班了。真有意思。”

杨千和秦明小时候都买过一个叫罗中立的人画的连环画，现在，他们成了同窗。

专业考试分素描和创作两部分。素描画的是大型雕塑《收租院》里一个男孩的石膏像；创作命题有两个，一是“为革命学习”，二是“热烈庆祝十一大胜利召开”。每位受访者都记得他们当年是如何用画面来表达这样的命题的，那是一种陈词滥调和鲜活日常的共生体，既压抑，又自由，耐人寻味。

杨千以 2 个甲等的最好成绩被录取。许多同学对他那张素描印象深刻。

“在成都我看过很多人画的石膏像，要么太学院风，要么太虚，没有硬度。我那时候跟院子里一个叫李本立的常在一起讨论石膏像的画法，他 1978 年也考取了四川美术学院。我们发明了一种又快又有质感的画法，既硬朗又有细节虚实，就是从眼睛的瞳孔开始画，可以在较短的时间里把一个东西画得准，而且充分。不像一般画法那样先打轮廓，注意大型，然后去构思光线什么的。素描考试只有3个小时，因为之前画得多，一笔下去就知道眼睛该画多大，我一边画一边就觉得自己挺有把握的。”杨千在工作室里回忆着。

周鸣祥说，刚进校一个星期左右，有一天，通常雾蒙蒙的重庆出太阳了，他坐在教学大楼前的花坛边，坐在阳光里，心想：“从今以后我就可以天天画画了，我是不是太幸福了？”这个印象他一辈子也忘不了。在十多年承担重体力劳动的工人生涯里，为了能画几张画，他吃了不少苦头。他身边也有痴迷于画画的工人为了请上十天半个月的假，故意将手弄伤。

罗小航告诉我，那年月想读点书、上个学不容易。刚进校没多久，有一天系办秘书悄悄对他说，系里收到矿山群众来信，责问学校怎么可以录取一个“右派”（罗小航的父亲1957年被划为“右派”）的子女。秘书关照罗小航“表现好一点，不要出岔子”。

张晓刚说，当年四川美术学院计划在云南省只招收一名学生，他觉得自己肯定不行，只是试一试，没想到自己的运气还挺好。

周春芽因为创作没考好，进了版画班。叶永青因为体检不合格，王亥因为文化课成绩稍逊，来年再考，双双入了78级。

77级在1978年3月入学，半年后，78级进校。在四川美术学院师生的概念里，77级、78级两届紧密相连。

02

罗群和李珊坐公交车到了崇德里，我们约在巷子里的茶馆见面。

茶馆的主人是王亥，十几岁就画得一手精彩的毛主席像（跨越三城的采访中，当事人的回忆不断提示，能否画好毛主席像是那个年代衡量一个人会不会画画的基本条件），1979年拿过全国美术作品展览二等奖，

20 世纪 80 年代末闯荡香港，活跃于文化界。他还在香港开创了川味私房菜，如今，他把港式私房菜引进了成都。他戴着一副有绿色内框的小圆眼镜，设计感很强，强到令人忽视了他身上的其他名牌。待开了口，话密且“海”（成都方言，指放得开），一种融合了艺术家、哲人、商人、公关的跨界气质散发出来。

王亥见到老同学，亲切地招呼，亦止于招呼。都是过了花甲的年纪，他看起来要年轻时尚得多。

满头银发的罗群退休前是四川大学美术学院的老师，李珊退休前在一份党刊杂志当美术编辑。进校前，他们经历相似：从小爱画，身边有各种领路人，然后因“文革”停课，下乡插队，在插队的地方继续画……直到 1977 年参加高考。

此前，在形成于 20 世纪 70 年代初的成都绘画小圈子里，他们已经互相认识并且认识一些青年才俊，像卢万景、何多苓、朱成，像五七艺校的黄振国、周春芽和程丛林，还有体育用品商店的刘旭海……

“何多苓画速写、画人物很厉害。他从身边的东西画起，没事就画，笔都不停。我印象最深的就是他在家里随手画起了支着蚊帐的床角，我很惊讶，没想到这也可以画。”李珊告诉我，“他们有时聚在店里，有时在宽巷子附近找个模特，一群人围着画。当时已经有人开始画油画，颜料很便宜，一个是上海产的马利牌，一个是天津产的飞鹏牌。”

成都建城两千多年，偏居西南，不是兵家必争之地，渐渐形成一种安逸、自在、崇尚文艺的气质。俗话说“少不入川”，大约指它的不争于少年斗志无益。一个多月后，我在重庆听罗中立院长学说成都方言：“我是个男娃娃，虽然我只有一米八。”“娘”得活灵活现，他说，这是豪气的、出袍哥的重庆与温柔、市井的成都的不同。

“这种市井气反而好。南京也不错，但我觉得要稍微压抑一点，可能是千年古都形成的‘重’。成都没有那种压迫感，文人是比较自在的。我看那些在北京待着的人，好像每天都在与人斗一样，那种感觉让你没法安定下来。上海太商业化。广州我喜欢，只是太热。”何多苓告诉我，这是他多年来守着成都的原因。

而他那辈人青少年时期可及的文脉，很可能上接民国。像最早影响过莫也的母亲的同事钟子凡，是著名书法家公孙长子的弟子，长于飞白、双勾；高小华的舅舅范敬祥，就职于上海美术电影制片厂，是第一代动画专家，新中国成立前在上海跟颜文梁那批同出苏州美术专科学校的人一起画；领黄嘉入门的古月，当时只是群众艺术馆的一位工作人员，不仅能画，还能写小说。

“民国时期的成都出过一些闻人，像马识途、巴金、艾芜、李劼人……而从新中国成立一直到‘文革’，是一段空白时期。我记得我上中学的时候，老师还都是很好的，出身于书香门第，有很深的学养。我们有一任校长是巴金的儿子，是一个风度翩翩的人，我对他印象很深。”何多苓说。

在那样自由的、有点营养的土壤里，长出一些画画的种子。其中，因为各种原因没能挤进高考的昔日才子，已经消散在民间。我只查到卢万景的踪迹。几年前，在成都郊区塔子山公园背后的一个农家池塘边，有过一个上百人的写生群落，身份、职业五花八门，年龄从 9 岁到 74 岁，卢万景是这个群落的推动者。

在那样自由的、有点营养的土壤里，生出一些遍及各地的“圈子”及其文化。比如听说哪个人画得好，是想方设法要去接近、结识的；哪里有好的展览，是千里迢迢也要去看的。拜师更是心诚，门前一守半天的故事，在成都、重庆、昆明，在陈逸飞、魏景山、夏葆元时代的上海，在全国各地，多有所闻。

张晓刚结识叶永青时正读高一，刚随家人从成都迁到昆明。当时昆明有几个画画尖子：叶永青、刘涌、曾浩，张晓刚便跟着朋友去了叶家，从此深交四十年。下乡后，也是画画引他结识了毛旭辉、夏维（已去世）。大学毕业后，这份挚友名单上又多一位潘德海。这些人之间，保持了近 20 年的通信——用钢笔写在信纸上那种，末尾往往附有即兴涂鸦。

大院背景的高小华，另得一种滋养。15 岁被上调至连队当文化兵时，他遇见启蒙老师刘柏荣——上海知青，据说曾与陈丹青在同一个少年宫画过画；之后遇到第四野战军画得一手好插图的画家董辰生（组画《八一起义》由周恩来等人亲阅，由国家博物馆收藏；他画的《董存瑞》《黄继光》《邱少云》《罗盛教》《雷锋》等影响了几代人），多得点拨；在武汉军区，又遇见《战斗报》的美术编辑程宝泓（毕业于中国美术学院，后回校任国画系副主任），给了他发表作品的空间。在军区办的学习班里，他的“创作构思”也开了窍。

比如《野渡无人舟自横》，高小华的解题是这样的——画一条空船，一片芦苇荡，船头停一只野鸟，野鸟怕人，它在，自无人；

《深山藏古刹》，这张画得巧——山岭之间，伸出一条小石板路，通向一潭小溪，石板路上走来两个小和尚，肩上挑着担，担下悬着桶，正要去挑水；

《墙内花开墙外香》，怎样在画面上点出“香”来？画一匹马，一片已被撞倒的篱笆，马蹄上沾着一些花瓣，两只蜜蜂在追花……

军中藏龙卧虎，精于国画、连环画、剪纸的，教给他技艺；更有一批中共元老的子女，虽在“文革”中被扫入“狗崽”之列，然见多识广、能言善辩、霸气犹存。高小华 17 岁起与这些人在一起，不仅常常获知“内部消息”，也生成一种判断时局的直觉和一定的反思能力，这是他迅速搭准时代“伤痕”脉搏的重要原因。一路采访下来，也有同学对他当年用香水、吃涂着黄油的面包有深刻印象。

1976 年，北京办过一个罗马尼亚油画展，周春芽、何多苓、杨千坐硬座列车进京，每个人揣着两个馒头、背着一壶白开水进了中国美术馆，一看就是一整天。

1977 年，法国 19 世纪农村风景画在北京和上海展出。他们跑去看米勒的画作。

1979 年春，瑞典油画雕刻展在上海首展。高小华、程丛林和另一位同学坐“东方红号”沿江而下，经武汉到上海去看，由此结识陈逸飞、陈丹青。

当年班里四位“老大哥”之一的周鸣祥在北京告诉记者，大学期间，听说陈丹青刚从西藏画成组画路过成都，住在西藏驻成都办事处的招待所，他和周春芽、程丛林、华堤四个人当夜去拜访。

“他那时还没回到北京，其他人还没看到那组画，他给我们先看了。画不大，尺幅好像都不超过 1 米。之前，陈丹青已经有两幅画在全国美术作品展览上得了奖，是‘央美才子’，说起来我们当年是他的粉丝，我当然带着几幅素描去请教他。20 多年以后在厦门（周鸣祥 1985 年随当年的班主任魏传义赴厦门大学艺术教育学院任教）碰到他，他还能说出我当年是什么发型，给他看了什么素描，记性真好。”

“同样，我们 77 级的同学画出成绩以后，中央美术学院的徐冰到我们寝室来会程丛林、何多苓他们；四川美术家协会很著名的版画家徐匡也到我们宿舍来过。我在四川美术学院的时候也到上海去拜访过陈逸飞、魏景山这些人，当时有这个风气。”

那么，今天画画的人堆里有了什么样的风气，学画的青年人如何跟同道、跟前辈交往？过来人笑而不语。

2013 年 7 月中旬，我在成都采访时，电影《小时代》刚上映，非常热闹。何多苓去看老朋友包场请客的传记大片《曼德拉》，从它的票房惨败一路讲到这里：“王小波说他羡慕年轻人，陈丹青也说自己羡慕年轻人，可我一点都不羡慕。我们这代人的人生财富他们没有办法比。我们生逢其时，什么都看到了，什么都记住了……现在的年轻人生活比较单一，这就是一个正常的商业社会。”

03

若干年前，有大画商想炒“川美 77 级油画班”，入学时全班最小的雷虹对他说：“你定位不准，你没有详尽资料，你都不知我们班有多少人……”

而在李珊这里，这个词意味着一种历史感：“中国当代艺术从源头（民国时期）起，一直都和政治气候有紧密的关系，如果没有‘文革’那么多年的积压，不可能有‘川美77级油画班’这样一个所谓的明星班出现。而且这班里每个人的故事都特别多，每个重要作品后面都有一个大的背景，我觉得这个比绘画本身更要紧一点，先要把这个血统理清楚。”

根据系史，四川美术学院油画系独立成为专业是在1956年。三位奠基人中，刘艺斯、叶正昌都是徐悲鸿的学生，走的是法兰西学派的路子；刘国枢是唐一禾（新中国成立前与兄弟唐精义创办武昌艺术专科学校）的得意门生，做学生时曾给冯玉祥画过像。

王大同教授（77级任教老师）回忆说：“20世纪50年代中期，中国引进一批苏联专家，其中有个油画家叫马克西莫夫。他在苏联油画史上地位并不高，但基础不错，还是有一套办法的。目前在美术界掌权的这一部分人，如靳尚谊、詹建俊、秦征等，都是‘马训班’毕业的。我们学校也有一位——魏传义老师。”1977年，四川美术学院还有军宣队和工宣队，魏老师是油画教研室主任，兼任过77级班主任。

20世纪50年代末60年代初，中苏关系急转直下，苏联专家撤回。于是1960年，从罗马尼亚来了位博巴教授，在浙江美术学院办了一个“博训班”，其艺术观念、样式、风格都跟苏式绘画有很大不同，沿袭的是欧洲绘画传统。四川美术学院的夏培耀老师参加了1960年至1962年的“博训班”，后来教77级、78级素描课。

在77级入校之前的1977年8月，何多苓的《追穷寇》和王大同的《同学》代表四川省参加了“建军五十周年全国美展”。半年后，何多苓成为王大同的学生。

《追穷寇》画的是解放军战士端着盛满墨汁的钢盔在墙上写标语：打过长江去，解放全中国。

“那画画得爆好，我跟你说，爆好。”雷虹建议我们去收藏它的军事博物馆看看。

那次美展中还有陈丹青、黄素宁的《进军西藏》，张文新的《永不休战》和陈逸飞的《占领总统府》，据说这三件作品让当时的何多苓深感震撼。

20 世纪 70 年代初何多苓报考五七艺校时，随手画了一幅红色娘子军跳芭蕾舞的速写，令招生老师刮目相看；70 年代末他精心画了一些跳古典芭蕾舞的姑娘送某展，结果没有入选——“政治正确”就这样统领着艺术走进 80 年代。

当我赶到西南民族大学高小华美术馆时，迎面望见那幅著名的《为什么》；向左转，是同样著名的《我爱油田》；一回身，是被称为“油画的清明上河图”的《赶火车》——这是高小华的毕业创作，曾被陈丹青誉为“你最好的作品”。在 4.5 米长、1.4 米高的长卷上，有 80 多个人物，无论动静都像是活的。那几乎能传出呼吸、汗味和巨大声响的画面，让我想起小时候坐绿皮火车去西北，被大人从车窗抱进抱出的经历。《赶火车》在 2003 年嘉德春季拍卖会上刷出 363 万元的当时最高纪录。

高小华脖子上系着一条别致的三角巾，肩上搭着一条 Nike 运动汗巾出现在我面前。他毕业后留校任教，很快去了美国，在纽约住了 15 年，2000 年回成都，现在是西南民族大学艺术学院教授兼名誉院长。他相当健谈。

“《为什么》是 1978 年年底画的。当时‘文革’刚结束，国人普遍麻木，浑身是伤，但并不知道伤痛在哪里。我十二三岁，正是重庆武斗最厉害的时候，我母亲所在的陆军医院每天送来很多要抢救的伤员，这种表情我很熟悉，就是亢奋完了以后异常疲惫，也很困惑，我捕捉的就是这个瞬间。

“这个托着下巴的，模特是我的同学陈安健。这个缠着纱布的，模特是雷虹，也参考了另外几个人。后边这个叼烟的，是请张晓刚做的模特，他正拿一副牌算卦，带有一种寓意。这个女孩原型叫高燕平，现在可是个大人物，是中国驻以色列大使。她当时是第三军医大学的军人，已经考上四川外国语学院。我们两家关系很好，她常来玩儿，我就请她做了我的模特。这四个青年各怀心事，对前途都一样迷茫——这也是我自己长期积压的情绪，所以画这幅画更像是一种宣泄。当时有评论说这四个人隐喻‘四人帮’，我没有这个用意，这么画仅仅是出于构图上的考虑。

“弹壳、鲜血、袖章里有故事……你看他们臂上的红袖章，上面的字我把它模糊掉了。我自己还有这么一个袖章，上面印的是‘毛泽东思想红卫兵’，但画上不可能出现这些字。为什么呢？批判‘文攻武卫’，指向‘四人帮’，这在当时是允许的，但实际上我画的是‘红卫兵战斗兵团’，是伟大领袖发动的‘文革’故事。20世纪70年代，民间反思的矛头已经指向‘文革’，这是很凶险的，所以只能含糊其辞。那时红卫兵袖章最时髦的戴法是同时别一个毛主席像章在上面，当然这个像章也不能画出来。画风上，我当时很喜欢苏联画家科尔热夫的笔触，粗犷，肌理厚重，接近浅浮雕。我把这幅画拿到上海给陈逸飞看的时候，他很惊讶：‘武斗真有这么厉害？’我说：‘真的，因为重庆有兵工厂。’他说：‘那你这个画出来会引起轰动的。’”

《为什么》入选1979年的“第五届全国美术作品展览”，跟高小华画的另一幅作品《我爱油田》同获银奖；同获银奖的还有程丛林的《1968年×月×日雪》和王亥的《春》。这就是“伤痕美术”的第一批作品。而以刘心武的《班主任》为代表的一批“伤痕文学”几乎与此同时出现。

高小华保存着1980年末中国美术馆收藏这两件作品的入藏凭证：《为什么》酬金200元，材料费30元；《我爱油田》酬金250元，材料费30元。

一年后，“文革”后第一个国际艺术代表团出现在四川美术学院。有代表看中程丛林的《1968年×月×日雪》，愿意出价10万美元购买。按照当时的分成惯例，校方拿6万美元，程丛林可拿4万美元，可中国美术馆已经来函表示要收藏，程丛林没怎么犹豫就选择了后者，得酬金 400 元人民币。他说：“能被中国美术馆收藏，比多少钱都重要。”

《1968 年 × 月 × 日雪》画的是真刀真枪武斗后的场面（画上有一人提着重型机枪），调子冷灰，戏剧性很强。程丛林说，背景是成都市第十三中学。那时他家住青龙巷，隔壁就是成都市第十三中学，他常去写生。

陈丹青记得，1979 年秋天第一次收到程丛林的来信，信中附了《1968 年 × 月 × 日雪》放大的黑白照片。他细细看过，看时想到了苏里科夫的历史画。

1980 年夏，就在周鸣祥他们四个人在他招待所的床铺上看过《西藏组画》手稿的第二天，他被程丛林领到四川美术学院的一间教室，在有些神秘的气氛里看到了一张巨大的画——《1978 年·夏夜》。这是程丛林为参加 1980 年的“全国青年美术作品展览”所作，但它未能得到承认。

“我在许多场合说过，《1978 年·夏夜》是程丛林最好的一张大画。当年听说这幅画被否定，我就站在美院的过道里破口大骂。”陈丹青回忆说。

《1978 年·夏夜》画的是破陋、密不透风的教室里的人，他们是为参加高考听夜课的青年人，这幅画完全可以延续“伤痕”的命名。但在它参评的“第二届全国青年美术作品展览”上，获金奖的是罗中立的《父亲》，四川美术学院 78 级国画班王川的《再见吧！小路》（一个逆光里的返城女知青，正向乡村告别）获优秀作品奖。为什么时隔半年，“伤痕”就不吃香了呢？

04

“这个转潮时间非常短，你去好好查查历史。一个是十一届三中全会，一个是中美建交。我记得是在周鸣祥的儿子出生的那个月，就是 1979 年元月，我们从一个油田写生回来，在火车上听说了中美建交这件事，那是一个时代转折。1979 年夏秋之交，我从西安回学校，坐火车路过秦岭、广元那一带，发现山坡上的田里耕种的人很少，地都划成小块，每块地里只有一两个人在干活。我非常奇怪，因为以前农村都是集体出工，一块地里有很多人，旁边都空着，干完这块再都去下一块……后来才知道，原来是包产到户了。”雷虹说。

雷虹的一些记忆并不那么准确，但他脑子里存着的不是冰冷的编年史，它们提供了一个清晰的坐标——1977 年邓小平复出，1978 年 3 月，他在全国科学大会开幕式上发表了重要讲话，核心精神是：希望大家解放思想，实事求是，团结一致向前看，不要总是纠缠于过去，要着眼于未来。

“伤痕”的发生是一种自下而上的素朴情绪，它的蓬勃有助于“实事求是”，赋予政权交接以正当性。但沉溺于“伤痕”、深度开掘“伤痕”，于迫在眉睫的经济建设无益。

1978 年初带队进京观摩学习的魏传义老师在回校的火车上已经获知邓小平的讲话精神，之所以在“提高川美创作水平”的实际操作中交出了一批以高小华、程丛林为代表的“伤痕”作业，可能是因为历史上经常出现的“一个短暂的滞后”——此时的“讲话精神”还在路上，而领会它需要时间。

“‘第三届全国美术展览’本来应该是在 1979 年的国庆节举行，但因为来不及布展，就推到 1980 年春节前我们放寒假的时候——高小华和程丛林一炮打响，评论家开始命名、阐发‘伤痕美术’。‘第二届全国青年美术作品展览’是 1980 年五六月份的时候举办的——罗中立的《父亲》、王川的《再见吧！小路》被推到前面来了。评论家们说《父亲》也是‘伤痕美术作品’，严格来讲是错的，我认为它并不是……这两个展览前后只隔短短几个月，但画风已经变了，‘伤痕’变‘乡土’了。”雷虹说。

我在高小华美术馆的《布拖人》组画前站了很久。其中最大一幅是一个叫阿卓黑玛的彝族妇人肖像，成画于 1983 年 9 月 8 日，肖像有着枯白的乱发、瘦削的沟壑纵横的脸，以及来自另一个世界的眼神。

“‘伤痕’持续很短的一段时间，后来不让搞了。再接着，这类揭示历史和社会矛盾的比较尖锐的作品……怎么讲呢？一句话：往未来看，别再梳理从前了。所以我们做伤痕美术的这批人也很困惑，也在寻找新的题材。1983 年我跟着马帮第一次去了凉山，第一眼看到阿卓黑玛，马上想到罗丹的一件雕塑，叫《欧米艾尔》，我在她眼睛里看到同样的沧桑，回来之后就画了一幅《昔日火把节的皇后》。”

何多苓说：“我们整个大学期间，是中国转变最大的时期，先是‘四五事件’、西单民主墙，后来是北京的星星画会，重庆的野草画会，然后是‘85 新潮’，很快就是改革开放。”

1978 年年底，十一届三中全会宣告了“文革”和极“左”路线的终结，开始“摸着石头过河”。在文化艺术领域，大量西方文学、哲学、心理学、美学著作被引进。西方各流派学者来华讲学，留学生出现在大学校园。各种文化艺术社团在北京、上海、青岛、西安等地乃至全国出现。在这种解放思想、自由创作的风潮之下，重庆的一批民间画家成立了野草画会，同时期成立的还有无名氏画会和阳光画会。

野草画会吸收了一批学院派，四川美术学院版画系的冯星平老师曾被推为会长。

重庆沙坪坝公园西南角有一块墓地，墓碑上用红漆写着四个字——“文革墓群”。113 座墓茔，404 个死者，都是当年的红卫兵。他们参加了 1967 年到 1968 年间的 31 场武斗，从高音喇叭对骂升级到用钢钎、铁棒搏斗，最后出动坦克、装甲车对攻，创下一夜发射高射炮弹一万多发的纪录。最后，他们躺在这里，有用过的头盔、钢钎、大刀陪伴。

1980 年 1 月 11 日，野草画会就在这个公园里举办第一届同人画展。罗中立和黄嘉讲起这第一次也是唯一一次的画展，情绪慢慢回到当年——

“那天凌晨雾蒙蒙的。浓雾里看不见人，只听到清洁工人用扫把扫地的声音。我们班的同学，一个人夹一捆画，搭公共汽车去的。到了那里，还没开门，就闲逛，一个个像幽灵一样。不知谁说，去看看那个墓吧，我们跑过去一看，封了，就折回来。我站在两张乒乓球桌拼起来的台子上开始画三张大广告，最大的一张要抬到街上去，放在交通要道。他们就开始分场地。沙坪坝公园文化馆有很多破旧框子，大家就去抢框子，完全像土匪一样，我站在台子上面大叫：'给我留几个！'我在上面看得清楚，每个人抱一捆画框，把自己的画钉上去，退后几步，左看右看，都旁若无人，每个人都在忙……那场景像电影一样，我印象太深了！在我们画画的生涯中，第一次有了那种被解放的、可以自主的幸福感，因为不用审查，想画什么就画什么。"罗中立说，野草画会是重要的一笔，是"伤痕美术"的先声，因为那批画无论题材还是画法都非常大胆，后来参加'全国美术作品展览'的作品是它们的收敛版。

罗中立送去一组《十年》组画，其中一幅画的是一辆救护车开到人行道上，撞倒了一个男青年，血流了一地。

参展作品近200件，读画名可知一二：程丛林的"胡话"系列、杨千的《野火烧不尽》、张奇开的《晚期癌症病人》、李德虹的雕塑《思想犯》……何多苓送去的是以《安徒生童话》为脚本的《海的女儿》。

展览持续不到一周就被叫停，据说主因是冯星平老师的水粉画《魂》和罗群的油画《欲》。两幅都是女性人体，在当时被视为黄色的、低级趣味的、有强大腐蚀性的。

"我画的也是人体，是一个侧面形象，但罗群画的是正面，一个裸体的少女张开手臂向着太阳升起的地方奔跑，象征一种自由的生命力。公安局来拍照那晚，罗群翻来覆去睡不着，我们都安慰她说'没事的'。"黄嘉在重庆告诉我。

"那时，整个社会正处于意识形态大开放的时期，随便画什么都行，但性还是犯忌。"野草画展之前，何多苓曾想过画一群洗澡的姑娘，是他在凉山当知青时偶然所见，他说，"画面非常美。学校本来同意我画，可以用学校的模特，后来又不让画了，可能觉得太刺激了，一大片裸体。”

野草画会是何多苓画画生涯中为数不多的投身潮流的经历——他曾被增补为理事，但很快远离，潜心于自己的路子。跟程丛林上下铺的周鸣祥说，从参展前后的言行来看，程丛林的意趣也显然不在潮流和运动。

05

就在罗中立挥汗如雨地画成《父亲》的同时，何多苓画出了《我们曾经唱过那首歌》——一件画面如题目一样朦胧的作品，画布上充满了光斑，有点像点彩派的画。在送展的省级评选中，后者落选，理由是：没有说清楚唱的是什么歌，万一是资产阶级的歌呢？之后的几十年里，何多苓体会到，无论在中国还是在外国，“说清楚”这件事情相当重要。

在国内，绘画在许多年里是为一个很大的东西服务的，涉及宣教，涉及对大的政治背景的判断和表现，即使抒情，抒的也是主旋律的情。

何多苓的毕业创作《春风已经苏醒》被公认是他的代表作，灵感似乎来自某一期《世界美术》杂志的封底——一个残疾女孩半卧在草地上，仰望坡上的房子，这是安德鲁·怀斯的名作《克里斯蒂娜的世界》，这幅画在瞬间打动了他，他迅速读取了怀斯表现草地的方式：一种密度。

“具体说来就是一根一根草，中间没有间隙，没有虚的，都用同一种强度表现出来。那种密度是前所未有的，绝对物质化，我看了很震撼，所以我也刻意去画那一片草地，但我的画法很笨，就是有多少根草我就画多少笔，甚至一根草上画很多笔。你可以想象我的速度，那幅画我画了三个月。”

画成之后，有人看了说：“一条牛，一只狗，一个放牛娃。”又有人说：“你画的什么啊？没故事，没情节。”《春风已经苏醒》没能受到导师的认可，没有毕业分。是栗宪庭及《美术》杂志令它翻身，参加了某个美术作品展览，拿到二等奖，据说，是那片精细刻画、楚楚动人的草地令评委们眼前一亮。

“但我自己早已否定了它。”何多苓说，“后来的几年里，我在艰苦地寻找自己的语言。无视潮流是容易的，想要超越它却很难，即使是尝试建立一种封闭的、自足的符号系统也不是那么顺利。1983 年我画了几张不大的画：《冬》《有刺的土地》《天空下的孩子》，比起《春风已经苏醒》，我自己觉得它们更为重要：一种新的抒情语言初见端倪，它不再诉诸人们习惯的、易于接受的抒情方式，不再激起同情、忧郁这些寻常的反应，它拒绝怜悯，是压抑、苍白、让感官不悦的。这几幅画几乎没怎么展览过，也没引起任何注意。现在它们在几位美国收藏家手里。”

罗中立在个人画风上的摸索、转变也始于毕业创作《吹渣渣》。“《父亲》是在大学三年级时完成的，它是特定历史时期和意识形态层面的作品。第二年我画了《吹渣渣》，更多地回到了绘画语言上去探索。实际上是在《吹渣渣》之后，我的绘画风格才一路延续到今天。”

罗中立近些年的作品是带一点野兽派的乡野风情画，在市场上也颇获认可：“这么多年，我一直在画农民，想把他们画得更有个性，更有魅力，一直想找到具有中国精神，同时又具有当代性的语言。”

在精神上更亲近表现主义的张晓刚在 1993 年找到了自己的语言。此前，到达尼采和海德格尔的故乡对于他意义重大。1992 年在德国的三个月里，他看到了极其推崇的表现主义大师安塞尔姆·基弗的原作，也看到了里希特如照片般的绘画作品。这一年，他画出了“血缘”系列的第一幅作品，一个眼睛平视、神情忧郁又离奇的面孔出现在画布上。

重庆陈安健的工作室里，有一把长嘴茶壶，它常常出现在他的画中。这十多年来，陈安健一直在画茶馆。他承包了四川美术学院地标性的、有 40 年历史的交通茶馆，使它免于被改造为游戏机房。那里人来客往，全是地道的重庆人，有一位范大爷，是他的画中人。那种浓郁的川味，凭借超级写实主义的手法得以弥漫——画上甚至可以看清 1 元钱一个的打火机上的半裸女子贴片。他在重庆市井里找到了独一份的绘画语言。

风景、人物、历史题材，半景画乃至全景画，77 级各位师生的画室里各有气象。

20 世纪 80 年代以后，艺术仲裁权经由商业和市场的路径渐渐转移到西方人手里。伴随拍卖行的槌声起落，西方标准成为中国艺术的唯一标准，而大部分国人，是跟随市场了解艺术作品的。

1985 年，何多苓在美国波士顿大学艺术学院讲学。学生们面对幻灯片展示的作品，一时茫然，及至看到《青春》，才有点“啊，我明白”的意思——那幅画与“文革”有关。

“提问马上进入‘文革’话题，我也只有回答，跟艺术就没有一点关系了。他们就是这样识别、界定我们的。”何多苓说，“西方人对中国的判断标准还是东方主义的一部分，还是意识形态的，他们认为第三世界国家应该表现本国的政治在生活中的巨大作用，至于纯艺术和绘画技巧，他们不指望中国人来做，因为他们自己可以完成。”

即使是迈克尔·苏立文（Michael Sullivan）这样的学者型鉴评者，也始终睁着一双寻找“中国元素”的眼睛，更不用说尤伦斯和乌利·希克们了。全球化时代的当代艺术版图上，主场或轴心在哪里，不用费力就能看清。

于是一方面，评论家们在赞叹西方向人类贡献了普世的、表现人类共通经验的高级艺术产品，另一方面，艺术家们却不得不挖空心思继续炮制“我们的元素”，为这盘全球通炒的大菜添一味调料。

有谁敢说“不”吗？30 多年来，何多苓在东西两面的边缘待着，两面都“非主流”；凭借自身实力和自信，他表现超然。张晓刚在“天价”笼罩下执意走出符号的限制……束缚与自由的张力抗衡，绵延至今。

06

曾经有人问陈丹青，如何看待 77 级、78 级现象。他答：“跟 1977 年、1978 年没关系，跟‘文革’十年有关系；在荒凉了十年的地里，长出一群渴望叫喊的家伙，一群粗糙活泼的人才；偏安西南一隅，他们像是杀出来的‘暴徒’，一群抢粮店的叫花子……在百废待兴的当口，这么一群愣头青，自觉又不自觉，是天意又是人意，趁着青春大好，不管该不该画，不管画了以后同行、领导、外省、北京会怎么说，不管三七二十一，痛痛快快地画出来了。”

77 级油画班当年的班歌是苏联歌曲《骑兵进行曲》，另有两个专用名词：

老哥萨克——哥萨克是乌克兰的一支游牧部落，骁勇善战；弟兄之间互称老哥萨克，既有一代人身上的苏俄烙印，又有重庆人互称“老板凳”的亲昵、调侃和自嘲。

粉子——原指漂亮姑娘，后来指各种女子，用法类似今日之“美女”。在油画班 16 位哥萨克的青春里，自有粉子出没。

刚进校那两年，同学们互相做模特，互相画，除了运动和看球赛，生活几乎被画画填满。

敲着饭盆去食堂，使用自己画的肉票从不失手，但也有可能是好心的食堂师傅高抬贵手。

夏夜闷热，将洗衣池放满水，几个人躺在水里，只露个脑袋，何多苓就开始讲故事——雨果的《悲惨世界》、梅里美的《卡门》、莱蒙托夫的《当代英雄》他能从头讲到尾。

像所有的大学男生宿舍一样，那里就一个字：乱。某宿舍楼板中央有个洞，扫地的意思就是垃圾入洞。

四位女生，常常身上、手上全是颜料，脸也不洗，脏兮兮地直奔画室，被本班男生评为“毫无女人味”；但大眼睛、长得很乖的宜宾姑娘莫也遇到过“田螺先生”——素描手的部分她总是画不好，于是空着，第二天进教室一看，手长出来了……

跟每一位被访者闲话这些细碎往事，看某位从抽屉里拿出来没有封皮的《外国民歌二百首》，随个人指点在黑白照片上辨认当年的本尊，我依稀看到那时的他们——

那时的罗中立“非常好玩”，乡野、生猛，总能让寝室里笑声不断；

何多苓会拉手风琴，爱唱歌；唐雯说，大学四年，他跟何多苓唱了四年；

陈安健长得像外国人，大家叫他加里森（《加里森敢死队》里那个），要不就直呼安德罗波夫（曾经的苏联共产党总书记）；

张晓刚沉默寡言，当时留着络腮胡子；

高小华鬓角很长，站着的时候喜欢抖腿；

年龄最大的黄同江眼睛炯炯有神，为画画会“玩命”，可惜英年早逝；

程丛林像是日耳曼民族遗落在中原的一粒种子。一群同学到饭馆吃饭，吃饱了摆开龙门阵，程丛林说着话就停下，打个招呼起身走了——他学外语的时间到了。每年春节，他只安排一天时间走亲访友，其余都是看书时间。他理性、严谨、自控力强，画里亦有哲学气质。

雷虹年龄最小，用功程度不输给班上的其他人。有一年暑假他回成都，一学期画下来的素描、速写稿纸自己都背不动……

我在成都远郊的一片高层公寓楼里拜访了77级当年的老师马一平先生。他说，77级、78级现象的产生，也有偶然因素。因为那一年中央美术学院没有招生，这拨人中几个很出色的恰好都聚在一起，形成一个气场，你追我赶暗中竞技，对年纪小的同学也起到带动作用；再加上当时学校的气氛比较民主，师生之间相对比较平等。马一平先生特别提到，77级新生尚未进校时，他在办公室对院长说，这届学生招进来，谁教谁还真不好说。

罗群讲述了她难忘的一课。那是一堂素描课，老师指出作业中的问题，底下的学生不买账，提出质疑，提出自己的看法。这时候老师停下来，让全班同学围拢来，对着一堆关于素描的书籍和画册展开讨论——不，是辩论。何多苓首先发言，接着罗中立又提出针对何多苓的不同意见，然后众人各抒己见，辩论十分激烈。罗群说，虽然气氛有点紧张，最后也没有定论，但这样的讨论，在学术层面实实在在推了大家一把，让每个人对素描的思考更深了一步，非常有意义。

高小华归纳了成就所谓77级现象的几个条件：天高皇帝远，叛逆容易活；有那么一两个刺儿头敢冲在前面，比如他和程丛林不上课了回家搞创作；校园气氛相对宽松，老师该管的管，该放手的放手，比如能容得下他和程丛林不上课了回家搞创作；有那么一捆干柴在那儿备着，火一来，都着了，同学们都是哥萨克；此外，是时空的馈赠，比如“文革”武斗的历史，比如大凉山彝族群落的存在……

张晓刚说：“我很少提及‘川美现象’‘绘画川军’这类说法。事实上，川美现象也不是就画派、流派而言的，是从四川美术学院毕业生成功率比较高的角度来谈论的，而这种成功主要表现在市场方面。我理解的川美现象是思想解放的20世纪80年代，77级、78级学生多有共同的文化价值标准，风格比较类似，偏向英雄主义。”

他也对“77级”标签做了厘清：“我跟罗中立他们是77级、78级的同学，但跟他们是两代人，在艺术上有区分的两代人。罗中立他们是乡土、批判现实主义，而我跟叶永青他们属于‘85新潮’之后的现代主义。在这个时期，西方观念流派大量进来，价值越来越多元化，个人的东西越来越多，所谓的川美现象其实是式微了。2000年以后，是商业时代的川美现象，已经不是针对艺术而言了。”

1984年或1985年，当张晓刚和叶永青在现代主义绘画中找到感觉时，尚在中央美术学院艺术史系念书的侯瀚如已经跟保加利亚人万曼（最早的中国留学生之一，经周恩来批准，同中央美术学院学生宋怀桂结婚。宋怀桂后来代表皮尔卡丹公司，在北京开了马克西姆西餐厅）坐在北京饭店的咖啡厅里谈 installation（装置艺术）和 soft sculpture（软雕塑）如何译介成中文了。

我们问他们："为什么没有放弃架上绘画？"他们的回答很相近，几乎都是："这么多年了，架上绘画已成为一种习惯，如果每天不对着画布画点什么，就好像若有所失。"只有杨千，目前在做综合架上绘画与装置的作品。

高小华一直在想一个问题：20 世纪 70 年代末 80 年代初，艺术跟老百姓息息相关，为什么现在老百姓不跟搞艺术的人玩了呢？仅仅是因为精神食粮丰富了、消遣娱乐选项增多了吗？

音乐家斯特拉文斯基说过："对艺术控制得越多、限制越多，它就越自由。"何多苓说："在艺术家中间，只有很少的人能意识到'无限制'正是他们的作品令人厌恶的原因。对'自由'的滥用也是当代艺术贬值的原因之一，而严格的自我限制是让艺术家获得自由的唯一正途。一个初学者可以借助精确的照片复制出表现惊人的画面，但现代视觉艺术品的真正高明之处在于，它能超越视觉，让人对司空见惯之物感到陌生和神秘。你问我架上绘画可以存在下去的理由，从表面上看是有人画，有人看，深想一下，它应该是视觉的净化，正如诗歌是语言的纯化一样，它是需要被仰视的。当代艺术的粗野成癖和虐待狂让我不安，本性让我对潮流和时尚有天生的免疫力，命中注定我选了一条最复杂的路——我相信在古典和现代、现实和超现实中间必然存在一种形式，能把身心经验托付给纯粹的视觉，那里面有巴洛克式的纪念碑性、抽象主义的超验性，也有印象主义的神秘、高贵和优雅。"

迈克尔·苏立文是 20 世纪第一位向西方系统地介绍中国现代美术的人。他在 2014 年 4 月出版的《中国艺术史》中文版里写下这样一段结语："我们不能指望今天的中国能够像西方一样有众多的艺术家投身于反主流，并将其视为有活力的文化的标志，这只有极少数天才艺术家才能做到。但我们可能期待看到艺术家和权威之间的张力——艺术家既部分接受又竭力反抗制度和社会对个性、自由施加的约束。就是在这些约束之中，过去产生了伟大的众多杰作，也许还是在这些约束之中，未来伟大的艺术也会源源不断。"

在约束和自由中贡献给中国美术史一批杰作的四川美术学院77级不可复制——这一点，毫无异议。

蒲鸿、李宗陶采访于重庆、成都、北京

李宗陶撰稿　写于2014年7月至10月

朱新建 / 一笔一笔救自己

朱新建（1953—2014.2.10），1980年毕业于南京艺术学院美术系，并留校任教。其作品曾被中国美术馆、法国国家图画馆、比利时皇家历史博物馆、巴黎美术学院等机构收藏。

朱新建研究会 / 提供

楔 子

这个“囍”字写得天真，也有画意：同一屋檐下，两个小人坐一条板凳，左边的小人别过脸看看右边，跌宕自喜。

喜帖不俗，黑白照片下面有一行毛笔字：

朱砂王咪 9月7日 16：00 北京 ×× 餐厅云霄路十八号

字像是小孩子拾了些柴爿搭起来的，墨色洇了两处。有收到喜帖的人在朋友圈里晒：新郎的爸爸朱新建最新的左手作业。

9月7日下午，朱新建坐在轮椅上被推进餐厅，好像观礼车上的将军，成为场内中心；而场外议论的中心是：“新娘的爸爸怎么不来？”

人连着车从一个朋友传向另一个朋友，朱新建快活地、不知疲倦地笑着，笑得中规中矩。当年他是喜欢大笑的，间或不笑的时候，有点像高仓健。他的右手已经定格，他用左手跟朋友们握手和拥抱。

“朱砂是老二。老大是在南京结的婚，你是没看到，酒席上有6个跳脱衣舞的。怎么回事呢？南京这地方讲究婚礼上搞点节目，朱新建说，明星太贵，不请。有一天开车去马鞍山，半路上望见路边搭了个大篷子，是花5块钱就可以进去看的那种，朱新建说，这个好。他跟老板商量，老板说可以，一人一千元。朱新建说：‘好，给你2万元。’先付一半定金，讲好几月几日一定要到金陵哪里哪里。结果新郎新娘一桌桌敬酒，旁边跟一班脱衣舞舞娘。”跟朱新建相识18年的湖州商人老费告诉我。

2007年年底，本来要去中央电视台的《百家讲坛》讲讲齐白石，还要去德国办画展，签证刚办下来，朱新建忽然倒下。各种机器照一遍，主动脉瘤，一串好几个。手术之后，右半边身体废止，就是所谓的中风。

刚开始，他还能胡闹。“手术完刚出重症监护室，住进普通病房，有一天医生护士喊起来，说不得了，一个不当心没看住，病人自己把胃管拔掉了。消化科大夫上前细查，说：‘怪了，病人打了十几天吊针，怎么嘴里有东西在嚼？快取出来，不要呛到气管里。’夹出来一看，是两片香肠，已经团在一起了。旁边的小护士叫：‘刚才我放在这里的午饭，上面盖的香肠没有了！’”朱新建的徒弟郁俊讲。

再后来，他活蹦乱跳掷地有声的性情，偶尔的“人来疯”和“天天放焰火”的兴致，渐渐化成一个罗汉式的笑。

他仍然画画，改用左手。在过去的三四年里，这些画的价格一路上扬，上扬。

美人图

“朱先生，你是什么时候开始画画的？”

“很早，少先队员的时候……什么都画。”

2013年11月初，朱新建坐在北京朝阳区某外交公寓的沙发里，向我伸出左手。我迟钝地换了左手去握，像握住了一团丝绵。

他的脸上，则有一些硬朗的线条，须发泛白，颈子里露一茎红线，下面吊一团琥珀蜜蜡，贴身佩戴了六七年，愈发黄亮。

当年郁俊曾说这挂件并不十分值钱，朱新建说，与钱无关，他之所以珍视这个挂件，一是因为好看，二是因为这是他从林海钟（画家，朱新建的朋友）身上夺来的，有意思——一群人去泰国办画展，他看好人家项上的一点黄，说："哎，海钟，看好了我的蜜蜡啊，别弄丢了，过几天还要带回南京去呢。"如此几遍提示，林海钟摘下来一递："给你给你。"

这间屋子很温暖，大片绿叶从盆里伸出来，几只小鸟不肯歇地鸣啾，朱新建的画挂满壁墙。几乎每天都有客人来，他乐呵呵地应对，写字，作画；看到老友，听人念从前写他的文章，也会垂泪。屋角架一台摄像机，记录着这些迎来送往。

朱新建头脑清爽，但语不成句，由妻子陈衍代述。讲到不同景致，朱新建欣欣然（同意、附和）或嘿嘿笑（不好意思）。他好几次伸出手去，似乎想向对面的女人表达赞许、安抚以及那些词语不达的情绪，陈衍便也伸出手，与那只柔软的掌轻轻一击。近 30 年的聚散，各自人生的况味，兜兜转转在狭长茶几的上方勾连、相融。

快递送了两个件来，都是网购的男鞋，46 码。陈衍说，老朱的脚肿了，是用药与久坐的缘故。朱新建用左脚带动身体，进而带动右脚，一尺一尺地向画室走去。

20 世纪 60 年代的南京市第九中学有个美术老师叫魏超，据说做过徐悲鸿的秘书。他成立了一个美工组，召集一些有兴趣的同学在一间由地下室改成的画室里画画，他们从素描、石膏像画起。生于 1950 年的顾小虎当年是组员，组长是高他一两届、后来担任南京书画院院长的朱道平。

顾小虎说："朱新建有兴趣，但他的型搞不准——还不是一般的不准，一出手，鼻子不是鼻子眼睛不是眼睛——美工组就没要他。每次我们在那儿画画，他来了，我们就把门一关。他就在外头嚷‘我看看不行啊我看看不行啊’，我说他就像周信芳，哑嗓子，用老辈人的话讲就是祖师爷不赏饭吃的。”顾小虎是朱新建“一辈子的朋友”，他的南京口音普通话听起来相当有味。

朱新建吃力地告诉我，他从上小学时就开始画素描、黑板报。早年他对栗宪庭说起，因为他的型搞不准，黑板报上的正面人物总轮不到他来画，他只好努力地把地主的狗腿子画得传神，心里还是眼热画英雄的。

前不久，一位摄影家拿来几张 30 多年前的照片，拍的是朱新建在山东某地写生时的情景。他当年黑瘦，有时蹲着画，地上放着一只茶瓶，一旁有几只羊在看；有时坐在小矮凳上画，旁边围一圈小孩子，其中一个撑把伞帮着遮光。那时，他的毛笔就拿得高。郁俊说，这样画得久了，手也不会累得发抖，但难在手腕的控制力。

据画家边平山回忆，1987 年深秋，他在南京艺术学院某间办公室里，远远望见操场上有个人趴着，仿佛在画画。走近一看，地上摊着一张小脚美人图，他问：“谁画的？”趴着的人站起来回答说：“我。”

边平山说：“那个人就是朱新建，当时他在南京艺术学院教书。我就说，你画得非常好，回头你来找我。当晚在江宏伟（南京画家，新文化画派重要人物之一）家，我们互相认识了。”其时，边平山是北京荣宝斋的美术编辑，正聚合一批才子搞“南北方中国画联展”。搞到第三届，中国艺术研究院美术研究所的陈绶祥送了顶“新文人画”的帽子给这批年轻人，他们更引人关注了。当时朱新建人在法国，但新文人画派常备他一席。

2006 年夏，郁俊住进南京朱家学徒，看见师父这样画画：盘腿坐着，正前方电视影碟机里滚动播放着 A 片，看到能入画的就喊“停停停”；一支胎毫笔握在低处，近似握钢笔的位置，有时戴上老花镜；先撇刘海，接着勾脸，再点眉眼五官，眉毛挑上去弯下来，嗔嗲之相便来；开完脸，握笔处即抬高，人也松弛不少；接着勾肩膀、胸、臀、高

正在用左手作画的朱新建（李宗陶拍摄）

跟鞋，要么三角裤褪到膝盖处，要么黑丝吊带三点尽露，旁边随手加一张骨牌凳，一盆花，或者一只猫，一概水墨。题款加印上色，世上又多一张“大丰新建制”美人图。

朱新建的小脚美人图头一次公开亮相是1985年11月，在湖北武汉的“中国画探新作品展”上，共展出4张。陈衍见过其中的一张：黑底上，一个用白粉勾勒的美人，裸体，但没有细节，不像后来的那么直露。

“他早期的作品工艺性比较强，比方画个圆的背景，线条也比较温和，追求的是好看，后来的作品绘画性就越来越强了。”陈衍说。

即使没那么暴露，画家于水说，朱新建之锋芒毕露，击倒一片。在稍后中国美术馆举办的画展上，画家周思聪对身边的徐乐乐说，越看越喜欢朱新建的线条，那是天生的，别人是学不来的。两位女画家正夸着叹着，前辈叶浅予先生拄着拐杖将美术馆的地板笃得山响：“这都是些什么封建残渣余孽！简直是复辟倒退！”周思聪这才发现画上的女人是三寸金莲。

文人阿城闻讯发声：“一个玩古代形式游戏的人，被指封建糟粕，很牛啊！”

当时《中国美术报》的主编刘骁纯写了一篇《朱新建的挑战性》，文章大意是，但凡创新的东西都要受到批判和攻击。据说一连几日，叶浅予天天拿着拐杖在刘骁纯工作的楼底下喊：“下来，辩论！”

过了一阵子，有台湾记者问叶浅予：“您认为朱新建的画如何？”叶浅予说：“他们认为还不错。”记者追问：“那您呢？”叶浅予说：“朱新建的艺术像臭豆腐，喜不喜欢两便，我觉得还是有味道的。”

听湖州老费讲几段——

20世纪80年代，中国美术家协会秘书长是华君武先生，朱新建也想向组织靠拢，但跨不进门槛。华君武退下来以后说：“我在位上，当然不能让他进来。”退下来以后，华老在自家客厅里挂上了朱新建的画。

画家韩羽，动画片《三个和尚》的人物造型设计者——该片荣获金鸡奖；散文写得漂亮，得过鲁迅文学奖，心气、眼界两高，私下里也赞朱新建为“江南才子”，又说：“他画的女人歪歪斜斜，脸还没我的脸好看，可看上去很媚；他不要漂亮，只要妩媚，一下笔就好看。”

粟宪庭评说，朱新建早期的《金瓶梅》人物画，造型得色欲之神韵——线条拙，含着一种笨拙的激情，随笔锋缓缓流出，仿佛触摸；线条简约，突出作者体会到的女性形体的“神”——夸大了的臀、乳甚至单独圈点出的乳头，寥寥数笔，尽得身姿的妖冶；尤其是眼睛，弯弯两笔，极尽妩媚。

十几岁就“玩国画”的老费说，台上戏唱得好不好，票友最懂。当他第一次在刘海粟美术馆看到朱新建的美人图时，感觉一派陈腐气的国画界生出一股新鲜之气。当时的国画画的内容不是仕女就是山水花鸟，与当代生活毫无关系，最后只能拼点水墨技巧。朱新建的图式、题画别开生面，各有精妙，对后来人颇有启发。

此刻，桌上有三只小碗，调的赭石、花青、石绿。朱新建左手提一支长锋胎毫笔，在一尺见方的半成品上勾点：美人脸上、乳上点红，案几上青绿，肚兜亵裤也有了花色。画成，陈衍接过来，一张张晾在旁边的小木床上。床角堆着一些卷着未裁的生宣纸。

莲花落

“朱先生，当年哪里能看到齐白石的画？”

“有，有，瓷瓶子上。”

朱新建不是学国画出身，不曾临摹过《芥子园画谱》，他的“开口奶”来自日常生活。父亲单位墙报上的几朵花、一只鸟，母亲拿回来的废旧标语上的毛笔字，他觉得好看，心生崇拜。那年月，痰盂上、练习本上、铅笔盒上都印着不清不楚的齐白石画作，一个黑咕隆咚的虾子、一只螃蟹、几朵牵牛花。《儿童时代》《小朋友》《少年文艺》之类的儿童杂志的封底、封面通常也有些大画家的作品印在上面。

初一那年，朱新建跟母亲去看锡剧。舞台上走出来一个书生拿把折扇摇啊摇的，派头很大的样子。他买了把便宜的折扇，照着《人民画报》上一幅潘天寿的作品临摹起来。画上有石有鹰，他当时的能耐只够临摹角落里的花。两朵雏菊画得歪歪倒倒，被邻居一个老头子看到，夸他临摹石涛的画临得好——潘天寿学过石涛的技法，被一个小孩减几分技法加几分天真地这么一画，像极了师祖。

老头子是南京工学院的教授，跟书画家林散之、高二适过从，领了朱新建回家，给他看石涛、齐白石的画。有一阵，他还老往亚明的弟子张伟家跑……朱新建曾说："我从小生活在南京，跟老一代艺术家玩过，笔底下多少有一种恍惚的东西。"

顾小虎告诉我，整个20世纪70年代，刘丹（画家，后旅美；我曾在阿城先生家看到他画的一块石的六个面）、朱新建和他三个人来往密切。刘丹心灵手巧，画风精细、写实，顾小虎称之为"官窑"；朱新建偏爱桃花坞木刻、杨柳青年画、剪纸之类的民俗，更近漫画一路，他称之为"民窑"。20世纪70年代末80年代初，刘丹的形象是长头发、喇叭裤，整天提着一台收录机到处找人跳舞；朱新建有趣闷骚，绵软随和，胆子小，遇打架便慌，常遭小流氓敲竹杠。

插队回城的朱新建被分配到了南京二轻设计院，画过花布图案。他的剪纸作品参加过全国展。他画的连环画《除三害》得过全国少儿图书优秀奖，画中那个方头圆髫的打虎英雄周处隐约有几分关良的味道。动画片《老鼠嫁女》《金元国历险记》《皮皮鲁和鲁西西》里的人物造型也出自他的笔下。

"他有一个恩师叫高马德，当时是《红小兵》杂志的编辑，没具体教过他画画，但跟他聊过天，肯定过他。你想他那种路子，在那个时候他所得到的肯定是不多的。老朱喜欢关良也是受高马德影响。"陈衍说。

1976年，朱新建以工农兵学员的身份进入南京艺术学院工艺装潢专业，仍是班里"形搞得最不准的一个"。留校任教后，他转向中国画。有几位老师看好他，如董欣宾、陈德曦，他们看好的是纸面上逸出的属

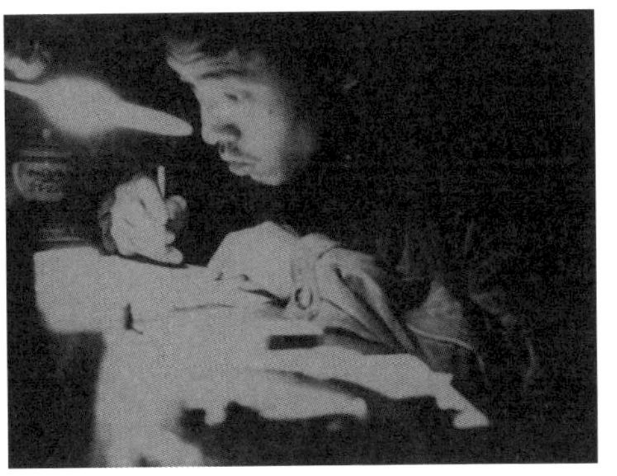

1983 年的朱新建（朱新建研究会提供）

于绘画者个人的东西。

在中国美术学院的一次讲座上，朱新建对学生们说：“我喜欢齐白石、青藤（徐渭的号），他们的风格再加上西方涂鸦就成了我今天的风格。”

大量资料和受访者的叙述拼出一张粗略的树状图谱，或可读取朱新建“所借”之杂多，尽管这事后分析得杂与多，远不如长在主人公身上那般有机、饱满、陈陈相因——

自唐以降的传统文人画大家里，他起步于石涛，用心琢磨过的大致是这么几位：赵佶、梁楷、法常、赵孟頫、徐渭、八大山人、齐白石、黄宾虹，林风眠、关良——都是直指内心的路子，其中好几位半人半疯。他尤其推崇齐白石，曾对老费说：“（齐白石）好比乡下大姑娘，天生一副好嗓子；天生神力，生出来就是一头牛；摔跤脚下不用使绊子，拎着耳朵就能把人放倒。”

边平山说，中国画的高峰在北宋，干净利落，自信得不得了，他们不是在想前人怎么画，他们画画跟呼吸一样；八大山人的遗憾，就是不够自信，自信的人不会出现败笔。边平山推崇明代文人画，因其将诗书画比较完整地融合起来，他不大喜欢石涛、髡残、黄宾虹的画中那些蓬头垢面的形象。朱新建受他影响，由清溯明，把明代的画册买齐，天天翻。边平山说，绘画的深度在很大程度上取决于画家读画的深度。

顾小虎说，在不同阶段，朱新建有不同的精研对象，比如中风前常跟他谈论法常，只是此僧留下来的真迹极少，鲜有人亲见。

郁俊记得，师父曾嘱他习髡残，又论及宋画："画了三天，别人看好像没动一笔，几乎在用水，极浅淡而发力深沉；宋画也有调皮生动的，瞎画一气，但是规矩在。"郁俊当即开悟："我的画还能再加，以后也要敢于用浅淡的笔墨。"

属于个人趣味的部分，朱新建有一个可观的链接——

日本文人画家池大雅、富冈铁斋、书法家良宽下笔重，强调趣味，为朱新建所喜。浮世绘大家歌川国芳他也有所涉猎——郁俊在朱家见过日本印制的《通俗水浒传豪杰百八人》全本。

边平山说，朱新建的美人图大体属于明代春宫图的延续，根据粉本来画，人物动作、造型变化其实不大。边平山先后有过两本台湾锦绣书局印制的精装本春宫图册《密藏》，都被朱新建借走了——当然有借无还。

美人图上常有猫，被朱新建画得肥肥的，脂肪感很强，边平山说，这是受莫迪格利阿尼（意大利现代派画家）人物画的影响，当年他们都喜欢他。

顾小虎听朱新建其他几位徒弟说过，朱新建每到一地，必访当地图书馆，将所有民国时期的漫画月份牌翻出来发了疯似的临摹。郁俊说，有一次在上海图书馆，朱新建翻箱倒柜地找一位叫王朱的民国时期画家（此人是阿城发现的）的画，画的是街边小姑娘，身后插块牌子，上面写着："小芳两毛随便。"

"我住进他家没多久，他就跟我讲美国有个黑人画家叫巴斯奎特，他很喜欢。那是一个涂鸦天才，27 岁就死了，画得又多又好，拍卖行就不太好操纵价格，给他女人，给他毒品……"郁俊说。

朱新建 20 世纪 80 年代初北漂时结识了阿城，常去他家"刷夜"。

二人有个对谈，被大家在网上传来传去。陈衍说，那一次他们聊了18个小时，老朱对《金刚经》《五灯会元》产生兴趣多半是受阿城影响，“没看多少就跑去南大讲禅宗，胆儿也够大的”。

“他看书很杂，悟性高，这是天生的。他喜欢抬杠，享受斗嘴的乐趣，偶尔也能讲几句很雄辩的话。”顾小虎说。

“他很聪明，读书抓得住要点，感悟跟一般人也不一样。”老费说。

禅宗开启了这个边平山所谓顿悟型的人。一次有人问朱新建怎么看禅画，他说，画什么题材不重要，在于你动笔动墨的时候有没有禅的意识——飘逸、不拘谨、生机勃勃。

“听阿炳拉的《二泉映月》，我很激动，这首曲子太好了。我感觉这首曲子肯定是为了二胡这种乐器作的，突然又感觉这种乐器就是为了《二泉映月》造出来的，我甚至觉得为了造就这首曲子，上帝顺手造了一个无锡，又顺手造了一个二泉出来。”这就是朱新建的艺术感觉。

“我跟师父一道去买书，我们的口味完全不同。他不喜欢理论腔的作品，一看就烦，喜欢民间的智慧含量高的作品。他看书常常是拣有用的（可以题跋的）圈出来就完了。”郁俊说。

朱新建曾对粟宪庭说：“当年我画小脚裸体女人，真的只是玩玩，没想过什么意义。但艺评家们不肯，总要掘出些道道来才好。”被人一闹，朱新建就去找理论支撑了。“我在一本南京的杂志《译林》上发现了弗洛伊德的一句话：‘所有的艺术都是人内心深处被压抑的性欲的变相宣泄。’我想这就是我要的。然后我就狂找他的书看，后来发现也就这一句有用。”

吴亮曾说，写文章引经据典是思想偷懒，讲自己的话才厉害，朱新建非常赞同这种观点。吴亮和陈村到朱宅做客，这边吃饭，那边电视里播放A片，且多腌臜。吴亮肠胃有些反应：“哎哎，能不能把那个关掉？”

老费又讲故事：当年篆刻名家吴子健对朱新建的画青眼有加，朱新建视之为知音。吴子健欲访朱宅，朱新建觉得贵客驾临，不知如何是好。最后他把吴子健和老费请到画室，关起门来看了两个小时的 A 片。吴子健略头昏，老费道："哎呀，他从几万张碟片里挑出十几张精品来给你看，已经是贵宾级待遇了！"吴子健再去朱宅，关照在先："请朱先生千万不要再放录像了。"

A 片是朱新建的库藏，造型用的。1998 年年底他去往巴黎，号称访问学者，留下陈衔、7 岁的大儿子、出生 3 个月的朱砂和一大包碟片。陈衔不知该如何处理那包烫手山芋，最后转送给朋友。不知怎么播放时被公安人员逮了个现行，或将追查源头，朋友赶紧叫陈衔避避风头。

2006 年，有一次朱新建过安检被查，郁俊在一旁直赔好话："都是自家看看的，不倒卖，您瞧上面都有红笔画的记号。"最后碟片还是被没收了（郁俊猜几个工作人员转身就分掉了），朱新建被罚款三千元。师徒二人坐在路边吃面，郁俊问："师父，您到底买过多少碟片？"朱新建头也不抬："八万张，只多不少。"

雷诺阿的电影美学、默片大师普多夫金的理论，都对他胃口。中风之前半年，他还跟贾樟柯正经地讨论过一回电影，不像是在开玩笑——这句有典故，朋友常引用："他宁愿从潘家园买些底上印着 Made in China 的新仿品，也不要'乾隆年制'的瓷器；他说，那些本来也是假货，可落着乾隆的年款，又不像在开玩笑，真是厚颜无耻……"

养分拆解到此打住，横竖冰山一角。郁俊说，找一些自己喜欢的人贴近了，慢慢也就找到了自己。边平山说，不管吸收多少营养，一个艺术家真正成熟的标志是能否不借助他人达成自己。

栗宪庭念念不忘 20 世纪 80 年代早期朱新建画的那批《金瓶梅》插画，一点点大，画得又性感，又泼皮无赖，一副充满怀想的样子。边平山说，一般中国画，看一张就明白来龙去脉，朱新建的画要看一套，他画的多是小品。郁俊说，师父他肯定不是中国画的正脉，他好比一出唱得非常好的莲花落。

评论家陈蛮父说，现在画价很贵的一些画家，包括李津、徐乐乐等人，都喝过朱新建的奶。

郁俊说：“我要动用所有的力气来对抗他对我的影响，他太强悍了；我也劝想学他的朋友，不要学，他是魔王，他的画里有种蛊惑人心的东西；我女朋友也画画，她说，你的老师哪怕画山水花鸟都能画得很‘色情’，那种骨子里的‘色情’，你没有。”

据说阿城将朱新建的画随意放置，任人摩挲，名曰：“褪火气。”

同花顺

“朱先生，今天来也是想看看这一路上有多少人宠你，包括男人、女人。”

“嘿嘿。”（陈衍一旁笑道，他是自己惯自己。）

朱新建当年这样讲述自己的经历：“我稍微懂点事的时候大概是1960年，那时我7岁。那是一个乌托邦时代，一种泛政治的生活，‘人民公社’‘大跃进’，经常搞这个运动那个运动，每一个细节和角落里都充满了口号和标语。我小时候的记忆全是‘阶级斗争’，那时候在马路上看到一个戴墨镜的人会跟着他跑好几里地，然后报告交警，说自己发现了一个特务分子。那个时候小孩被煽动得很奇怪，整天想做英雄，没事天天把妈妈给的买早点的钱拿去交给老师，说是在马路上拾到的，弄得老师哭笑不得。”

“‘大跃进’的时候，中央美术学院有个把二百五千部表决心要放卫星式地培养100个齐白石，周恩来听了就很生气，说：‘你们能在100年内再培养出一个齐白石就很不错了！’”

小学四五年级时，老师问他的理想是什么，他说：“要听真话吗？我想当坏人。因为电影里好人总是家破人亡，江姐也是要坐老虎凳的；我要是当了黄世仁，我就不欺负杨白劳，不抢喜儿。”

顾小虎记得，“文革”初期朱新建是血统论支持者，“文革”刚结束，他就已经表现出反英雄、反正统的讥嘲者姿态。这一进化是怎样完成的，当事人已经无从交代。

在一个言不由衷、虚与委蛇的年代，除了个把例外，中国男人多是性压抑的。朱新建曾向栗宪庭坦白："我觉得我的内心太不能见人了，我太好色了，这种东西是不能跟别人说的，所以我就在小纸片上画啊画的，然后把它们撕掉。"

"是不是朱新建用这种方式说出了许多男人想说而不敢说的，所以大家捧他的场？"我请教跟朱新建同年的陈丹青。

"当然，大家都闷着骚嘛，居然有一个人敢公开地骚。在那个年代，画这样的作品就等于在说，性欲是正当的、美的。"陈丹青说。

当晚生后辈们更活泼更大胆更放肆地描绘性主题时，陈丹青回头再读朱新建的画，读出了"语境的珍贵"。也就是说，在20世纪80年代的中国，需要一批表达和承认这一部分人性真实的先行者。

朱新建天性中的好色（阿城解读好色：对一切事物的审美），加上一个他从禅宗里悟出的"真"，令他敢于用了中国文人上千年炼出的一套本用来表现禅心道骨、月白风清、高山流水的笔墨大法，放诞无忌地涂抹着一个个脂粉俗人——用他的话说，"我用齐白石的笔墨画女人"。他在自觉不自觉间，完成了一个启蒙式的动作。

于是，有人将写小说的王朔、做摇滚的崔健和画画的朱新建相提并论。有趣的是，这首尾两位后来结成亲家的人，青年时都是朋友眼中的胆小之辈。何来神力塑成后来的他们？

有一年，朱新建看春晚，舞台上放了一排从黄河各流段取来的水，都装在桶里。他说："取水样的规则就这么严密吗？为什么取这一流段的水而不取下一流段的呢？说句不客气的话，随便打一桶，里面到底是哪个流段的水，其实是无所谓的，因为各种机缘巧合，取到哪里就是哪里。我们看凡·高同时期的画家，画得一点都不差，但对不起，历史当时取的就是凡·高，任你是凡矮、凡不高、凡不矮，都没有用。"

"一个人的成功就是抓到一把同花顺，从3到K一张不少。个人需要完成的就是拿出3、4、5，后来的6、7、8、9、10、J、Q、K都是历史添给他的。比方说杜尚的小便池，上面写一个'泉'，如果没有看客赋予他 6、7、8、9、10，那他也有可能变成茶余饭后说笑的谈资，大家只会说这个人有病。但这件作品引起这么大的轰动，几乎所有的人都说好，你若是说它不好，就说明你没有现代感，所以很少有人敢说。”

他写过一篇题为《被朋友宠出来的画》的文章。他在文章中写道：“这个也说好，那个也说好，朋友间从来没有人批评我，这个画就出来了。说实话我起先胆子很小，多几个人捧我，胆子就大了。我胆子这么大，肆无忌惮，都是因为各位朋友宠我。”

慧如朱新建是懂的：人最初的自我理解深深地镶嵌在社会之中，艺术上所谓的成功，乃是一种互动，是戏台上的梅兰芳与喝彩声共同成就的。

早期，朱新建也不乏批评者。评论家李小山曾说他画中的女人没有灵魂，没有人格，只有欲和春困，只是玩物。朱新建每次小画展，都把这句话印在前言上。

也有女权意识较强的人认为他的作品侮辱了女性。有一年，他的画印在德国慕尼黑电影节海报上，当地妇女上街游行抗议。他后来说：“猪八戒，讲起来是男人吧，我们把猪八戒写成那样，有男人组织游行吗？”

见招拆招，朱新建自有一套办法：大方，有趣，有时无赖，有时天真。

朱新建早年最重要的知友有两位，一位是阿城，一位是粟宪庭，留下不少掌故，至今为人乐道。其中最重要的，可能是构建了朱新建这款笔墨游戏的文化内涵——一个人站在一幅画前，除了赤裸裸地用眼睛去看，脑中联想到的观念、趣味、意义、指向等，便是文化。文化是被构建出来的。

栗宪庭讲得略微深奥：文人画本就是宋代官僚不屑于像宫廷画师那样作画，追求逸笔草草和独抒性灵的结果，是中国艺术史上一次大规模、长时间的自觉创造。继承中国文人画传统，首先得继承文人那种独立、自我的精神，所谓“功夫在诗外”。朱新建，还有李津、徐龙森、老圃，通过艺术向世人证明他们活得如此真实。而中国，尤其需要真实。

“你看他敢把那个字涂得像墨猪一样，而且还敢用坏笔，用坏墨，从中可以看到一种酣畅淋漓的生活态度，一种做人的态度。”陈村说。

“如果把画当画看，就是看画得像不像，如果把画当文化来分析，那就有很多说法。很多有文化的人都在捧朱新建，有点像毛泽东当年一讲粗话，知识分子都佩服得不得了。煤老板、公务员、文化人，只要这三种人认你的画，基本上就乾坤定音了。”顾小虎说。

不过，朱新建甩出的 3、4、5 是一点不开玩笑的。老费报出一长串网络上很难搜到的喜欢朱新建作品的大画家的名字，如程十发，如范曾，如陈逸飞……

“他最厉害的是，许多画卖得比他贵的画家都买他的画，又不好意思直接买，经常通过我这里转一转。”老费说。

早些年，朱新建去鸡鸣寺、夫子庙写生，常碰到手持明晃晃的宝剑锻炼的大妈。大妈们围拢过来看，少不得指指点点：“你看人家老师傅，连支两三块钱的新毛笔都不舍得买，还这么刻苦用功。现在画得是有点丑，不过以后说不定能上个老年大学。”朱新建认真地讲给别人听，并且管大妈叫美女。

最顺手的一支古法胎毫笔，他用了二十多年，好比侠客背一把跟着自己出生入死的剑，当性命一般看待。他用纸稍微讲究些，早年用一种薄的毛边纸，几分钱一张，直说“格算格算”（沪语，便宜）。有一次前辈冯其庸先生看到，急了，说这种破纸，过 20 年就是一把灰。朱新建心里说，再过一百年，我们大家都是一把灰，嘴上当然不敢放肆，连连点头称是。后来用撒金纸，摸透水性后喜用旧生宣，尤喜薄宣。

中国画讲究用墨，大画家多半自己制墨，胶法大有花头，还分什么油烟、松烟、化胶、和料、入烟、捶打……郁俊是这方面的行家，讲了半天，我也只敢抄个囫囵在这里。朱新建不管，一得阁墨汁从 20 世纪 70 年代用到新世纪。郁俊想不通，拿了师父的画仔仔细细看，本事真大，每笔墨色都能有几种变化，辣手得不假思索，手艺到这一步还不愿制墨，想想真伤心。但又一想，师父力气实在大，出手就是无所畏惧、飞扬跋扈，油烟墨色醇厚清淡，未必相宜。

荣宝斋书画家、鉴定家萨本介说："二十多年前在荣宝斋第一次看到朱新建的画，当时觉得线不够理想，就跟他说，好像应该再写，他瞪着眼说：'我这线写得已经可以了，旁人好像还没有我写得好呢。'如今再看，我觉得他线里头含的东西多了，虽然与传统不一致，但是属于他个人的。"

作为一个外行，我向每一位受访者刨根问底："朱新建的线到底牛在哪里？"

"一般人觉得他的画很容易，好像自己也能画成这样。其实他很雕的。好铅笔，几百上千支地买，那些看起来东倒西歪的水墨小女人，都有细微入神的铅笔小稿；橡皮是电动的，日本货，用起来很当心，只啄一下。线很准，比方背上那根线，他一笔下来，你就觉得只有那样画才对。他的生命力、爆发力都在他的线里。"郁俊在朱家跟师父对着画，有时看到他突然将墨笔伸进清水里，一剑刺出闪电般收回，纸面上嗒嗒嗒一路下来，效果让人叹为观止。那边已将毛笔一扔，好了。

画家怀一说："朱新建画画不是像我们想象的那样，用随意的笔墨造出随意的效果。相反，他每一笔都非常小心。他对笔墨透熟，沾过墨的毛笔，他只要在手里一掂，就知道里面吃了多少水，知道出来的浓淡效果，完全不用在废纸上先试，从来都是一笔到位。虽然胸有成竹，他下笔也谨慎，比如他画女人的头帘儿，看上去只是简单的几笔，要求却非常高，如果不满意他会扔掉重来。"

郁俊说："师父是大写意里最放胆的，但也不是张张都好拿出来。"历史上的八大山人、梁楷、法常都是如此。齐白石曾有一印"废画三千"，范曾看了齐先生全集，仍有"自己撕得太少"之叹。

中国文人水墨传统，得益于书法的早熟。画中国画，拿毛笔的时间要足够长，不够怎么办？练。

朱新建 1991 年年底从巴黎回来，独自漂在北京，扛了三麻袋花生、两大箱可乐进家，锁了门，拔了电话线，跟《麻姑》《家庙》《魏碑选》，八大山人、青藤、齐白石等人的字帖画册拼命。

“饿了就剥一把花生，渴了就灌半瓶可乐，困了就找一盘最无聊的三级片，看不了两分钟，马上就睡死。醒了，再爬起来，也不洗脸刷牙，连表都懒得看，接着再过瘾……几个月以后，笔底下的力量就见长，笔道开始变粗……就在这段时间，阿城从美国回来，被我拖来玩过一次，我把塞满了床肚的一大堆乱七八糟的画和字都翻出来给他看，这家伙憋半天给了一句评语：‘就连古人一块儿算上，使这么大劲儿的好像也没有。’被这个大哥级的朋友表扬了一下，我那份欢喜当然是非同小可，连忙讨好他说：‘你挑一张吧。’他翻了一会儿，大概是拿不定主意该拿哪张，就骂起来：‘他妈的，不带这么折磨朋友的。’我赶紧给他挑了一张写了好多字的，他挺喜欢，我当然也很高兴。”这是朱新建写在《纸笔乱弹》里的一段话。

陈衍收集了朱新建在 20 世纪 90 年代画的大部分速写（郁俊说，其中最珍贵的是实地写生，在各种娱乐场所或者日本歌舞伎场画的），已有五大本，打算将来收进全集。她说，朱新建的造型能力其实是很强的。又说，在画画这件事上，他确实单纯，只要拿起画笔，他心中就没有杂念，专注而纯粹。画画是他每天必做的功课，就像日日饮食呼吸。

朱新建曾论黄宾虹：“他的每一笔都是在用脑袋往上面撞。”他也对美院的学生说过：“一个人能完成一件事最好的方法，尤其是成为艺术家，当你有了一种入迷的发痴的兴趣时，这件事才有可能做好。”这都是比较斯文的说法。

当年郁俊画得不顺，朱新建道：“你的问题就一个，你骨子里不是一个极欲者，我是。事情要做到做不下去才罢休。画画、女人，都要追求这个极欲，拼上命，才好玩。”如今郁俊坐在星巴克咖啡厅里对我说：“拼上命去做一件事，一般人大概都不肯的，他是好了还要再好，舒服了还要再舒服，他对欲望的理解比我们深。”

李小山后来看到朱新建的花鸟山水画，评价说：“画得太神了，比正宗花鸟画家画得好得多，无论笔墨趣味，还是画面的整体气息，都是高人一筹的。至于他的山水画，尽管也是形神俱在，但相对比较随意。他已经到了见情见性的深度，呈现给我们的是一个画家全面的素养和深度。他通过他的人物画、山水画、花鸟画传达给我们一种信息，让我们知道真正的画家应该是什么样子的。”

郁俊在朱宅的地下室里看到过朱新建早年的油画，2米高，未完成。画面上是雪，那种有教养的灰色，阴冷、厚重、敏感。郁俊说：“我看蒙克（挪威艺术家 Edvard Munch，长期被忽略）回顾展都没那么激动过。他是画着玩的，所以精彩，是真正高精尖的东西，我觉得也是他艺术里真正成功的东西之一，对把握当代油画方向都是有启发的。可惜那幅画现在不知道在哪里。”

柳丝长

“朱先生，您有过三位妻子……画与女人可有关系？”

“有（拖长音，表程度）。第一个不高兴，不高兴么算来。第二个就是她，不高兴，不高兴么就算来……”

顾小虎家里有一张朱新建早期的美人图。普通的撒金纸，上面是个抱猫的女人，小脚，系个红肚兜。

“这脸是不是像 ××（朱新建的第一任妻子）？”我问。

“哎，怎么被你看出来了？”顾小虎说。

老费说的，画家大多如此，某段时间身边有某个女人，那笔下的女性人物八九不离十是她的面孔，做假画的不晓得画家的红颜知己，往往穿帮。

陈衍替老朱答：“有点关系。早几年，他画的女人都是长圆脸，像我。”

郁俊看出来，1997 年以后大约十几年间，大丰新建制美人图上的女

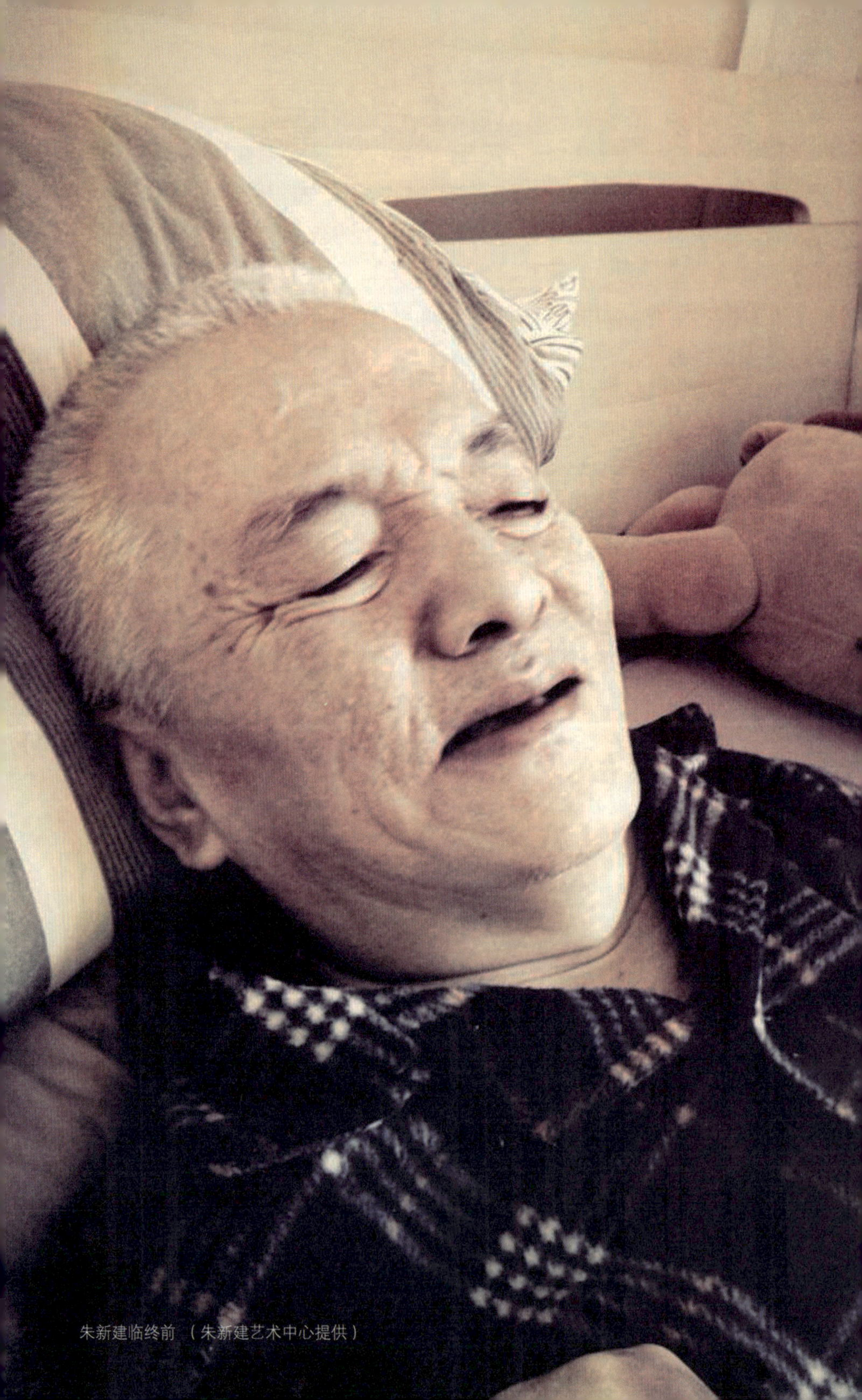

朱新建临终前 （朱新建艺术中心提供）

人全是第三任妻子的脸。

边平山告诉我，一个有故事的男人身后，一定藏着更有故事的女人。

顾小虎记得，1991 年朱新建回国，整夜整夜地在他家里痛哭流涕，大概是不想跟陈衍离婚。2012 年，朱新建离婚，与陈衍复合。

现下北京朱宅里有一张朱陈二人摄于 1987 年的照片，新婚，站在新房，也就是南艺后门传达室旁边一间没有水泥遮盖的红砖小屋前。23 岁的陈衍刚从南艺雕塑系毕业，身材颀长，一张清水脸。34 岁的朱新建黝黑精瘦，两手插在牛仔裤兜里，一脸不在乎。

结婚时朋友送了 50 元。两个人的月薪都是一百来元。他们买了些纤维板把“家里”包了一包，此外空空荡荡。朱新建白天教课晚上画画，他喜欢画画时有人陪，眼前的女人，是崇拜他的。那一套套的《金瓶梅》人物小画，有一部分诞生在这里。

6 月底结婚，7 月二人就到了北京，开始卖画，卖给住在如今他们住着的外交公寓里的外国大使和文化参赞。那时朱新建的画几百元一张。

朱新建大约不会告诉陈衍他独自一人在北京卖画的经历。那时候他住边平山家，白天画画，晚上背着画夹去使馆区。

一晚，朱新建回来，边平山问：“卖了多少钱？”朱新建说没数，反正兜掏干净了。边平山一看全是钢镚儿，原来买家把零钱掏干净了。数了三遍，50 多元。朱新建道：“我看他是真心喜欢……”

又一晚，特别冷，刮着西北风，朱新建照旧出门。两个多小时后，挟着寒气进门，一边搓手一边对边平山说：“我给你画张画吧。”几笔画了个姑娘，题《北京小姐图》，这才开腔：“跟一老外说好上门成交，外交公寓门口有警卫，须打电话通报，再由主人领进去。电话接通，洋人说好好，马上下来。那姑娘亦是如此。”

不相识的一男一女就这么在严冬夜呼呼的风里缩着脖子跺着脚等待。两个小时过去，两单生意的买家都不见下来，那就回吧。朱新建对边平山说，那一刻，他觉得自己跟那个姑娘同是沦落人，他想抱抱她……

书法家于明诠说：“朱新建的画，最表一层是情色和媚俗；往下揭一层是潇洒和率真；再往下揭是颓废和无奈；一层层往下揭吧，揭到最后便是凄凉。”

我在网上看当年健谈的朱新建，被专题片导演摆到长城上吹口琴。左手窝成半圆，拢出一个共鸣腔，右手推拉着在唇间滑，吹的是《莫斯科郊外的晚上》。那几十秒里，他是一个遥远年代从村庄或街巷里走出来的忧伤的中年人。

1987年，朱新建同边平山一道坐火车去北京，途经德州看见扒鸡，朱新建说几年没吃鸡了，边平山买了一只。朱新建刚咬一口，眼泪就下来了，牙被硌到，断了。这是朱新建掉的第一颗牙。边平山告诉我，自从可口可乐进了中国，朱新建就再没喝过白开水，走进他家，就像进了可口可乐江宁分部。那鸡，最后是朱新建看着边平山吃完了。

朱新建有一套理论，来自于生活：“有一次在香港，一个很有钱的老太太请我们吃海鲜和各种东西。我说，哎，老太太怎么不吃啊。旁边人就说，她的菜还没来。我心想这人这么有钱，我得看看她吃的是什么好玩意。过了一会儿，一个女的，专门坐了一辆大奔来，给她送来一个饭盒，咣，端出一个小碗，里面装着绿色的跟糨糊一样的东西，是私人营养师专门为她调的。什么卫生啊、清洁啊、营养啊都考虑了，就是没有考虑一件事：快乐。我估计那东西肯定比猪食、狗食都要难吃太多太多，但对身体有好处。一个理想的社会应该在一定程度上容忍一些颓废的、不太健康的东西存在。比如说你喝的咖啡、酒、可乐，肯定没有白开水健康，但是它里面有快乐。当然快乐要在一定度数上控制，比如说可卡因是快乐的，但是度数太大，抽两年就不行了，要死人的。”

他说，自从明白了这一点，他学会用汗水和善良去跟命运换一件东西——快活。他的两个信条“除了要吃饭，其他就跟神仙一样”“下臭棋，读破书，瞎写诗，乱画画，拼命抽香烟，死活不起床，快活得一塌糊涂”，亦引来喝彩声一片。

他总是跟人谦虚“我是吃起猪头肉来不要命的”，倒也离事实不远；他抽烟很凶，病后被禁烟，用一个乌金底粉彩的蜡梅大花瓶藏烟；他睡猫觉，没日没夜，画累了就聊两个钟头，顾小虎实在扛不住彻夜神侃，好多次在他两眼炯炯有神时强行送客；郁俊见识过师父夜里喝咖啡，喝一口，觉得不够味，伸手打开个陶罐子，抓几颗萧山萝卜干放进嘴里，觉出咸味，皱皱眉，再剥一颗巧克力，然后咕嘟一大口，一总灌进肚里。

顾小虎又说，搞艺术的人大概就该有点儿流浪汉气质，到哪儿都能吃，倒头就能睡，自由自在，随心所欲，像孩子一样活着，让人羡慕。

然而这等“自由”离“乱来”实在只有一步之遥。顾小虎说，当年朱新建画出裸体的李铁梅，他就很不待见。一位收藏家看了这几年冒出来的“文革春宫”“红歌春宫”，声势虚张，笔法又差，评道：“乱来就写在他们脸上。那意思是：别惹我，我就要乱来了，我马上乱来了，我现在就乱来给你看！”

朱新建很少刷牙。去法国前他跟边平山去了趟甘肃，吃了回手抓羊肉，又掉几颗牙。此时他已失去三分之一的牙齿，只剩下几颗门牙。

20 世纪 90 年代，边平山在上海一所国际小学创办艺术中心（孔祥东被邀去办钢琴中心），回国后变成单身的朱新建在北京漂了一阵子，后来南下投奔老友，在艺术中心觅了个教画画的闲差。

那时候边平山常带着女友和朱新建去唱卡拉 OK。这只“电灯泡”照久了人家出入成双，心里不忿，招来歌厅的全体女服务员，请大家吃香蕉船（一种花式冰淇淋）。

边平山也给他介绍过几次女朋友，照了面，都不成。朱新建恨道：“上海女人没文化！”

有一次，朱新建请女同事们看一个中央台拍他的短片，摆一道之意。女同事们望望屏幕，再看看朱新建，不响。朱新建心里巴结，面上显山露水，一位女同事忍不住道：“朱老师，你的牙……”啊呀呀，拍片时牙齿还没全部掉光，露出若干缺口，如今是一副齐整整的假牙。

朱新建终于放弃没文化的上海回了北京。边平山返京，向一众女青年打探：“听说朱老师在京城尽得风流？”女青年道：“哪有这回事，自然不理他的多。”

朱新建也会过网友，牛哄哄地向边平山宣布：“那个女人在电话里的声音实在迷人。”当晚约在机场见面，候机大厅里剩下最后两个人，互相望望，罢了。朱新建亦不气馁，悟出“不要轻信女人的声音”，继续向前。

他终于抢在边平山前面结了第三次婚，落定南京，新娘当年十八岁。此后一阵，画上多出一枚印章“十八的姑娘一朵花”。婚后朱新建到北京边宅，进门就把假牙往桌上一放：“我现在刷牙都是阿姨刷的！”那气派令边平山恨不得立刻把牙都拔了，换上一副可以雇人打理的。

江湖上有许多关于朱新建的粉红色回忆，多半对得上。进入“知天命”之年以后，他终于承认自己是在“装流氓”。边平山说：“我觉得他画上的女人他这辈子大概从来没遇到过，他画的是他心里的渴望和幻想。”

顾小虎说：“我觉得那些女孩子把他当一只股票在炒，朱新建说过要改造纯物质女孩，让她们读《红楼梦》，调教她们画画，可这世上谁能改造得了谁？”

陈衍记得，1988 年年末，结婚刚一年多，孩子才三个月，朱新建辞了公职去闯法兰西。送他到火车站（坐火车经俄罗斯、比利时达巴黎），陈衍泪如雨下，朱新建雄赳赳浑然不觉，只是忽然想起一件要紧的事，他问边平山：“你说，26 个英文字母我只认得 24 个，怎么办？”

郁俊说，画画要放松下来的，手上若即若离，还要靠香烟、老酒和女人。这样画画像不像赌博？赌艺有高下，概率有大小，大丰先生画一张画，就是这个赌徒认一次天命。

这样的人生像不像赌博？世人光看到由着性子过活的男人倜傥风流，为挣脱俗务、卸下负担的一切言行举动叫声脆亮的“好”，因为俗人也想，却不能。男人身后那一个或那一群终须收拾、埋单的女人，世人看不见。

从朱家出来，看初冬败叶飘零，耳畔清凌凌地响起《西厢记》里一句“柳丝长，玉骢难系”。

吾丧我

“朱先生，有没有觉得自己像印钞机？”

“唔……唔……”

1982年到1983年间，在《青年文学》杂志当编辑的顾小虎去北京鲁迅文学院进修，漂在北京的朱新建请他喝咖啡。顾小虎说，买点速溶咖啡在房间里自己泡泡算了，朱新建不答应，领着发小大饭店、咖啡厅一家家喝过来。咖啡三五十元一杯，顾小虎觉得浪费，朱新建道：“我是消费被虐狂。”

陈衍说，朱新建年轻时所有的存款都在裤兜里，用完拉倒，再想辙。他开导刚参加工作的陈衍，别去跟人争，别在乎那些小钱。他是绘画圈公认的真正挥金如土的人。

老费说，场面上应酬些画，他总是舍得。“有些大画家，我猜就是娘老子要张画，也开得出价。有些老板也叫一个烦，他请吃饭，其实就是想讨张画。朱新建吃完，不用人家开口，马上画，连累得旁人也得画。”

一次某友邀朱新建洗桑拿，浴罢巧遇老板。老板颇以风雅自居，求题一匾。朱新建推辞不过，取丈二大纸书五字“众鸟欣有托”，这是陶渊明的诗句。

顾小虎说，朱新建天性善良。“他是希望大家都好的。别人开口求画，他都给。过年过节，他总能画点有意思的画送来。右手坏掉了，第一张用左手画的画，就给了我。”

“我个人以为，一个人的一些功利得失啊，柴米油盐啊，是他的实际存在。他还有一个部分的存在，比如说他的艺术形态，他喜欢的、玩的东西。有的人把实际存在放得很大，一点亏不能吃，每件事都弄得井井有条，那么他这个实际存在就变得越来越大，而他幻想的、比较虚拟的存在就越来越萎缩，这样的人我觉得很没趣，就是我通常说的不好玩。我是努力把自己的实际存在缩小、简单化，尽量不占我内心太大的空间，努力扩大自己比较虚拟的存在，就是喜欢什么，幻想什么。”

“你身为一个画家，既不种地也不织布，凭什么吃人家的粮食、穿人家的衣裳？你总要给人家一点回报和慰藉吧。如果仅仅是把一张纸弄得好看一点，那太简单了。我们能够给予的其实是一种生命的态度，就是你要真诚真诚再真诚，再再真诚一点；朴素朴素再朴素，再再朴素一点。”这些都是朱新建当年的声音。

“这么多年以后，回头看，我说我们都被他忽悠了。实际上他不是这样做的。因为生活很现实，是要一天一天过的。”陈衍这么说的时候，我只在较浅的层次上理解了她的意思。当所有的采访做完，意思才连成一片。

陈衍告诉我，好比中国的小商品市场在义乌，中国的书画市场之一就在山东。山东农民可以倾家荡产去开一个画廊做书画生意。在淄博、钦州、日照、济南的某些地方，可以看到一家挨一家的画廊。而做中国画生意，绕不开朱新建这个人。

郁俊告诉我，朱新建的画在商业上真正红火，大约也就短短两年，2006 年到 2007 年。那些山东的老板上得门来，一袋现金奉上，一买一百张：“朱老师，我们不急，您慢慢画。”但这些是债，要还的。除了早年猛练，常年用功，郁俊更以为，师父当年的画功也是市场造就的——山东人民不仅养活了他（以及他周围的人），还逼得他每天握笔，非画不可，且强度非比寻常。

“有人问我：‘大师可能画出很烂的画吗？’我说不可能。当一个人的思维观念已经达到一定高度的时候，要他做低了是很难的事。他可以给你画很简单的小品，但绝不低劣。”朱新建当年说。

朱新建对这种“旺”不是没有觉察，他曾对徒弟说：“别人家烧柴怕火苗蹿太高，泼盆水，让它慢慢烧；我这边是烈火烹油，旁边还开着鼓风机。”

自觉摸透了墨与水的关系，他不停地打电话向各路朋友报喜。“跟打麻将的人和了大牌一样，我更不舍得睡觉了，每天疯过瘾，一天也就睡两小时左右。又过了个把月，突然小便蜡黄，恶心，浑身无力，朋友把我弄到医院一查，结果查出我得了很严重的肝炎。我这才知道，过瘾是要付出代价的。”

既然自知，为什么不泼盆水?

“他不能停下来的，那种画画的原始冲动非常强烈，近乎本能。至于钱和别的，他其实想得不多。他只是一个享受欲望的人，责任都是附带的。他没有这种悲情。”郁俊说。

“我劝过他，少几分霸蛮，往精里去，不要画得太多太随便了。他眼睛一瞪，‘我画得哪有邮票多啊’，我就不好再讲什么了。”顾小虎说。

“有人买他的画，他当然高兴。”边平山说，“那时候他在‘小财迷’手里，说是要把中小城市走个遍，几十万出场费连续搞，我就有点担心，担心他心神就此散了。绘画本来像熬中药，需要小火慢煎。唐代有个大臣叫张说，写过一篇名为《钱本草》的文章，开头就说，钱是甜的，火大，有毒……”

朱新建曾谈到中国式的雅逸，他说，竹林七贤、魏晋南北朝的名士是追求快乐的，同时也是内敛、含蓄、深沉的。而今天，人这个物种越来越贪婪，浪费资源、破坏环境……在这种情况下，人们应该想一想古代中国人曾有过的另一种快乐的方式。

他用“肥硕”二字形容当下的中国。有时跟朋友们进了大饭店，看到前面人留下的一席，菜几乎没怎么动过，他径直落座：“别点了，我们接着吃吧。”

“我觉得现在的人画中国画变成一种传销游戏，画本身有没有意义已经没人关注了，大家只关注这张画能卖多少钱，就好像一个传销的香水，买回去不是往身上喷的，而是赶紧传给下线的。”朱新建说。

“现在这样的社会风气，好的一面是强迫大家去学习新鲜的东西，不要在一些旧东西里面过于沉溺，过于得意，而是要重新打开自己的思想，我觉得这是很好的。但是不好的一面就是让大家变得浮躁，所以我开玩笑说中央美术学院可以改名叫中央美术情报交流学院，因为他们已经没有心思好好画画了，画不出来了，不知道究竟应该怎么画了，于是就派出大量的人到世界各地去探听消息，然后就交流美国人在干什么，法国人在干什么，墨西哥人又在干什么，把自己弄得跟无头苍蝇一样，整天撞来撞去。”

朱新建大约是清楚自己要画什么的，然而，他必须跟那个不那么拥有内在理性的世界周旋、相处——市场摆在那边，市场带来的人民币一扎一扎地堆在他的被褥下面。李小山曾在朱新建成名后的画里看出一些“隐而不见的束缚”，希望他能够剥除它们，表达出更透明更本质的东西。

顾小虎看出另一种变化。“他沾染了一些莫名其妙的习气，有时表现出使我吃惊的强势和傲慢无理，大概在那个圈子里，不摆谱别人就会以为你没本事。历来都是这样，要么店大欺客，要么客大欺店。”他也看出围绕着朱新建生存的一些人的变化——他们在金钱的支撑下渐渐变得底气十足。

朱新建有一次向他慨叹：“怎么会有这么多人喜欢我的画？真是吃错药了！”就在发病前不久，他向老友诉说“为各种所累”：“我真羡慕你，你也没饿死，但不必每天那么忙。”

郁俊眼看着师父从一个活蹦乱跳的人慢慢变成另一个人。他在病床前伺候了一阵，回到上海，同陈村等人聊起来时，禁不住掉眼泪。

“我一直在想，从前那些画大写意画的都是受苦受穷的人，徐渭下过大狱，八大山人颠沛流离，黄宾虹被人追杀，但他们活得都蛮长；上海城隍庙从前有个叫蒲华的（清末画家，死于 80 岁），也是穷了一辈子，有点钱就给小姐赎身，要不是被假牙呛死，他还有的活。我师父有一点跟他们不一样，就是他什么都有了，他可以极欲……好的艺术可能是要登峰造极，但就像长跑，跑过极限当然就舒服了，但跑过极限很伤人。”郁俊说。

“像梁楷、牧溪这些人，跟以宋徽宗为代表的画院派比，在当时属于‘野路子’，所以这些人都‘饿死’了，八大山人‘饿死’了，金农‘饿死’了，梁楷也‘饿死’了。”边平山说，“真正好的艺术家在任何时代都不应该太舒服的，而带点讨好型的大众绘画总是比较受欢迎。朱新建的画，卖价一直不高，他是靠画得多才没‘饿死’。”

关于节制、内敛、不要过分，朱新建是早就从前人的画里读懂了的，但他仍然活出另一种样式。这里面有他个人“怕烦”“今日不想明日事”“有问题解决问题”的性情，更有环境或曰人与人的关联——在他喜欢的围棋盘上，棋就是局，从来没有一颗孤零零的自由自在的棋子。

一本新印的画册送到，朱新建翻看着，呜呜叫起来。

“这张是你的？”陈衍指着其中的这张、那张问。

“不是，不是。是……”朱新建说不出来。

在出版社出版一本画册，画册上的画就有了身份证，不少人通过这种方式在名人画作里掺假。制作工具一整套，是这行祖师爷传下来的，比如带灯箱的透明画案。

郁俊说，一个好画家身后总有一堆赝品，这很正常。朱新建的左手画里常有精品，是他的右手画不出来的。

边平山评朱新建的左手画：“火气打掉了，宽容了，仿佛在说，来吧，我可以包容你。从前朱新建想在画上傻一点，可他画不出来。他的右手画最大的缺点是聪明，不够厚，现在，他终于成佛。”

历史上，黄宾虹有过“壬辰之变”，87 岁以后因白内障双目失明，画风大变，时人多有激赏者，但好友傅雷先生不完全同意。然而，老费说，对那些画贩子来说，好不好实在不打紧，尽管囤货便是。

前几年，德国汉学家、当代水墨画骨灰级粉丝阿克曼目睹老朋友朱新建为市场画得辛苦，曾说，他像机器一样在画。如今，朱新建为延续自己的艺术生命乃至生命而画，一笔一笔，形同救赎。

金刚经

“朱先生，你怎么看死这件事？”

“死，死就死了。”（陈衍一旁笑道：“今晚六点你不给他吃药，他跟你急。”）

朱新建曾跟朋友谈论过死：“我们这种人，再过 20 年，蛮好的……”陈衍说，他觉得死是离他很远的事。当年肝炎康复，他说：“还好，我竟然又没死，现在又他妈的能胡画画、乱写诗了，真他妈的过瘾。”

2013 年 12 月 8 日，朱新建第二次脑梗，住进了医院。

2014 年 1 月 8 日，朱新建出院回家。

这一番来去，他瘦得脱了相，肌肉萎缩了，大小便都由陈衍擦抹伺候。而且，眼前的亲人和朋友们渐渐模糊起来。胎毫笔这一放下，再没提起。

2014 年 1 月 10 日，郁俊赶到病房为师父按摩手，念文章，是以前那种他根本不听的小清新文章。没有牙齿的朱新建笑得很快活。郁俊回上海后告诉我，他摸到的几乎是一把柴火。

前一天，芮乃伟连夜抄了《心经》，同江铸久一起来探望他，后一天，李津和阿克曼来看望他。每天都有朋友带着鲜花来，跟他拥抱，跟他照相，有的还给他烟抽。儿子来，女儿来，有的喂饭，有的朗读……没有牙齿的朱新建笑得很快活。

陈衍为朱新建理了发。

护工蒋师傅常推他到阳台上晒太阳。

朱新建靠在轮椅里，戴着阿炳式墨镜，平平静静的。

【附《钱本草》原文】

钱，味甘，大热，有毒。偏能驻颜采泽流润，善疗饥寒，解困厄之患立验。能利邦国、污贤达、畏清廉。贪者服之，以均平为良；如不均平，则冷热相激，令人霍乱。其药，采无时，采之非理则伤神。此既流行，能召神灵，通鬼气。如积而不散，则有水火盗贼之灾生；如散而不积，则有饥寒困厄之患至。一积一散谓之道，不以为珍谓之德，取与合宜谓之义，无求非分谓之礼，博施济众谓之仁，出不失期谓之信，入不妨己谓之智。以此七术精炼，方可久而服之，令人长寿。若服之非理，则弱志伤神，切须忌之。

采访于北京

写于2013年11月

加里·格拉夫曼 / 钢琴课•

◀ 加里·格拉夫曼（Gary Graffman），生于纽约，俄罗斯裔美国人，国际古典音乐家，是左手演奏的著名钢琴家之一。1995 年他正式担任柯蒂斯音乐学院院长，同时兼任钢琴和室内乐教师至今。

贾睿 / 拍摄

陈东旻弹完舒曼的《交响练习曲》作品第 13 号，向舞台一侧幕布后的钢琴家鞠了一躬，加里·格拉夫曼便走向舞台中央，那里，有两架三角钢琴并排放着。他 88 岁了，步态巍巍，但每一步都像踩在路易斯·阿姆斯壮的号音上，自成节奏。他走到陈东旻身旁，用食指蘸蘸口唇，翻动琴上的乐谱，示意脊背挺得笔直的小伙子从两页前再来一遍。

“右手与左手对齐。右手到高音 3。右手音太平均了。哼出来，想象这是两个女高音在歌唱。Parlando 是什么意思？你说得很对，像唱歌似的说话，这儿写着呢，但你没做……”在主题部分，格拉夫曼先生将双手举过头顶，随某串渐强音振奋了一下，贺绿汀音乐厅的小舞台上忽然生出些光芒。在我前排，一个女孩正对照着膝上的五线谱，右手五指在空中飞快地弹奏着。

• 参考广西师范大学出版社《我为什么要练琴——格拉夫曼自传》，以及雷淑容提供的素材。

上海音乐学院的国际钢琴大师班办到2015年是第12届。这一年来了三位大师，除了中国琴友能迅速识别的“郎朗、王羽佳、张昊辰的老师”格拉夫曼先生，还有美国茱莉亚音乐学院、柯蒂斯音乐学院的罗伯特·麦克唐纳德教授，意大利科莫钢琴艺术学院（与玛塔·阿格里奇于2002年共同创办，每年仅招7名学生，40多位大师轮番执教）的院长威廉·纳波雷，这些人和学府所代表的高度，是从全国各大音乐学院选拔出来的近30位学员正在攀登的高度。而更多的成人，多半是母亲，陪着年龄各异的孩子们坐在底下，共同听完五天里的44节课。他们需要购票入场，五天通票1200元。其中有个男孩身高似乎不到一米三，那是上海市公共交通需要购票的身高。

每年，大师们都能在中国收获一些弹得非常出色的新人，比如今年上海音乐学院的唐哲教授的弟子郦笑轩。“天才”，在他们的视野里以每年若干个的频率出现，而这其中，格拉夫曼说，每30个被称为“天才”的人之中，有一个是真正的天才。

除此之外，这个国家持续了将近三十年的钢琴热多少带给他们“西方不亮东方亮”的宽慰——格拉夫曼记得，二战之前，茱莉亚音乐学院只有几个亚洲学生；二战后的20世纪50年代，柯蒂斯音乐学院开始出现日本、印度尼西亚、新加坡以及中国台湾的钢琴少年；大约是在70年代末80年代初，有一年，钢琴系同时出现3位香港来的学生，让他印象深刻；近十年，继韩国生源之后，中国学生大批出现在柯蒂斯音乐学院和茱莉亚音乐学院。格拉夫曼现在带4个学生，其中有2个来自深圳郎朗创办的钢琴学校，1个是在美国出生的华裔，另一个来自印度尼西亚，父亲是中国人。而在美国本土，越来越少的年轻人选择钢琴作为一生的事业，当律师、医生，或从事金融、IT行业显然更稳定，更有保障。

格拉夫曼忽然想起，大约20年前，当他还是柯蒂斯音乐学院的校长时，收到了一封来自某基金会的信函。信上说：“请选择一位优秀的钢琴系学生，我们愿意提供给他每年5000美元的奖学金，条件只有一个，他必须是美国公民。”格拉夫曼先生翻阅着钢琴系的学生名册，这个不是，那个也不是，都不是美国公民。翻到最后一页，啊，有了，这位是美国籍——那位写出《古拉格群岛》的索尔仁尼琴的儿子。“有点讽刺，是不是？”格拉夫曼先生说，小索尔仁尼琴后来成为柯蒂斯音乐学院的钢琴教师。

2014 年冬天，他也到大师班讲过课，四个多小时讲完，进入提问环节，人群中一位一直站着听讲、手举得足够高的年轻女子获得了第一个发问的机会：

“大师，我想请教您，我的儿子 2 岁，已经学习钢琴两个月了，您觉得他应该注重练技术还是练感情？”

两秒钟的静默后，一阵哄堂大笑。格拉夫曼也笑了：“根据我的经验，技术和感情从来都是交织在一起的，无法分开练习。”

人群中，另一位琴童妈妈，生于 20 世纪 70 年代的雷淑容望着涨红脸僵在原地的 80 后姐妹——衣着潦草，带着新晋母亲的热切、方向感不良，以及在孩子学琴这件事上的骄傲和用力过猛——很想走过去拍拍她的肩膀：“嘿，放松点儿，你儿子才 2 岁，莫扎特还要等一年才开始学琴呢。”雷淑容是加里·格拉夫曼的自传《我为什么要练琴》简体中文版的责任编辑。

01

如果没有十月革命，就不会有钢琴家加里·格拉夫曼。首先，裁缝的儿子、拉小提琴的弗拉基米尔·格拉夫曼先生和富家少女娜迪娅·玛哥林各自漫长的逃难路线不会最后在纽约出现交集——1918 年到 1920 年，弗拉基米尔和妹妹穿越亚欧大陆抵达哈尔滨，他被哈尔滨交响乐团聘为首席小提琴手，经沈阳、大连、天津，到过上海，为租界里的英国人演奏过，他是在中国学会英语的。而娜迪娅一家离开基辅时，那些值钱但又无法带走的东西都被锁进了一个储物间，她的爷爷说：“不打紧，我们两星期后就回来了。”50 年后，回到基辅和新西伯利亚的是加里·格拉夫曼。

格拉夫曼出生在纽约。不到 1 岁时他听着父亲的小提琴声，比如《卡门》中的一段《哈巴涅拉》，会痴痴地笑，家里的京巴犬对这一段也特别有反应。他 3 岁时开始学钢琴，进步神速，7 岁时，面对一堆大名鼎鼎的考官——其中之一，安东·鲁宾斯坦的得意门生约瑟夫·霍夫曼，当时是位于费城的柯蒂斯音乐学院的院长——很放松地弹了曲子，随后被录取。忘了说，柯蒂斯音乐学院只比格拉夫曼年长 3 岁。

“You really should be practicing.”这是父亲对格拉夫曼讲得最多的一句话。弗拉基米尔很清楚，一个 8 岁的男孩可以弹得很好，但不代表他能成为一个职业演奏家，所以他看重通识教育，那也是十分严格的欧式传统教育，来自哥伦比亚文法学校。格拉夫曼十岁的时候，父亲拒绝了派拉蒙公司邀请“小天才”在一部电影中演出的机会。格拉夫曼猜想，如果父亲知道他在 1981 年出版了一本自传，很可能会擦亮眼镜片，挑起眉毛，用手指敲打着桌子说：“一本书？你还花时间写书？你应该多学两首协奏曲的！”

“那是一个怎样的时代啊？”总有些后辈会这么问他，这次轮到我问。格拉夫曼想起个段子，是从西贝柳斯那儿来的。西贝柳斯比格拉夫曼年长 63 岁，他小时候遇到一个很老很老的老头，老头还是小伙子的时候，为乐谱商送手稿，其中有一位发（收）件人是贝多芬。西贝柳斯当然苦苦追问：“贝多芬是什么样的人哪，您总该记得一点什么吧？”老头拼命回想，迸出一句：“他手毛超多！”

“1930 年至 1950 年的纽约人，有幸生在一个大批优秀音乐家（岂止，还有思想家、科学家、艺术家）从欧洲到美国定居的年代——我们需要感谢十月革命和希特勒吗？美国东海岸从波士顿到费城一线成为全世界知识文化的中心，本土和外来的艺术家互相激荡，产生各种影响。你知道，我父亲和柯蒂斯音乐学院的文格洛娃给我的是从圣彼得堡来的教育（俄派传统），而我的好朋友，像尤金·伊斯托敏跟随塞尔金学习

格拉夫曼的作品

（奥地利学派），还有好几个是施纳贝尔的学生（德国学派）。那时候，年轻的钢琴家总是成群结队的，我们每天聚在一起练琴，用卡皮哈特（Capehart）留声机听大师们的现场录音，经常四手联弹，毫不客气地互相批评，精益求精，努力说服对方，自己对某支曲子的诠释才是唯一正确的。我那时候学了很多二手的塞尔金的身体动作，还有施纳贝尔的哼哼，它们跟我一直被教导的正好相反。通过另一个朋友，我看到托斯卡尼尼的现场排练，他那种排山倒海的咆哮、盛怒之下折断指挥棒都不是传说。在那些排练中，我感受到指挥对演奏者的影响：一丝不苟严守作曲家的规定，少有卖弄，这是极其重要的；我还学会了一辈子用不完的意大利粗口，那也是相当骇人的。我看到过海菲兹那种庄严的台风，他从不微笑，也不移动，我也从来没有听他拉错过一个音；他的炫技是那么随意、完美、有活力，让人听了不由得起鸡皮疙瘩。在钢琴方面对我影响最大的几位是：霍洛维兹、鲁宾斯坦、塞尔金、施纳贝尔，那些年只要他们在纽约有演奏会，我就几乎全去听了。活在那个年代的纽约意味着什么？无限可能。”

也意味着考究和优雅。在文格洛娃之后带了格拉夫曼7年的老师是霍洛维兹，他曾打开演出礼服的外套让格拉夫曼看内衬上绣的标签，上面是位非常有名的裁缝的名字和年份——1936年——那可是定做燕尾服的好年头。

也是有可能把事情做得浩荡又体面的年代。1953年10月，施坦威公司一百周年庆典上，十架平台钢琴排列在舞台上像斗牛，每组十位钢琴家演出特别编制的二十手联弹，仿佛接力赛。为了便于最后压轴的指挥家兼钢琴家季米特里斯·米特罗普洛斯能一边弹奏一边与纽约爱乐乐团交汇眼神，施坦威耗费巨资为其中一架钢琴制作了透明玻璃盖。

格拉夫曼第一次见到施坦威当家人时是9岁，在西57街的施坦威大厦，当时他穿着西式短裤。西奥多·施坦威先生从他一进门那会儿就从桌子后面跳起来，迎上去握手，像对待一位已经跟大乐团合作过的真正的音乐家那样。

施坦威家族对全纽约的钢琴家和他们的事业都产生过重大推动作用。在大厦的地下室里，静卧着几十台黑色的大家伙，通体闪耀着处女般的柔光。它们通常由穿着白色制服的技师伺候着，修理、调音、改良，以确保全部琴键、全身所有细胞都在最佳状态，同时等待出阁那天——一位施坦威钢琴家相中了它，开始“一夜情”（当晚演奏用）或“短暂蜜月”（跟随巡演）。

陪伴格拉夫曼许多年的是产于1952年的施坦威CD199，巨大的低音，甜美温暖的中音，闪闪发光的高音，以及按下一个键后声音在空气中持续回荡的能力——这点尤其与众不同，让他在曲子里放松、翱翔。还有1963年夏天相中的施坦威CD283，急性子，自负，但也拥有华丽、丰富、光滑的音色——那是介于摩门教唱诗班和一队俯冲轰炸机之间的音色，格拉夫曼为之目眩神迷。有好几年，他驾驭着它弹奏那些庞大多汁的俄罗斯协奏曲。有一次，在录制柴可夫斯基《第二钢琴协奏曲》时，指挥奥曼对着格拉夫曼和他的 CD283 说："请不要激动，你淹没了我的整个乐团。"

然而，就像西奥多·施坦威先生在百年纪念的那个晚上举起香槟酒杯向大家说的："时代不同了。"1972 年，施坦威公司被哥伦比亚广播公司（CBS）的乐器部门收购，许多年里，施坦威的遗孀在感情上都没法接受钢琴制造业已经进入下一章。20 世纪 70 年代中期出产的那些施坦威琴，温暖的黄色象牙琴键被闪闪发光的冰冷白色塑料琴键取代，尽管塑料的质量越做越好，那些手指很容易出汗的钢琴家几乎被滑溜溜的、不吸汗的新式货色逼得不得不认真考虑转行。然后是黑键变窄了，格拉夫曼所在的那群"优美青"（优秀美国青年钢琴家的简称）私下里会互倒苦水："人生已经很难过了，滑手的白键，现在又要增加我们弹错黑键的机会，搞什么搞！"胶水的成分也改变了，弹得好好的突然一只黑键从琴上飞出来，这是格拉夫曼在之前的 30 年里从没遇到过的情况。

"但这些胶水显然还是有优点的，到 20 世纪 80 年代初为止，琴键只在排练时才脱落。"格拉夫曼的搞笑是纽约式的（对，他跟伍迪·艾伦打过几次照面），"它们老是改而不进。但人还是要学会逆来顺受，在职业生涯中，你总能碰到一架又丑又呆的钢琴，而从西 57 街的地下室里那些等候我们的一整列美好钢琴中选出最喜欢的一架，是那个时代的一大乐趣。"

02

这间屋子也就 40 多平方米，除了一架德国产的三角钢琴，只能算一个落脚处。雷淑容和 15 岁的儿子小夫从南京搬来这里已有一年多，距离东平路 9 号上海音乐附中很近。雷淑容曾在媒体、出版行业工作过许多年，现在，她的职业身份一一抹去，只剩下"坚持 11 年的琴童妈妈”或者“上音附中高一学生的陪读母亲”。2011 年，小夫说他想好了，想当职业钢琴家，雷淑容便辞职回家了。

三个人的小家庭把这个决定通报给大家庭，雷淑容的父亲发话了：“我这一生的心血简直白费了。”25 年前，雷淑容从四川农村到四川大学上学，再到南京大学读研究生，这一路，用雷淑容的话说，父母真是“含辛茹苦，倾尽一生”。然后她找到一份不错的工作，有了一个家、一个可爱的儿子。一夜之间，好好的工作说不要就不要了。父亲可以体谅女儿不回家过春节，不往家里寄钱，但不能原谅她辞职——女儿用她的付出否定了他们的付出。雷淑容有一种巨大的歉疚感。有时候，她也会问自己：“非得这样吗？”

不幸生在西方凭借各种实力称霸世界五百年的世代，中国人需要打开眼界去领略、领教，方能与之对话，至少，要做一个有质量的中国人。今天，用手指滑动手机屏幕似乎就能通往整个世界，而学音乐的孩子还在刀耕火种，还在一步步攀登峭壁——古典音乐教育似乎没怎么受进化论影响，因为那些音符，就像大师在评点时说的：“你得从心里去弹。”而喝彩时的 bravo 也没变。这些未能急速变形的钢琴课，似乎成为一种遗留下来的文明课，被中国中产阶级接纳，并与他们大致相似的成功梦相连。格拉夫曼提到他最近的贵州之行，在那个他手机里保存着不少瀑布照片的地方，“有许多有钱人，他们愿意出比北京、上海更高的费用来聘请钢琴老师”。

光有钱是不够的。家有琴童，陪练是家长的功课。孩子练琴时，家长在一旁陪伴、照顾、监督、察看，保证练琴的质量和效果。陪练的重要性已经不需要论证，雷淑容说，孩子能否坚持学琴，在音乐道路上能走多远，直接取决于家长的陪练方式和陪练质量。

最极端的例子可能是郎朗的父亲郎国任，他从郎朗 2 岁时开始陪练，一直陪到郎朗进了柯蒂斯音乐学院甚至成为钢琴家之后。父子俩的两本出版物《千里之行》和《我和郎朗 30 年》，是郎朗的成功史，也是郎国任的陪练史——读过的人都能体会到那种陪练的难以复制。譬如，郎朗13岁刚进柯蒂斯音乐学院时：

父亲到的时候，《伊斯拉美》我已经从头到尾弹了三遍了，而且弹得还不错。

父亲说："再弹一遍。"

我本想和他争辩，但转念一想，与其和他吵，不如安抚他容易一些。我又弹了一遍。

父亲坚持说："再弹一遍。我听到了几处错。"

他说对了，再弹一遍也不为过。我又弹了一遍。

父亲吼道："现在再弹十遍！"

我已经筋疲力尽了。巴拉基列夫超难的作品对演奏者要求极高，让我有些体力不支。我的手指也在发疼。

我对他说："不！"

"郎朗，我叫你做你就做。再弹十遍！"

我尖叫道："甭想！"

父亲发出指令："现在就开始，从头来过。"

终于，我脱口而出："暴君！疯子！不要你命令我！我希望你下地狱！"

"当我师从文格洛娃时，我父亲每节课都来。他认真听完所有对我的指导，好确保回家练习时丝毫不忘。文格洛娃是母老虎型的，她的工作室里总是有吼叫、尖叫、诅咒，偶尔还有摔椅子的声音，她对优美音色和连奏的追求几乎到了偏执的地步；而我父亲，经过陪练无疑是全世界最懂钢琴曲目的小提琴家，前无古人后无来者。他每天陪我练习三到四个小时，非常严格，我的个人意愿没有被考虑过。"格拉夫曼回忆说，"我给郎朗上课时，他父亲也几乎每节课都来旁听，会记笔记，我不知道他写了什么，都是用中文写的。我们几乎不能交流，因为当时他一点英语都不懂，而我只会说‘你好’‘你怎么样’这种问候语。通常，年龄大一点的学生父母不来，年龄小一点的学生父母就经常来。毕竟我们都喜欢挑选一些年龄更小的学生，我进柯蒂斯音乐学院时是7岁，郎朗是13岁，王羽佳是14岁，张昊辰是15岁。我大概不会收一个18岁或19岁的学生，而柯蒂斯音乐学院不招收超过21岁的学生。郎朗的父亲那时随身带着一台照相机，每次见乐团，我都会介绍：‘这是我的学生郎朗。’然后郎朗的父亲就会给音乐家、指挥拍照，别的父母也这么做。”

“所以，您不仅传授技艺，也把自己的人脉传递给弟子？”我问。

“是的。但引荐之后，乐团和指挥都要听过他们的演奏，认可才行，所以，还是要靠他们自己的实力。”格拉夫曼说。

上海音乐学院的唐哲教授回忆过自己在父亲的巴掌下练琴的童年：“总的说来，我的童年是浸在汗水、血水和泪水中的，是最真实的没有童年的童年。”70多岁的钢琴大师刘诗昆曾说：“我不到3岁时开始学琴，一直学到12岁，可以说，这个世界上我最不喜欢做的事情就是弹琴。”傅聪曾向杨绛诉说当年学琴之苦：“爸爸打得我真痛啊。”一位美籍俄罗斯钢琴大师说起小时候学琴时奶奶用戒尺打他手心的事，60多岁人的眼里有泪。美国天才钢琴家露丝·史兰倩斯卡（Ruth Slenczynsha）在传记《被禁锢的童年》（*The Forbidden Childhood*）里写，1925年她出生两小时后，父亲看了一眼她的双手，便决定：“她今后必须成为一位音乐家！”她15岁与父亲决裂，19岁离家出走，钢琴生涯几度中断。格拉夫曼8岁那年在父亲的督导下拿下了壮丽到很可能搞断指关节的拉赫马尼诺夫的《第二钢琴协奏曲》……在音乐家传记里，似乎除了巴伦博伊姆和阿图尔·鲁宾斯坦，每一个人的童年都是苦的。

雷淑容的一个朋友把天下父母分成两类，一种是父母，一种是琴童父母。在他眼里，琴童父母具有以下特点：皱巴巴，苦哈哈，急吼吼，对朋友六亲不认，说走就走，由内而外发散一种焦灼之气。雷淑容也常在路上与一些琴童母子或父子擦肩而过，她能闻到一种同类的气息：专注，隐忍，漂在异乡的落寞，还有朝圣途中的茫然和决绝。她第一次见台湾作家杨照——他有一个学钢琴的女儿——时寒暄道：“我儿子也学钢琴……”杨照当即会心一笑，颔首致意：“你辛苦了。”

我问雷淑容：“这种苦上加苦的模式是怎么形成的？”她说，自有逻辑——最主要的是缺乏安全感，包括对本土艺术教育缺乏安全感，然后加上中产梦和成功梦。小夫 3 岁时就表现出对音乐的感受力，4 岁时在商场里说“我要带这架钢琴回家”，随后开始学琴生涯，14 岁时写出让成年人刮目相看的乐评，作为母亲，她怎么忍心不上前助他一臂之力？这一臂，便是全部。

12 月 15 日，雷淑容领着小夫面见格拉夫曼。一米八四的小伙子落落大方，安静地听着一切，他与大师之间隔着一捧香蕉、几碟小点心的距离。直到格拉夫曼的优秀中国弟子张昊辰走进来，拥抱了老师，小夫才向张昊辰小声道：“我们是 Facebook 上的好友。”25 岁的年轻钢琴家回以斯文的一笑。

03

钢琴家出场了，他的头发和胡须是精心打理过的，头上抹着发蜡，身上是剪裁合身、仔细熨过的燕尾服，白到晃眼的衬衫，前胸应是上过浆的，领带也是白的；硬质皮鞋亮得像两块会移动的镜面。另有一种打扮也颇受欢迎：12 岁那年，格拉夫曼首次在纽约市政音乐厅举办一年一度的独奏会，母亲陪他去五大道萨克斯（Saks）百货买了一条男式七分裤，相当优雅；丝质长袜和吊袜带还在他腿上留下好几天的印子。他看起来像个哥萨克矮人。

年轻的钢琴家们以体面的形象最先出现在音乐大赛上，他们面对的是一排更体面的评审委员会评审员。格拉夫曼说，为了让比赛更国际化，会邀请不同国家的评审，尽管他们的水准可能参差不齐；也总要为最优秀的音乐家留出席位，尽管说服他们每年抽出一个星期放弃演出或

加里・格拉夫慢（贾睿拍摄）

度假专门参加评审不那么容易。评审委员会的发明和演进制造出一个跟职业竞赛者有亲缘关系的新物种，那是一群看起来非常专业的评审，每次都会带着削尖的铅笔和成绩卡出现。

但是有关音乐大赛不公正的新闻常有流传。我们共同回顾了波格雷里奇参加肖邦大赛、钢琴女神阿格里奇拂袖离开评委席那次，格拉夫曼说："阿格里奇只是觉得比他平庸的选手都进入了下一轮，并没有说他才应该是冠军。她主要抗议的是评审中掺杂了政治因素。"

"您对波格雷里奇那种不合规矩却特别有光彩的叛逆弹法怎么看？"我顺便一问。

"很多年以前我在蒙特利尔听过他演奏，当时他表现出非常高的水准，令人吃惊，但完全是传统的诠释。可是后来，我没有机会再听到他的演奏。"格拉夫曼说。

"在柯蒂斯音乐学院，怎么对待那些想在前人规定之外作一些新尝试甚至突破的年轻人呢？就像当年您弹《狂欢节》时也把老师气坏了。"

"能进到柯蒂斯音乐学院（98% 的淘汰率）的学生几乎都已经是钢琴家了，他们都有很高的水准。所以，当他们想用有些差别的方式表现曲子时，总有他们的道理。我不会说'你弹得不对'，我的老师霍洛维兹也不会这么说，我们至多说：'换个角度试试？'我听说在中国，有些钢琴老师会说：'你弹错了，你非得这么弹。'"

"那么，您怎么看钢琴比赛这种机制？"我的提问回到刚才的话题。

"可怕，但是很有必要。通过比赛，钢琴家被人知晓，开始职业生涯。当然不同的大赛标准也不同：以莱文特里德音乐大赛（Leventritt Award）为例，他们寻找的是成熟到已经蓄势待发、可以面对职业生涯的音乐家，而不仅仅是比别的参赛者强。在这样的标准之下，莱文特里德音乐大赛的历史上有过连续三届没人得奖的记录，也有过最佳年份——那是 1967 年，郑京和与同学皮恩卡斯·祖克曼同时参赛，双双获得第一名。很大程度上，音乐赞助人的口味决定了竞赛的标准，如果他们决定强调卓越性，不将某种类型的音乐家拒之门外，也能让比较不积极（指不擅长公关）的音乐家不至于还没被人听到、也没人爱过就枯萎掉，那么比赛离他们想要的公平、仁慈会近些。但是很不幸，每一个心怀抱负的演奏家面对的人生多半是不公平而且非常残忍的。不管怎样，只要有演出，他就在跟人竞争。观察一个新手在大赛中的反应，可以看出他的个性是不是真的适合穷尽一生来从事这个职业。”

1947 年拿到莱文特里德大奖，格拉夫曼开始公演，那时他 19 岁。此后 30 年里，他保持每年 100 场的频率出现在世界各地的舞台上。《纽约时报》资深乐评人哈罗尔德 .C. 勋伯格（Harold C.Schonberg，第一位获得普利策评论奖的乐评人，其钢琴演奏水平足以开独奏会）评价他为当代钢琴家中“一位伟大的建筑制图师”。

自从李斯特开启了音乐家的巡演模式，旅行和演奏为钢琴家提供了丰富到足以将他们重塑一遍的课程：飞机延误、音乐厅不理想、钢琴一塌糊涂……即使在加里的年代，一流的钢琴技师（不仅仅懂调音）也是濒临灭绝的物种。在气温、湿度、粗暴的搬运、饮料打翻之外，钢琴上还留有演奏者对它的攻击。在施坦威的地下室，格拉夫曼学习了钢琴解剖学、校准和整音，那是把一架琴的机制和音色带到极致的辛苦过程。巡演时通常没有令人满意的整音，那就必须在弹奏时做调整，以弥补音色。踏板快掉下来怎么办？用一只脚撑住它。中央 C 的一个琴键按不下去、使劲按听起来就像枪声怎么办？忍受一个糟糕透顶的夜晚。在巡演中，格拉夫曼获得货真价实的音乐教育，进而升级为一种人生态度：这就是人生的一部分；对每件事情都别太计较，保持冷静，随遇而安；笑一笑，天下太平。

这让格拉夫曼足以应对哈罗尔德所描述的“音乐圈向来近亲繁殖，水深阴险”，以及傅聪对某些音乐大佬与政客相勾连，独霸江湖、排除异己的抱怨。格拉夫曼说起 20 世纪 50 年代的一段往事：傅聪当年在波兰，好朋友博学的钢琴家朱利叶斯·卡钦倾力相帮。有一次他俩把没有护照的傅聪送上飞往伦敦的飞机，没想到降落在东柏林，让人捏了把汗。格拉夫曼当时正在英国巡演，有好多次，在利物浦、曼彻斯特、伦敦，因为哮喘发作，引荐傅聪顶场，由此开启他的职业生涯。

格拉夫曼从裤兜里掏出好大一块白色丝质手巾擤鼻子。他穿高领，西服口袋里另有一块绸子的、叠出两个尖角的手帕。他那环绕在腰部的特制皮带（上面有 GG 缩写）形同赤道，他好脾气地回答很可能被问过一百遍的问题，不漏掉任何讲笑话的机会——比方我提到在《纽约时报》上看到一篇关于他的加料伏特加的较近报道：莳萝子、陈皮、生姜、胡椒、柠檬、茴香，什么口味都有，他严肃地提醒："40 年前，还有一篇。"他提起两次去湖南马王堆看金缕玉衣："他们说我又去看我女朋友了。"指挥家托马斯·谢尔曼（Thomas Sherman）有一次在玩牌时献给他一句熠熠生辉的赞美："就算格拉夫曼掉到马桶里，出来时也能带着一朵玫瑰花。"

04

"格拉夫曼先生，请问西方和东方的音乐家在演奏时有什么不同？"在上海大剧院的艺术课堂里，有人请教格拉夫曼。冬日夜晚，气温零摄氏度以下，琴童父母牵着孩子赶到这里，将几乎所有的座位填满，很多孩子看上去只有四五岁。有两位女士，是当晚从成都搭飞机、的士过来的。

"刚开始完全不同。不过现在，若拉一幕布遮住演奏者，你很难听出是西方还是东方的音乐家在演奏。就像马友友对巴赫的演绎与东方没有关系，西班牙人卡尔萨斯成就了无伴奏组曲的传奇。地域的界限已经不那么分明，起决定作用的，还是人的性格。"格拉夫曼回答。他在英国《金融时报》上看到过，中国有 5000 万琴童（2013 年的数据），加上与之相对应的小提琴、大提琴、声乐，大约有 1 亿的中国孩子正在父母推动下学音乐。格拉夫曼到中国来过 40 次，大约有 10 次直接与音乐相关，每一次，他都能为这个数字庞大的人群上几堂钢琴课。

私下，格拉夫曼当然怀念那个有象牙琴键、有老式家具、人们还不那么确信“时间就是金钱”的年代，但现代化让地球变平了，许多事物——包括古典与现代、中国的教育和美国的教育——的边界正在消融，制造更大容量的熔炉是国际化的题中之意；当苹果手机里信息、照片过多的时候，格拉夫曼也会用四个手指头同时滑屏。

所以，当有人提出钢琴演奏会不会出现“中国学派”的议题时，格拉夫曼说了一些客气话之后忽然触及要害：“如果中国能有一批新兴的、能达到一定高度的作曲家，有可能使演奏它们的人形成一个学派。”文化艺术上的先进与否，很大程度上取决于原创和输出能力的高低，这似乎在其他领域也说得通。长远地看，文化也天生具有从高处向低处流动的本能，与地域或国家无关。

格拉夫曼说，实际上，他的三位中国弟子在关键年龄段（13 岁至 15 岁）接受的是西方教育。王羽佳和张昊辰都有广泛、严肃的阅读，经常去博物馆美术馆。张昊辰钻研过一阵印象派、现代派艺术史，他不凡的谈吐透露了他所吸收的内容：“我特别喜欢凡·高，因为在他的作品里我看到的不只是一个景，而是一个灵魂。塞尚的结构也十分吸引我，他的结构、组织的气场，就是它的形状，就是情感的表达，就像音乐玩结构一样。”而格拉夫曼自己对绘画、书法、陶瓷这些中国艺术的热爱和研究，比大多数中国人还要深。

张昊辰有一次陪格拉夫曼去上海博物馆，老师对良渚文化的熟悉、对陶器及窑的分类脱口而出让他意外，这是在钢琴课上没有听到过的。格拉夫曼曾在台北故宫博物院做过专题讲座，分享他研究和收藏的心得。

“我八九岁的时候，老师带我们去博物馆、美术馆，常说‘格拉夫曼丢了’。其实就是经过中国卷轴画、唐代瓷器或印度家具的展厅时，我站在那里就不动了。我从小就喜欢这些，什么原因我也说不清楚。”格拉夫曼用手指大力滑屏，给我看他手机里的藏品照片：唐三彩、在菲律宾搜罗的中国陶罐，以及前几天在北京田家青先生（中国古典家具著名学者，文物大家王世襄先生唯一的入室弟子）府上所见的精美古家具。

台湾乐评人焦元溥在纽约见识过格拉夫曼的“纽约自然史博物馆的东方艺术分馆”。在那幢超过 135 年、有钱也难买到的美丽公寓里，书画雕塑、人像石刻、各朝各代的经典文物在客厅里散发出幽幽的钝光。这一切，同他的好友、天才早逝的朱利叶斯·卡钦直接相关。

“卡钦是个不同凡响的人，只做‘优美青’对他来说完全不够。他是一位卓越的学者，对任何事都兴致盎然，跟他在一起，就像站在波涛汹涌的海边，哪怕一个浪头把他冲倒，他站稳了还得把刚才的话说完，你很难不受他感染。他着迷于收藏日本的根付（Netsuke），会因为音乐会后约了朋友去看新的根付把曲子弹得快一点。有一天他问我，你没考虑过买中国画吗？然后就把我领到了他的巴黎古董商朋友那里。我一窍不通，但还是买了几幅中国和日本的卷轴画，现在看来，好像用买浴袍的价钱买下了貂皮大衣。你知道吗？有一次，我在一个类似博物馆机构的画册上看到一幅画，嘿，在我家里呢。”

“您不介意买到仿制品吗？现在大家都知道，买到真迹的概率跟柯蒂斯音乐学院的录取率差不多。”我问。

“我们很容易看到一幅画作，是 17 世纪的画家使用 12 世纪的纸和墨来模仿 10 世纪的。然后呢，画家和收藏家的印章在原主过世后被保留下来，可能上百年后又被重新使用。在我看来，这些算不上假画，是对已故大师诚恳致敬的作品，是一种荣耀。但是我要忏悔，我把大多数卷轴都挂在墙上了，这是西方的做法。”

格拉夫曼在 51 岁那年去哥伦比亚大学旁听中国艺术史和中国地理课程，那时他的右手已经出了问题。虽然他开玩笑说，那是拜柏林爱乐乐团所赐：“他们为我提供了地球上最糟糕的钢琴，最后三场我费尽力气在那台黑色烂货上弹奏柴可夫斯基的曲子，有一个音符我敲猛了，结果对我的右手造成了无可挽回的伤害。”但事实上，格拉夫曼右手的问题是“肌张力不全症”，这是一种神经性官能症，大脑会发送错误的信号给右手，然后弹错音。而全世界几乎所有的钢琴家都会受到手指、关节、肩、背乃至全身受伤的困扰。

“我的朋友莱昂·弗莱舍（Leon Fleisher，美国钢琴家，施纳贝尔的弟子）要糟糕得多，他 35 岁时右手出了同样的问题。他是对音乐极度投入、少了音乐不能活的那种人，而我不至于。最初医生告诉我，很可能要丢掉性命，所以后来听说不要我的命了，我反而高兴起来。虽然我仍然能用左手弹曲子，博尔康（William Bolcom，美国当代最著名的作曲家和钢琴家）为我们俩写过双钢琴协奏曲，但演出减少到每年 25 场，每年 100 场的生活我已经过了 30 年，我觉得够了。我的人生就此完全转变，我敢说，是变好了。”

雷淑容在编辑格拉夫曼的自传的过程中发现了主人公绝处逢生的能力：“我忽然悟到格拉夫曼在钢琴之外的价值，所以这次一定要带小夫见见他。我让小夫从小学琴，本来没想逼他成为专业钢琴家，而是想让他成为一个完整的人，古典音乐教育比较能接近这个目标。我也没有因为辞职当了琴童妈妈而完全放掉、牺牲自己，我还在做图书的翻译和编辑工作。我是想做给孩子看，让他知道妈妈也在努力做一个完整的人。”不过，当 40 多平方米的房间里充满琴声，且每天长达 7 小时，雷淑容承认，脑壳确实像被掀开了一块。

1981 年，格拉夫曼第一次到中国，是跟着索斯比和佳士得拍卖行的朋友来的。他两次去新疆，骑着骆驼穿越塔克拉玛干沙漠，穿过丝绸之路造访敦煌，看过石化的茶点，深情注视过木乃伊女友，在数不清的博物馆和寺庙里瞻仰了数不清的画作和瓷器，顺便收纳从唐朝到清朝的各种物件。他说起马远或董其昌，好像在谈论某个远房亲戚；谈起菲律宾出土的中国小青瓷罐和它们的釉彩，跟谈论 8 岁就弹得很拿手的李斯特的《钟》一样自如。他九成的藏品是中国艺术品。他从没有转手卖出过什么。

格拉夫曼和他的朋友们对中国西周至唐一段的文明心怀崇敬，雷淑容、小夫对西方古典音乐和它连带的那个文明充满向往。在他们相遇的那个晚上，他们之间，只隔着一捧香蕉和几碟小点心的距离。雷淑容说，但愿小夫这一代，能真正贯通中西。

如果有个寻找启示的琴童在格拉夫曼面前等待金玉良言，他会略加思索奉送以下两点：“好孩子，首先你要记得，你绝对不可能完美，偶尔弹得不错，总还是会有人不满意。世上之事，就像老话说的‘月有阴晴圆缺’。最要紧的是，你做得好不好，自己难道不知道吗？第二点，听好喽，人家指挥才不关心你去哪里逍遥过了，你只要准时出现在演奏厅就行了。”

在他的一生中，有过数不清的美妙时刻，都不是“非这样弹不可”带来的。就像格拉夫曼的家人逃离新西伯利亚半个世纪之后，格拉夫曼重返俄罗斯，在柴可夫斯基音乐学院大厅堂的最后一场演出，他走上舞台，注意到钢琴前盖关着，他掀起琴盖，键盘上躺着一朵玫瑰花。

采访于上海

写于 2015 年 12 月

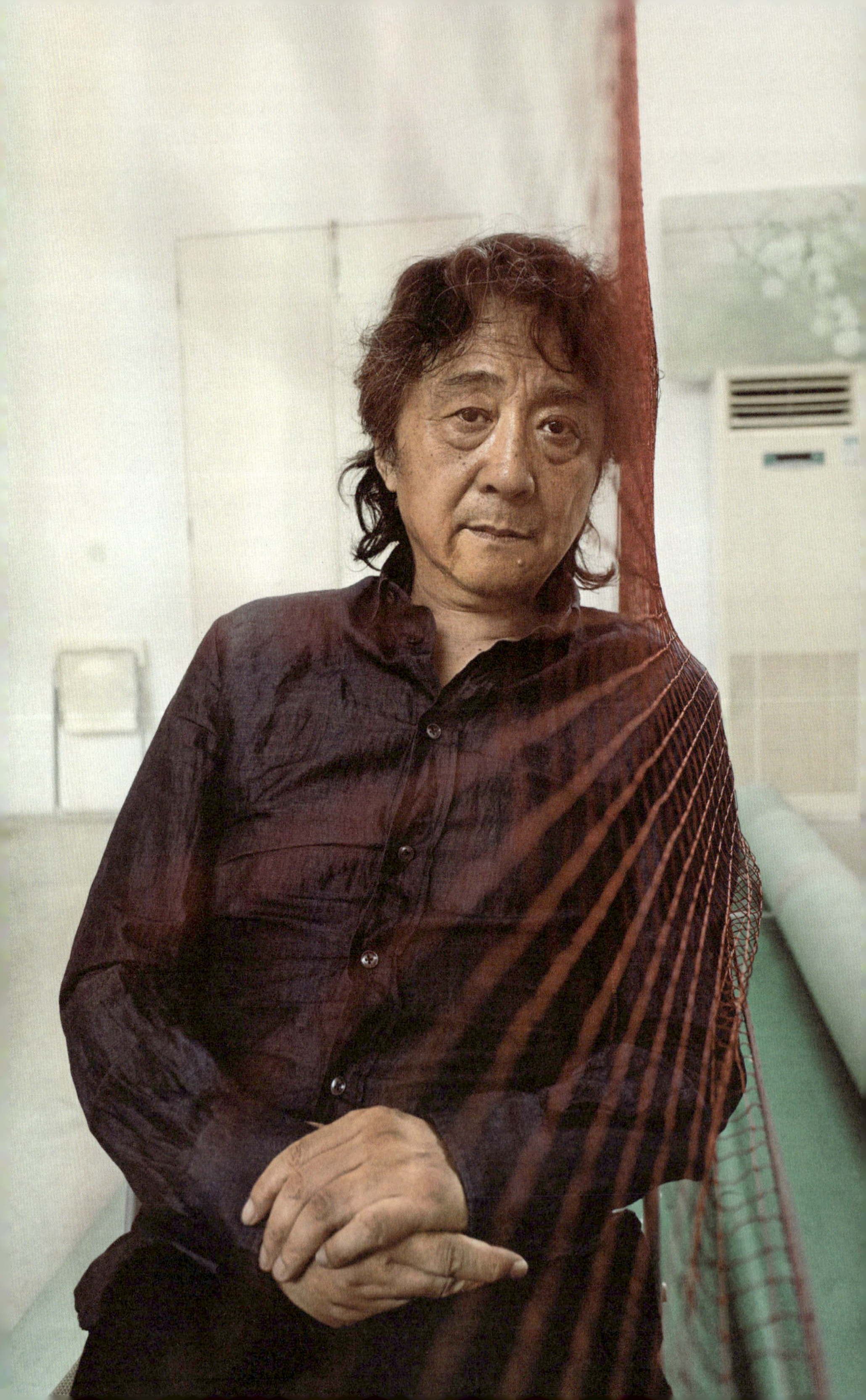

何多苓 / 可以入画

可多苓（1948— ），中国当代抒情现实主义油画画家的代表，"伤痕美术"代表人物。1982年毕业于四川美术学院研究生班，现居成都。20世纪80年代初，何多苓即以《春风已经苏醒》《青春》等作品轰动一时。

川／拍摄

访谈分三次进行，话题漫无边际，亦少禁忌，因为艺术家在心灵层面似已自由自在。篇幅所限，终需“主题”，摘取以下内容。

他留给我一些印象，比如语言的神韵——“大键琴的音色，太枯了”；“看多了那些酱油色的中世纪油画，想呕吐”；评价一张阳光打在本人脸上并且左拥右抱的照片——“节奏好。”只有对语言挑剔到超越准确，才会这样措辞。

开车，或者不需要说话的某些时刻，一些美声唱法的哼哼会从他嘴里溜出来。他瞄一眼我在抄《春风已经苏醒》（被认定的成名作，源自穆勒的诗，舒伯特作曲）的对应德语歌曲《慕春》Frühlingsglaube-Jussi Bjorling 原唱版本，说：“‘D 686’也要写上。”

问：在四川美术学院的“伤痕美术”里实际上没有留下你的痕迹，为什么？

何多苓：我没有考虑伤痕的问题。"文革”时看武斗，看到打死人了，我都不往心里去，我就是个旁观者。我真不知道从小受的那么多年的教育哪儿去了，它们对我好像不起作用。所以后来在四川美术学院的时候，改革开放了，政治气氛变了，学校号召我们参加全国美术作品展览，大家拿出来的草图全是揭露“文革”的，有些非常血腥，画得非常过的，现在都拿不出来的东西全出来了。我看了，也觉得这个社会就是这样，但一点惊奇感都没有。民间疾苦我当然看见了，但这不是我要表现的。每个人有自己的一个世界，不是包罗万象，而且我觉得艺术是有限的，有些方面它不如小说、诗歌、摄影、电影，不如新闻报道。比如民间疾苦，交给照片来表现可能更好。但像罗中立的《父亲》，中国农民几千年的苦难都在里面，有一种纪念碑的感觉，也是不错的。

问：那你觉得艺术主要的功能是什么？

何多苓：我觉得，艺术就是用绘画语言表现的一个难以言说的故事，一个凝固的瞬间，又有无限外延的这么一个东西。但必须是用绘画语言，不是其他门类的语言——开始是眼睛，然后经过大脑，最后就是色彩和笔触，一笔一笔，笔接触画面的一瞬间，就是绘画语言的末梢。反正我很强调语言的专业性，比如说听音乐，一定听音乐语言用得很专业、很极端的那种，语言比较混杂的我不太爱听。

问：但当代艺术发展这几十年来，观念（其中出色的可称为哲学）走到前面来了，语言靠后了。

何多苓：画画不再用绘画语言，我也不反对，每个人有自己的表现形式，但我不会这么去做。像我们昨天谈到的画画可以请枪手，至少说明一点，就是他的画不再需要典型的绘画语言。我最早看的观念绘画是玛格利特（Rene Magritte，比利时超现实主义画家）的作品，有一阵很喜欢。后来看了他的作品展览，我得出一个结论，就是他的画可以请任何一个人来画，他只要说出构思就行了。他的构思非常巧妙，是一种当代的、超现实的、诗歌一样的构思——比如画一个烟斗，下面写上字“这不是一个烟斗”。他只要想到、说出来，然后请一个初学者或者助手画一个烟斗就行了，有时候画得比本人还好。正因为这样，我觉得观念画应该画得笨拙一点，画得非常好对观念反而是一种妨碍和干扰。所以你看那些观念画，都有很强的图示性，绘画性强了反而伤害全画。

问：我听明白了，伤痕不入画，观念也不入画，那来看看什么能入你的画。你现在的画面上，人或物的边界消失了，好像就这么融掉了，你说希望人和自然的形体都是暧昧的、模糊的，这个观念是怎么来的？

何多苓：这些是我的天性，我下乡的时候就体验到这一点了，到现在才出来。要是没有看到彝族人的话，也许我就走上其他的路了。他们那种形象，那种跟自然的联系，还有他们的宗教性、神秘性，决定了我的艺术。整个 20 世纪 80 年代，我画的都是彝族人，如果说我的画有一种风格形成，都跟他们有密切关系。

他们住在山里边，种玉米和土豆、养羊、织布，吃和穿基本自己解决；下山换一点自己没法生产的东西，实物交换，不用钱，一切都跟自然发生关系，跟自然融为一体，当然现在汉化得越来越厉害了。

我觉得那个地方很美，地形地貌跟这儿太不一样了，天气跟这两天的成都有点像，每天都是大晴天，风很大，那种感觉特别壮观。我那会儿体重只有 50 千克多一点，但是精神非常亢奋，年轻嘛。每天过得都很充实，到河滩里躺一下，跑到山上躺一下，听听松涛，或者晚上出去看看星空什么的。一个人到处乱走，专拣没人的地方走，遇到狼也不害怕，什么都不怕，我觉得我跟它们是一体的。

问：真碰到过狼？怎么处理？

何多苓：不处理啊，就互相看着，它走了，我也走了。距离很近，就二十来米。我现在做不到了，城市的气场不一样。后来也去采风过，但那个自然已经流于表面，所以 20 世纪 90 年代中期我终于放弃了那个题材，

《春风已经苏醒》，油画，作于 1982 年

但对自然的敬畏还是把我给渗透了。

问：但你画的彝族人好像都没有具体场景——那种日常生活的、热气腾腾的场景。

何多苓：对，彝族形象只是一个符号，你看我画的大部分是一个人孤零零地愣在那儿，也尽量避免让联系具体生活的东西入画，而一根木桩插在那里或者一只乌鸦飞过，看起来离生活远一点的，隐喻一点，神秘一点，不那么直接的，我会画进去。这可能跟我对生活的观察有关……

问：它是形而上的。

何多苓：对，我不会去表现具体的生活，也可能是一种逃避。在画面上逃避具象可能从那时候就开始了。我喜欢神秘性，而神秘性在日常生活中是不存在的。

问：我读到过你的一句话，很有感觉。你说女人的毛细血管，还有像哪里长了一颗痣，那种肌体上的细节，是你要表现的。

何多苓：女人有复杂性，而男人没有——至少我是这么觉得的。反正我不太注意观察男人。我喜欢那些细节，比如女人的乳房上都有青筋，皮肤非常薄，颜色很冷，下面透出来那种冷，有一种奇妙、神奇的东西在里面，我觉得画女人是个挑战。那天朱琦（艺术评论家）在这儿采访时说，我在中国绘画史上对画女人的形象是有贡献的，他觉得我画出了女人很多很复杂的东西。这点我没想过，但听他一说，觉得好像是那么回事——我对表现女人是有些心得的吧。

所谓心得就是……比如说你现在这个神情，我完全可以量化——这一笔怎么下去，哪里画重一点，哪里画浅一点，用什么颜色，我完全知道怎么去做。我经常跟学生讲，某种情绪最后都对应于某种笔触或者色彩的表现，他们还理解不了。

我觉得女人从脸到身体，或者肢体语言都很有复杂性。而且她们有一种柔韧性，一种以柔克刚的感觉，一种非常复杂又非常敏感的东西，这些都是我的主题，所以我画女人，不画男人。当代艺术家大多画男的，画男人显得比较当代，但是我就不画，我对画男人没感觉。艺术在我这里是阴性的。

问：不好意思，来之前想着私事不要问，但因为跟画有关系，还是问一下吧：你画过多少幅翟老师？

何多苓：十来幅吧，画她的每一幅都画得比较成功，而且卖得很好，她的"票房"很好。最重要的那张在福冈美术馆，就是那幅《小翟》，还有几张现在在拍卖会上反复出现。

问：当年画好了会给她看吗？

何多苓：当然。画她很快，我画人都快。《小翟》那幅画是从她的长诗《静安庄》里出来的，用到了其中几句诗的意象。20 世纪 80 年代她的长诗《静安庄》《女人》，我都非常喜欢。

问：我看你画的翟老师，没有一张是端端正正地把她画出来的，画出来的都不是大家习惯的美。

何多苓：我都不端端正正地画，后来的画也都是。比方说我选的肢体语言往往都是一种过渡性的，通常被认为不太美、不太优雅的动作。古典绘画中那种标准美人的姿态我很不喜欢，觉得俗气。我特别怕滥情，怕庄严，怕使命感，怕宏大的叙事。当然年轻的时候也有过短暂的滥情，比如大段大段地抄泰戈尔的诗，但那段时期很快就过去了。音乐也是，比方说柴可夫斯基有些音乐过于甜美，有种糖放得太多的感觉；小提琴的音色我也不太喜欢，也是太甜，喜欢钢琴那种带点苦涩、抽象的音色。还有文学，当年帮朋友改过一个剧本，我嫌写得肉麻，后来他们说凡是在市场上算得上卖点的都被我改掉了。当然那种完全赤裸裸的丑我也不喜欢，我还是偏向美，但是我心目中的美应该是……

问：带着它的侧面、对立面一起出来。

何多苓：对，一起出来，像波德莱尔的《恶之花》里那种感觉。

问：那种过渡性动作其实代表一种不稳定状态，在那里面你发现了女人的什么？

何多苓：我喜欢那种不稳定状态。一方面是和经典动作划清界限，我觉得那是陈词滥调；另一方面，我觉得在那种过渡中有下意识，是没经过设计和摆的。现在的女孩子都喜欢自拍，善于摆 pose，知道自己的最佳角度。我一般是连拍很多照片，然后从中找一张，一般都是过渡性的，包括角度和光线都避开最佳的，多半不是她本人最漂亮的照片。

问：但里面应该有你寻找的一些意义。

何多苓：是，肯定有意义，但我说不出来。这个意义无法描述，但就是打动了我，正好那个角度非常个人化。我很少设计动作，也有时候，可能某个动作在脑子里植入很深，我会请模特来摆一下这个动作，但常常摆出来就变成另一个动作了，两码事。这种情况很多，我觉得有意思。

问：问一个比较外行的问题，你们年轻的时候在四川美术学院画人体，会不会有冲动？

何多苓：我没有。可能我画人体的时候已经结婚了，算过来人，我记得我们班上第一次画人体时有些小同学蹲在地上不敢站起来了。我从一开始画人体，就把她们当成跟静物、墙壁一样的东西去画，虽然也有兴趣，但是没有被诱发出来的性的成分。

问：那你会在画里表达情欲吗？

何多苓：我觉得有。画一些比较色情的画的时候，我自己还是很兴奋。但是很奇怪，画出来就不见了，他们看了说，不色情啊。

问：就是说你下笔还是很克制的。

何多苓：对，就是画向某种极端的时候，又会生出一些新的东西把极端（比方情欲）覆盖或者隐去了。反正我不会生生画出一个极端来，我总是在很多尺度中间徘徊。我希望我的画有一种朦胧的东西，所以基本上是作弱化处理，点到为止，不去强化，不去扩张。

问：有段时间你的画里自嘲或者嘲讽比较多，我觉得里面的美和不美很难界定。

何多苓：对，我就是想游走在美和不美之间。我觉得美有一个边界，应该带点破坏，带点挑衅，带点邪气在里边。

问：像这幅《落叶》的感觉（画面上一位年轻女子半裸着骑在树上，吹着口哨，神情里充满挑逗）。

何多苓：是啊，很奇怪，我画那么多很色情的画，把女性美作为一个色情的表现，有点类似席勒（Egon Schiele，奥地利表现主义画家）那种，结果很多男性反感，说这是对女性的侮辱，但很多女性反而喜欢。这幅《落叶》我拿到个展上，两个中年女人找到我，说喜欢，要收藏。我奇怪她们怎么会喜欢，也不好直接问。确实周围有那么多人喜欢我这样的画，也算一个共鸣吧。

问：看到哪些女人，你觉得可以入画？

何多苓：这真是一个很好的问题。有很多漂亮女人我觉得完全不能入画，她们也许可以上时尚杂志封面，但是不能入画；很多女人一点也不漂亮，但是我觉得能入画，就是这样。就是那一瞬间的感觉，我也无法描述。可能她的外貌跟内在有一种矛盾、冲突，或者是和谐等，通常表现为气质上的一些东西。这个东西很复杂，包括她的肢体语言、语言方式和她的表情的一种很奇特的组合，这种组合一看到就觉得非常好，那就是她了。

问：像××（女演员）这样的，你觉得能入画吗？

何多苓：不太能，至少不太入我的画。电影演员谁能入画……我觉得她们长得都一样。我比较能发掘出女人的美感，可能你在生活中不容易看到，在真人身上也看不到，但可以从我的画中看到，这是从我崇拜的画家那儿得来的。

比如俄罗斯的谢洛夫，他是我的偶像。他小时候跟着列宾学画，两个人画同一个模特，画出来都很像，都好，但明显谢洛夫画出来的那个更有气质，比如那种深度的忧郁，那种病态，就是有一种升华了的东西，一种精神力量。

问：除去这些能力，技巧本身重要吗？

何多苓：我一直在琢磨技法，比方说打底子、做肌理，还有多层画法，在画《老墙》时琢磨出来的。原来也听说过伦勃朗这些人在画面上做肌理，但没见过，老师也没教过，我自己试出来的，后来产生很大影响，许多人都用这个方法来画。在画画的人中间，一般不会问"你这画是怎么画出来的"，技法通常是需要保密的。我无所谓，你问到我，我就和盘托出，但我相信不同的人即便用同一种方法，画出来的效果也不会一样。

问：用你的话说，就是手上的敏感度和灵气不一样。

何多苓：我也玩一点乐器，能感觉到手腕的控制力、下笔的轻重都很微妙，有点像中国画的笔墨功夫。杵一下、拉一下，用笔尖还是侧锋，用手指揉一下、擦一下，都是手上的敏感。这里面往往会带来意外的东西，就是偶然性，那种笔不到意到了，所谓神来之笔，那就赶紧保住，再不动了。

每幅画画完，等它干透了，我会去抚摸画面，这是我的一个习惯。摸的时候，手的感觉非常重要，摸到某种程度的画面，我知道这幅画已经完成了；而摸到另外一种表面，我知道还没完。我希望我的画面非常敏感，不光是视觉上的，还有触觉上的。

问：像女人的皮肤。

何多苓：对，可以这么描述。我的手指非常敏感。我觉得画还应该是三维的，加上的这一维是时间。那么具体表现出来，画布上第一笔下去，一直到最后画完，第一层应该看得出来，然后跟最后一层形成对比，这样才是一幅好画。我希望每个过程都有痕迹保留，不是用油料把画面盖完，这就是时间，表现的是一个沉淀的过程，这个过程我觉得可长可短，但是一定要看得出来。这个我是在一些名画上看懂的，比如说伦勃朗的画是有时间的，不是一蹴而就的——那些人在博物馆现场临摹毫无用处，因为伦勃朗可能画了一年，这个时间很重要。

问：在你眼里，当代艺术是什么？

何多苓：现实主义烦琐，超现实主义是廉价的罗列，波普艺术是业余游戏……在我眼里，艺术就是宗教，是在画框里建一座神殿。

问：个人风格是什么呢？

何多苓：当我画到画不下去了，风格就产生了。风格是你在技巧上无法克服的困难的总和。就是在你追求的一切到了极限的时候，个人风格就出来了，而且很强烈。

采访于成都

写于2014年7月至10月

张晓刚 / 言不及义*

张晓刚（1958—　），云南省油画艺术家，1982年毕业于四川美术学院。从20世纪90年代中期开始，张晓刚从艺术、情感和情绪的角度出发，画出一幅幅革命时代的脸谱化肖像，并赋予这些作品以近现代中国流行艺术的风格，获得了广泛认可。

⋯川／拍摄

张晓刚的日记和书信展示了画家的另一个世界，一个他大概永远不会言说的“很苦的世界”。这个苦字，道出了那些“想搞点作品的人”的每一个劳作的白天和每一个孤寂的深夜。

01

2008年3月11日　晴　有云

春天似乎快要来了。院子里还看不到一点绿，但空气中已能闻到一些气息。2007年在一次次飞来飞去的旅途中，在各种媒体的狂轰滥炸中，在这件事和那件事之间的沉闷空白和冥想中很快过去了。去年这时，还期望开始一些让自己兴奋一点的工作，但很快被各种必须赶赴的集会取代了。……这期间似乎发生了很多事，生活的、家庭的、艺术界的：市场继续爆出一个又一个的“奇迹”；我的新工作室落成了；芬兰的个展在一些让

* 本文书信来源《失忆与记忆——张晓刚书信集（1981—1996）》，日记由张晓刚工作室提供。

人回味的“插曲”中结束了……

张晓刚工作室的进门处，框着一幅栗宪庭手书的对联：“今日神马年头，未来绵羊岁月。”横批：“甚麼盛世。”一个通身斑驳的裸身男孩坐在门前一角，微张着嘴，惊奇又失神地迎来送往——一件小雕塑。

从1999年离开成都到北京，14年间张晓刚搬了6个工作室。空间越来越宽敞，画越画越大，接待能力也越来越强——2006年至2007年，一天八九拨外国人或记者进出工作室稀松平常。有人带来名酒或者邀他去国外度假，有人站在他的画前潸然泪下，说被作品深深打动。

2006年3月，香港苏富比拍卖行在纽约举办首次亚洲当代艺术品拍卖会，他的一幅年轻男子肖像《大家庭：同志120号》以97.72万美元成交（当时他同尺寸的画售价大约8万美元）；同年秋天在伦敦，英国投机藏家查尔斯·萨奇以150万美元买下他画于1995年的“血缘”系列作品中的一件；2008年初，《血缘：大家庭3号》在香港以4736.75万港元刷出新的“天价”，这些便是日记中所谓一个又一个的“奇迹”。

奇迹仍在继续。5年后，萨奇先生以720万美元卖出了那幅画；同年苏富比秋拍，《血缘：大家庭1号》以6562万港元成交；2012年4月苏富比春拍，《血缘－大家庭：全家福2号》以5218万港元成交。就在2014年4月，《血缘：大家庭3号》以9420万港元（包括佣金）在香港苏富比“现当代亚洲艺术晚间拍卖”成交，差不多比6年前翻了一番……

我读过一些揣着这些数字试图接近、刺激、挖掘他的访谈，回答部分通常只有一两行，而且很冷。有一次他在上海半开玩笑说：“100美元在我手上，100万美元在别人手上。”

在微妙的另一面，他对这类“游戏”的态度是：“我又不懂，反正你有本事你卖吧，你卖赔了我也赔不到，你赚了我也赚不到钱，但还是很紧张。那天最后拍出98万美元（2006年3月，确切数字是97.72万美元），我一下觉得疯掉了。到后来就像一个开水锅，你扔一个东西进去，就会激起很大的热浪。而且越来越开，越来越滚，疯狂到最后我

正在创作过程中的《血缘：大家庭 1 号》(1994 年 4 月摄于张晓刚在重庆的工作室)

已经麻木了。我觉得这是一个我不熟悉的经济规律，唯一能保证的就是我不去参与这种事儿。有人让我自己送拍，我不去。”

这代表了大多数艺术家的态度。没有人能不默许或不配合这个游戏，如张晓刚所说“这是我们共同创造的故事”。然而他也意识到，有飙必然有跌，保持警醒的对策是控制——把握那些在绘画时能够把握的东西，坚守艺术本身，不去为市场创作，但也不背离市场。

等待倒时差的主人来，我在空荡荡的画室里晃。助手说，大部分作品正在韩国展出，另一些“作品”跳跃着进入我的视线。

画架上有一幅已完成的大画，是一个姜黄色的男孩头像，可能因为太大了，所以是横摆着画的。工作台上，刷子比画笔多，也是因画大而需要的。

桌上摊着倪瓒、蓝瑛、Michaël Borremans 的画册，还有《五代宋元花鸟名画》。

1983年，张晓刚（左一）、叶永青（左二）、秦明（前排左一）、杨千（前排右一）于中央美术学院宿舍

几十张草图。2009年8月9日这张，四周铅笔字较多：

《姐弟》；一个女人和两个小男人；女孩脸部为淡粉红色，不宜太浓；绿军装不宜太鲜，偏灰；背景为培恩灰加一点蓝（有浓淡变化）；（三个人的裤子）呈相同的深灰色；尺寸370厘米×270厘米。

几盆大叶植物。一些书和CD。CD多是EMI唱片公司出品的古典音乐。

一些有年头的物件：一面印着列宁头像的红色锦旗，头像又被十多枚罕见的苏联徽章包围；一支几十年前的温湿度计；一台精艺牌95型半导体点温计；一台老式半导体收音机；一面照片墙，张张有故事，时间跨度近40年；2008年购于布拉格的卡夫卡黑白照，经一个白色箭头引向“卡夫卡之墓”；“给中国当代艺术带来了大量金钱的里希特”；“希特勒在读报”；“母亲与儿子”；“奥康娜在哪儿”；“杀人犯的床”；“四川美术学院 1977 级毕业留影”……

02

春芽：

你好！终于收到你的来信了！在此之前，一个月只接到华堤和谦儿的两封信，心都灰了。我把你们都大骂了一通。要知道，尽管我来昆明已有半年了，但始终感觉自己是个外乡人，只有大自然、艺术是最可信赖的朋友。

真羡慕你，又去草原了。我被困在小屋子里，常常回忆起草原上那翻滚的白云、干燥的冽风，真想再骑着白马忘我地奔驰于茫茫原野……

真正的艺术不在艺术里，而在艺术之外，对吗？当我们面对大自然，感动我们的不是树木、草原本身；感官（尤其是第六感官）在与自然交流中，唤醒和平衡着自我的本性，调节着整个人类所共有的内在秩序。那种人类所独具的“移情”和感情的“回收”使我们产生了艺术，产生了缝合世界杂网的想象，而在这痛苦的发泄过程中，创造者“感觉”的深度、广度与个性决定着其作品的价值，对吗？……

这封信平摊在工作室的一个陈列柜里，写于 1982 年 7 月 25 日。信笺上印有“昆明市百货公司金碧商店”。信尾有涂鸦，画的是戴眼镜、裸身的写信人与马。

戴眼镜的张晓刚走进来，黑框式样几十年没变。岁月，好像只是将 77 级毕业合影里那张方脸填成了圆的。叶永青写过第一次见他时的情景：“满脸青春痘，穿了件过大的工厂车间服，害羞的脸上戴了副老气横秋的眼镜。来者叫张晓刚，第二十三中学的，书生气十足的小伙子，眼神却像晴雨表一样敏感。”那一年，他俩都十七岁。

张晓刚好像挺愿意谈论我此行的话题，因与记忆而不是天价有关。

记忆，是他摸索多年皈依的主题。他明确而固执地在同“记忆与失忆”搏斗，最终以“那张眼里有泪光的瓜子脸”的符号被人记住——事实上，在一个缺少读画者而盛产操盘手的国度里，多半也是天价的缘故。

刚从巴黎归来，张晓刚应了多年前的一个许诺：带学画画的女儿去参观罗浮宫、奥赛博物馆、蓬皮杜艺术中心和莫奈的橘园，以他的眼光为她讲解。顺带去了两个他想看的博物馆：毕加索博物馆和吉美博物馆。

“从去年开始，我有兴趣看现场的展览。在荷兰，凡·高当年画的田野还在，我一看，哪里是（发疯后的）想象，完全是写生。在巴比松，米勒当年的房子也还在，很小，两间，有个小院。白天有点光线，晚上画画用油灯。”

他讲旅行，讲童年学画画的经历，平和又温暖。讲到有趣味的地方，他会“呵呵”笑起来。

四兄弟，他行三。小学二年级时因“文革”停课，复课后直奔五年级。其间，兄弟四人在母亲的安排下学画画，最后只有他一人坚持下来。他喜欢画人，古代武将的穿戴、兵器及配马，他能背下来，画出来。他还保留着当年自编的连环画《敌后武工队》，带脚本的。

“你那时候画画的快乐是什么？”我问。

“忘我。”他立刻答，不假思索，“就是陶醉在另一个世界里，超越现实，很快乐。”

几天后，我开始读他在1981年到1996年与友人的大量通信和部分日记，感受“另一个世界”——温情的、紧张的、思辨的、一刻不停地与自己交战的。我读到了采访式交谈很难触及的大面积焦虑、反思、沮丧和疼痛。

03

2007年9月6日　应该是阴天，因为既无太阳，也无云，无风（8月15日参加了恩师林聆简朴的葬礼）想到也是一个晴朗的下午，我终于鼓起勇气敲开了他的房门，把他从午睡中惊醒。想到他终于答应做我的老师，想到他无偿地为我付出许多时间、精力，甚至为我提供绘画的材料，甚至为我亲手做画夹、做画箱，想到他对我的严厉，想到他为我的进步而偷偷地高兴，想到我上大学时他亲自送我去车站。想到他对我的艺术追求的“不满”，想到他为我一页一页地翻开珍藏的画册，那些大师的名字永远地烙在了我的心底最深处。想到我的生活离他越来越远，想到最后一次见到他，最后一次在电话中听他讲述他最后的愿望，我懊悔、自责、痛心、欲哭无泪……

林聆，1918年生人，长居昆明，钟情于绘画，素描和色彩根基大致源于早年自学木刻和民国时期的美术影响，曾参加解放军在部队任职，画过大量水彩画，因历史原因始终受排挤。一生没有卖过一张画，也没有出版过一本个人画册。

“我最早接触西方艺术主要是欧洲的艺术是在他那儿。他珍藏了许多从前那种印成一页一页的画片，印得很好。他从箱子里拿出来，一页一页地给我看。印象特别深的，像维米尔、谢洛夫，还有一个荷兰画静物的画家我总记不住名字。繁体字竖排的《西洋美术史纲》（钱君匋编，1949年出版）也是在我的老师那里读到的，我最早的美术史知识从那儿来。它讲到达达主义为止，里面有些黑白插图。当时我借到家里，包好书皮，一页页翻，老师说‘好好看，看完还给我’——他老的时候，书在他箱子里，我很想说，这本书可不可以送给我，因为它埋下过一些种子。还有一套上海画家哈定写的教大家怎样画铅笔画、怎样画水彩画、怎样画油画的书，每本到最后他会介绍一些西方的画家，如米开朗琪罗，像文艺复兴三杰……那是我的启蒙读物。”

叶永青在反省起步阶段的“野路子”时这样写道：“我们不如晓刚幸运，在学艺起步的阶段便遇上林聆这样的师长，在他的指导下，踏踏实实一步一个脚步印地走入正途，恢复高考第一年就顺利地考取四川美术学院油画专业。林先生为人作画规矩周正，教学不入格式，未成院校

《我的母亲》，布面油画，200 厘米 x 260 厘米，作于 2012 年

套路，为张晓刚日后发挥自己的才华大留余地。至于先生对他的关心和人格影响，更常让晓刚感念不已。”

“老师最常对我说的一句话就是——你不要跟风。”张晓刚告诉我。

“老师的话比父亲的话更有作用。有时也不太理解，但我会想半天，他对我的影响很大。每天去他那里画画，他会讲文艺复兴或俄罗斯的一些画家，然后讲这个人的画该怎么看，千万别去学那些画，还有，什么叫作艺术……你想这对 17 岁的人来说是什么概念。我后来发现，把古典的东西埋在脑子里是非常有趣的，它是价值和灵感的源头，它会生根发芽、会变，它是一种永远的营养。所以现在，我把这些种子传给我的女儿。”

他指给我看近几年的“绿墙”系列，画面上一张书桌、一张床、一面绿漆墙，就是当年他学画画的场景。翻开画册，他画于 2009 年的《绿墙 1 号》和林聆画于 1970 年的一张水彩画被排在同一页，除去前者添了一盏带接线板的白炽灯（一个新的符号），画面几乎一模一样。

2009 年 3 月，张晓刚和朋友们在云南博物馆为老师办了个展“个人反射历史”。林聆当年自制的黑色油画箱出现在展厅里。

04

MaMa：

您好！

几封来信都收到了，勿念。……

实际上我在这里生活得很好。虽然一个人远离故乡，在一个相对陌生的环境里工作、生活，甚至朋友很少，相对孤独一点，但这样对我是有好处的。至少这样可以使我能够获得某种安宁，让我能专心地学习、工作，远离过去喧闹繁杂的生活，使我能好好地清理一下自己的想法，反省自己的许多行为——这也是我为何要突然选择到这样一个实际上我并不喜欢的城市里来，并且待在这个城市的

张晓刚（白川拍摄）

边缘角落的原因之一。

我在这里每天生活得很有规律，早上七点起床，吃早餐，然后进教室上课，中午在食堂打饭吃（这里食堂的饭菜很好，什么时候您来时我带您去品尝一下），中午学会了睡个午觉，下午或者继续上课，或者就在家画画，晚饭有时候朋友会约我出去吃，没人约我就继续去食堂。现在食堂也改革了，增加了小炒，五角钱一份麻婆豆腐，一元钱一份炒肉，味道很好。晚上我一般待在自己的寝室中看看书、写写信，同时听听自己喜欢的音乐。有人建议我去买一台二手电视，我正在考虑，但我很讨厌那些虚假的电视节目。我的身体很好，不用担心，偶尔一点伤风感冒，属正常的事情，何况这样对身体的新陈代谢也是一种促进。我和同事、学生相处得挺好的，领导对我也很关心，若遇到什么困难，单位都会帮忙解决的，请您放心。……

夏天终于过去了，秋天来了，虽然不用每天拿凉水冲身体来降温，用凉水擦床上的竹席，但这里毕竟与昆明不同，气温仍然在30℃上下徘徊，每天清晨仍然是被刺眼的太阳晒醒，但是到了晚上气温很明显地降了很多。每到周末，我们这一层单身宿舍就我一个人，非常安静。我常常用拖把将我住的这半层的过道拖干净，这样每当我走上楼回到自己的小屋时会觉得心情很好。反正也没人，可以光着身体走来走去，很自由。这里因为是单身宿舍，用电不花钱，所以我买了一个小电炉，可以烧点水，偶尔也煮两个鸡蛋什么的。我学会了一种用硬纸做灯罩的方法，于是我的房间里每个角落都有了大大小小的灯，到了晚上可以随意调配，房间里一下显得很有生气和情调，让我内心充满了温暖和想象。

这里唯一的缺点就是整个两层楼只有一个厕所、一个水龙头，洗澡也在厕所里。到了夏天，我们洗澡常常得排队，从晚饭后开始排，有时候得排到晚上一点……不过您放心，我相信这种状况很快会改变的。至于您问起的关于“分房”的问题，那要等到结婚才有资格申请，而这一天何时到来，我还没想过。

好吧，今天先到此，祝安康！

又及：请您以后别再给我寄钱、寄吃的了。我在这里什么都不缺，在这里也花不了什么钱，住房是单位的，吃饭国家有补贴，教师每个月除工资外还有6元钱的“材料费”。

……

张晓刚
×年×月×日

这封信大约写于1985年秋，张晓刚重返四川美术学院任教不久。信的末尾，是摘抄的大段的卡夫卡日记。他的日记里也布满了卡夫卡的句子。

“其实通信最多的，是跟我妈妈。但到北京以后，就没再写信了。”当我问及他长年抒写内心的习惯以及海量的通信时，张晓刚说。

在刚刚离开大学校园分配到昆明市歌舞团的1982年，他在给周春芽的信中写道：“想想真有意思，过去一个盆里洗脚的同学，有的成了大画家，有的当了小美工，不乏戏剧色彩，对吗？”

在重庆黄桷坪，从桃花山8平方米的小屋，到四川美术学院青年教师宿舍楼“春园”里的一室，七八年间张晓刚的精神生活是同凡·高、高更、塞尚、米勒、尼采、萨特、克尔凯郭尔，卡夫卡、陀思妥耶夫斯基、黑塞、米兰·昆德拉，肖斯塔科维奇、平克·弗洛伊德、莱昂纳德·科恩和鲍勃·迪伦紧密相连的。他在日记中的思绪和呓语有些读来确实很飘，但确是那个思想活跃、感情真挚的20世纪80年代的“存在者”。

米兰·昆德拉差一点就要为他的画写诗，这是他成为“大画家”之后的事。2008年3月，他在日记中写下将赴布拉格的激动。两个月后，汶川大地震，就在他守着电视机几乎两天两夜不停地流泪的时候，一个消息传来：昆德拉由于一些原因，无法为他的画写诗了。

整个20世纪80年代，他写给周春芽、叶永青、毛旭辉的信中除了深谈，也透露出一种老式单位的气息。比如工会发广柑，他代叶永青夫妇领了，总共30公斤。“我的妈呀！满满两桶！我一个人是吃不完的。我准备去邮局问一下。若能寄的话，就给你们寄去。”各种票证、分配——计划经济时代的尾声。

单身汉的信中也出现“粉子”，后来便只见妻子和女儿。张晓刚的同班女同学告诉我，大学期间，内向的张晓刚常常去她们宿舍玩，因为隔壁宿舍里有一个他喜欢的女生，他希望在此遇见常来串门的她，而他的家庭，是相当传统而老派的。

05

2008年9月17日　晴　昨夜一场大雨

天气一天天开始凉爽起来了，风中能感受到一些秋天的气息。……我看见一群蚂蚁正繁忙地搬运着食物——现在就开始为冬天储蓄奔波是否太早了点？难道它们也开始意识到今年将出现各种“危机”，各种“拐点”？也许是这样的，人们在这个疯狂多变的年代，发自心底深处的恐惧却恰恰不是因为贫穷，想到在那真正一贫如洗的八十年代，几个朋友，身上除了皮就是骨头，喝着劣质的烧酒，虽然苦闷、迷茫，每天总要骑着单车在城市里胡乱逛一圈，回到自己的小屋，捧着一堆并不真正明白的书狠狠地看，但从来没有觉得自己贫穷……

张晓刚的日记和书信展示了画家的另一个世界，一个他大概永远不会言说的“很苦的世界”。这个苦字，道出了那些“想搞点作品的人”的每一个劳作的白天和每一个孤寂的深夜。他们过着一种实际上必须与普通、日常保持距离的生活，苦苦思索，长时间站立，伸出手去画，同时跟虚无情绪、跟一切偶然的机会和机会的消失交战，竭尽所能去盖一座带尖顶的塔，最终以艺术证明自己的存在。

而金钱是坚硬的另一个存在。1986年，张晓刚跟朋友们想在昆明筹办“新具象展”讨论会，叮嘱叶永青将文字材料复印好带到昆明，因为街上两角钱一张的价格搞得他“很狼狈”。

1993年6月22日给张颂仁的信中，他委婉地催讨卖画余款，因为“重庆安装电话非常麻烦，而且很贵，加上中间人的费用，估计要七八千元人民币”。他同时问及“很想了解你关于我的操作计划及展览等想法”，因为“一直没有你的信”……

在艺术的世界里，除了热爱还需要抗争，争出一个身份来。张晓刚的画在很长一段时间里，一直没被国内的人认可，张颂仁将他推向国外，成功了。2001年，他的作品第一次进入中国美术馆。然而出口转内销之后，国内的认可却主要是冲着市场而非他的画本身。“我们是悲催的一代人。”张晓刚说。

06

2008年12月19日　晴　无风

昨天看了一部喜欢“玩”语言的导演拍的新片，可以感受到导演绞尽脑汁地让男一号不停地说出许多“生动”的“双关语”，希望像以往那样逗乐观众，表现小聪明。说实话自己几乎笑不起来——不是那些语言不够“生动可笑”，而是那些“笑话”的背后已再无幽默可言，更别说它们还能否传递出某种思想了。一个没有激情的“玩笑”相当于一具保存得十分完美的木乃伊，虽然“外形”还是那个人，但仅仅是一张皮了。可想而知，在“符号”的背后，如果没有了文化背景的支撑，没有了思想的铺垫，正如一棵根部已经坏死掉的枯树，仅仅是一个“树”的“符号”而已。我不知道如何才能使“符号”承载出思想和情感，我只知道如果你首先感觉到的是思想和情感，或者说你首先要表达的是思想和情感，那么你将可能不会再迷恋于某种“符号”的经营和制造了。想到老栗（栗宪庭）说的那个伊斯兰寓言：“一群人匆忙地往前赶路，而其中一个人总是要不时地停下来，坐在路边等待。旁人问他：‘你在等什么？’他回答道：‘我在等待我的灵魂跟上来。’”艺术的重点恰恰是去苦苦追寻那个“灵魂的影子”。

张晓刚的气质、经历、汲取的养分，以及个人意趣，注定他是那种“内心独白”式的艺术家。

他告诉我，在艺术上，1980年是一个坎。那一年，他开始接触印象派、表现主义等现代艺术，从枯燥理性的素描、苏派画法的约束中走出来，建立了自信心。他特别感激夏培耀老师用线条画素描，令他找到了画画的感觉。他也感激两位大哥对他的点拨和鼓励：

“大学头两年我很不自信，程丛林会帮我分析我这个人和作品里有什么，他会说：‘哎，这个画得好！’何多苓呢，他会帮我改。我后来才知道，他们其实认为我还不错，尽管我的素描成绩在班里总是垫底的。所以大学四年，我就像《笑傲江湖》里的令狐冲，是练功养气的四年，那些优秀的同学传了很多功夫和气给我。”

1993年是一个转型的坎。吕澎记得，《大家庭》第一次亮相是1993年年底在四川美术学院，他感觉张晓刚的画风突然变了：“之前是表现主义的画法，跟诗歌有关，带有文学性的描述，而那张画一下就平静下来。我们都在现场看，有个评论家当场说，张晓刚原来的画很有力量很震撼，让人激动，而新作让人觉得昔日的力量没有了。”

而此刻，张晓刚说：“我仍然喜欢诗歌，我希望作品里带一点诗意，但不是纯文学的；带一点音乐性、哲学性，但不是纯观念的。我想表现出跟直觉、情感的关系，但表现主义对我来讲又偏于放肆，我喜欢内敛、模糊。”

“家庭对于我们这代人来说有着非同寻常的意义，它是跟我们的集体记忆紧紧绑在一起的。表面上看，这些人的脸平静如水，但底下是强烈的情感波澜，在这种中国人表与里的冲突下，暧昧和模糊就这样一代代传下去。”当我得知，曾在政府任职、“文革”期间下放过牛棚的张晓刚的母亲患有精神分裂症，她每况愈下的健康状况曾给四兄弟的童年留下难以忘怀的记忆，再读每一件“大家庭”系列的作品，我有心悸。

吕澎说：“昆士兰美术馆曾经做过一个综合馆藏展，空间非常大，总共展出一两百件作品。在距离很远的时候，我一眼就看到了张晓刚的作品。不是因为我们很熟悉，而是因为他形成了非常独特的图像和风格，清晰而特殊，识别度非常高。”

2008 年是一个坎。这一年张晓刚签约佩斯威登斯坦画廊（Pace Wildenstein，现在的佩斯北京画廊）。在佩斯办第一个个展时，张晓刚决定一件“血缘”系列作品都不展出，他拿出了新作“绿墙”系列。据画廊透露，那批作品大多售价 50 万美元左右。

2012 年的《绿墙一号》《大女人和小男人》《我的父亲》《我的母亲》都有绿墙元素。画布上，痰盂、铺着白桌面的茶几、木刻一样的盆景，每样物件之间都有说不出来的疏离。这是“文革”时代家庭环境和气氛的记忆，是肃穆的、缺乏色彩的。

2012 年，张晓刚还完成一件《遗忘之书》和一件《红梅与药瓶》，把中国传统元素如山石、梅花和现代感的手电筒、药瓶画在一处。这是董其昌、蓝瑛、倪瓒，以及龚自珍的病梅带给他的灵感。

2013 年到 2014 年，张晓刚做了一些青铜雕塑，并把它们画下来。当我指着画册上一个女孩充满铜丝感的脸说：“这件雕塑……”张晓刚说：“这是画的。”有些小得意。

吕澎买过一本英国艺术史家 Edward Lucie-Smith 的再版著作 *Lives of The Great Modern Artists*（*2009*），书中有一章叫 The Artist Not the Artwork（特立独行的艺术家），收录了以下这些名字：路易斯·布尔乔亚、约瑟夫·博伊斯、伊夫·克莱因、伊娃·海瑟、吉恩·米歇尔·巴斯奎特、张晓刚。

采访于北京

写于 2014 年 7 月至 10 月

刘小东 / 这样画，有意思•

刘小东（1963— ），1988年毕业于中央美术学院油画系。上学、画画、教书，生活简单而丰富的刘小东是一个现实主义者，他认为，艺术也应如此。

李毓琪／拍摄

“你是什么时候开始学武术的？”

“很早了。大概上初中一年级时，十三四岁。上体育课或者做操的时候，被体育老师选中了。选中了就跟着他学。那时候中学有各种业余班，要不上文艺班，要不上体育班，让学生多折腾点东西。”

“你画里面笔触的力量跟你习武有没有关系？”

“没有吧，我肌肉也没那么发达。身体协调性会好一点，比较灵敏，这是学武术的好处。”

“那你有没有想过，一笔下去，力量从哪里来——很多人羡慕你这种力量。”

“没有。”

这是个北京刮着寒风、气温低至零下的冬日午后，刘小东坐在位于798艺术区的工作室里，用小电炉子烧水、沏茶。深琥珀色的茶水倒进小盅，片刻就凉。言来语去，句子都被冻得很短。手边的1998年至2014年的刘小东笔

• 本文部分细节参考巫鸿编著的《行动中的绘画——刘小东笔记（1998—2014）》，刘小东与王萌的访谈，以及向京关于中央美术学院附中的回忆。

记表明，如果春暖花开，面朝大海，主人公的语句就更短了。

画室里打眼的是一张大画《要死的兔子和没事干的人》，2001 年画的。那些更大尺幅的画已经用木框打了包靠墙站着，等着过几天运往台湾诚品画廊展示，它们是 2014 年 1 月、2 月间他在印度尼西亚的作业。

墙上挂着两幅小肖像——2010 年回到故乡辽宁锦州金城县的刘小东和不知作于何时的喻红，以各自独特的眼神望着我们。视线收近，便瞧见一块调色板上沿四周挤满了红、黄、蓝、绿各色颜料，都干了，厚厚的，结结实实的。

01

画室曾是刘小东的主战场。他在那里完成了八年学院式训练，练成强悍的造型能力、出众的色彩辨析力，以及装满一脑袋的西方、东方美术史知识之后，他开始有意识地走出那个竞技场，为自己开辟一条更切己、更自在的路。

写作者一句话概括的历程，绘画者走了 20 多年。

刘小东 17 岁走进的中央美术学院附中在王府井隆福寺隔壁。跟老美院一样，那些天光教室都是早年由苏联专家设计的。“文革”后恢复招生，第一届里有韦蓉、孟禄丁、尹齐，第二届有刘小东、赵半狄、喻红，第三届出的人才最多，有洪浩、萧昱、申玲、王小帅，等等。

一站路之内，有古籍书店、商务印书馆、北京人民艺术剧院。再过去点儿是中央美术学院，往北几站就是东棉花胡同里的中央戏剧学院。中央美术学院附中紧挨着当代美术馆，艺术院校的学生只要一挥学生证就可以进去。

中央美术学院附中当年的图书馆颇为壮观，据说可以跟中央美术学院媲美。西方思潮、文艺理论、文学哲学方面的知识应有尽有，还有很多进口画册（到后印象派的凡·高、高更为止），刘小东说，连台湾的

《观看》，布面油画，200 厘米 x200 厘米，作于 2000 年

《雄狮》都有。每个学生每周可借 6 本进口画册，四年下来，能看的都看了。

“中央美术学院附中基本上一开始是苏派，学列宾和西金斯。列宾比较难达到一点，因为他用很概括的颜色表达很深的情感，那种俄罗斯式的悲伤。二年级时，塞尚、毕加索这种现代主义来了。塞尚是在用造型的手段探求世界的本质，理论非常强大，他把世界归纳成非常简单的三角形、圆形、方形或者其他几何形体，把绘画者的情感抹掉了。那种绘画变得很时髦，学塞尚的人也都是很有个性的。我的同学里就有每天对着纸箱子画画的，一画一个月，非常坚定。然后他每天走路都是笑眯眯的，对你也很礼貌，可他眼睛里分明就没你。这样你就被打垮了，感觉自己所学在他面前根本没意义，于是你也开始学塞尚。

“其实一开始也不觉得塞尚好，但人都是在受教育、受熏陶的过程中被洗脑的。后来就觉得塞尚的艺术好，不要抒情，不要唯美，也不要太多的故事情节，就画纯粹的几何形体、空间、色彩、圆柱。喜欢上这些东西之后，很自然地就在绘画里剔掉一些矫情的、多余的东西。它甚至影响了我的世界观。

“再往后美国的照相写实主义出来了，又把这一套给 pass 了，因为它没有态度。没有态度显得很酷，对着照片画完就行了，这对年轻艺术家又是一种考验。当时我们学这些西方艺术，同时也学中国画，然后又发现颜真卿的画那么拙朴，那么有力量，那个拙劲又把我们打动了，其实跟塞尚暗合。我一直比较喜欢塞尚。

“当然考美院的时候又回到苏派。中央美术学院招生是这样，比方头一年是第一画室和第三画室招，下一年就是第二画室和第四画室招。刚好那年第三画室的老师来附中讲课，我听着挺对路，就报了第三画室，导师是詹建俊和朱乃正。那一年我们班招了五个学生，分别是喻红、张路江、朱加、叶舟和我。第一画室的导师是靳尚谊，学生有李贵君、赵半狄、夏星……也是五个。读大学的四年我在谈恋爱，青春期的痛苦和焦虑一直有，那么就会喜欢蒙克、丢勒，喜欢德国早期绘画、欧洲中世纪绘画里那种精神性很强的绘画。我的大学毕业创作还受到了凡・高、蒙克的影响，有那种精神性的、发泄性的东西。”

这是个随着时间自然推进的过程，刘小东没留下什么拧巴着跟自己较劲的记录，跟秉性有关。至于如何寻到今天这条路，他能记起的“找到一点感觉”至少包含这样两个场景——

1988 年大学毕业创作完成之后，他有两三个月闲着，但还在学校里画。有一天，他画一个双人像，喻红和一个朋友站在窗前。

“画着画着我就觉得有意思了。以前画这种写生，我可能会突出这个人的特点，像手和脸，然后把窗外稀里糊涂就画完了，画出光线来就够了。但那天，画画的目的性不那么强——上学时画画都是有目的的，要么是想得高分，要么是同学之间较劲，看谁画得更强烈、更疯狂——我忽然觉得窗外的风景更有意思，眼睛不停地游离在画面的各个角落，把不该画的也画进来了，产生出一个我觉得很新鲜的面貌。突然就发现，人和风景之间产生了一种交流、一种很奇妙的关系。这种关系只要你入画它自然就产生了。那种本来不入画的东西，没有经过一个‘虚看’的过程，就是矫饰和归纳——它们导致西方美术作品中有了大量的人体和贵妇；导致当时的中国美术作品中尽是些工农兵，头上包着毛巾，袖子挽起来，要不就是毛主席像。一个老年模特走进画室，一定要换身大皮袄，大家才能画写生……生活本来是乱糟糟的，这里一块红，那里一块绿，这边是日光灯，那边是红灯，还有太阳，非要纳入一个统一的画面，结果，绘画凌驾于生活之上了。”

另一幕发生在1988年毕业后他在中央美术学院附中当老师，到第一次举办个人画展的1990年之间。

“那是我第一次当老师，特别投入。教学之余我不停地画画。以前上学时都是好多人围着一个模特画，当我一个人能画好多模特的时候，就有一种特别的新鲜感。比如，请几个学生到我的小画室，每个人都是我熟悉的，在那种特别放松的情况下，能把他们的心理活动抓住，包括我对他们的认识，都能传达出来。原先大家围着一个模特，有点比赛的性质。看别人画成这样那样，就会摇摆，会在头脑中调动各种知识和经验，有来自美术史的，有来自老先生的，跟人比来比去……那会儿好像就抓到了一种很实在的东西，你的生活一下子进到你的画里，真正摸到了一种绘画的快感，一直渗到画布后头。”

刘小东戴着一副绿色扁框的别致眼镜。镜架后面，有双敏锐、警觉的眼睛在闪。就像米勒（1814—1875，19世纪法国最杰出的现实主义画家之一）的眼睛总能看到巴比松周围田野里那些艰辛劳作的收割者、牧羊人和火鸡喂养人，这双眼睛也别有偏好——用美术史家巫鸿的话说，它们好像特别敏感于生活中的某一类人：不是标准、寻常或健或美之人，也不是那种呈现病态、不正常的人，而是介于两者之间、细看有些怪的人。比如，1995 年入画的《白胖子》和取材于张元同名电影的《儿子》。

他也特别敏感于某些景致——路边欧宝车盖上闪亮的高光、路边两个烧耗子玩的年轻人、突突开着的卡车上一车的猪或是一车光膀子的汉子——后者入画 1996 年的《违章》（这幅画最早出现在中国油画协会的展览上，被当时油画协会的一位长期赞助者买下，转了几转，2010 年在保利 5 周年秋季拍卖会上拍出，成交价 3640 万元人民币，2014 年，在香港苏富比秋季拍卖会上以 6620 万港元成交）。

在乡下开车忽然看到一只野鸡，他会慢慢倒车回去，因为“觉得奇妙”。

他在高速公路上开车，一眼瞥到两个年轻人，一个站在另一个的肩膀上正在爬电线杆。第二天他找来两个民工，请他们照昨天的样子摆一下动作让他拍张照，很快入画，就是《抓鸡》，画面右下角的两只死鸡是菜市场的常见物，同时增加了那种荒诞的、莫名其妙的感觉。

2001 年一个沙尘暴天气里，开车时瞥到（绘画带给他一个四面八方都开放的视野，所以常有惊鸿一瞥）高速路边的工地上有几个人正在抬一根细杆，后来意识到是钢筋，他的眼睛又迅速摄入，画进 2003 年的《三峡大移民》中。

……

“离开学校以后，我的眼光变了。以前，我们是眯着眼睛看现实，心里其实在看历史，因为历史很牛。从小受古典西画教育的，满脑子是古典到二战前的艺术史，画国画的天天练书法，审美全在古人的一撇一捺里，你不敢睁开眼睛看。但实际上你只要画你看到的，就一定有道理，你会发现一种新的色彩关系。”刘小东的这一变化，被评论家尹吉男命名为“近距离”，是一个艺术家开始有意识地剔除知识、历史的影响，拉近艺术与生活、与视觉的距离——画着塞尚画过的那枚苹果，内心依然离塞尚很远，那就画画农民自己种的苹果吧。

这期间，中国发生的一大事件也深刻影响了他对艺术真实的看法。一开始，和普通百姓一样，他看到的是壮观的场面、人与人之间异乎寻常的融洽和同心。突然某天，一种高处的声音强势而来，所有的阐释与认定都与经验相反，人心一下子就凉了。凉下来的心刚好可以用来想想什么算是“历史的真实”，什么样的议题更接近“真问题”；延伸到自我，什么样的“我”才是“真我”（大学阶段与喻红的恋爱证明，不用刻意迎合，做真实的自己最有力量赢得芳心）；延伸到艺术，什么样的描绘更能触到“真实世界”。大约从这时候开始，刘小东对非亲历的知识和历史产生了怀疑。在无力证伪的情形下，他选择抛弃幻想、矫饰和归纳，抛弃坐在画室里的想象和编织。他开始关心眼前和周围所看见的事物——一个杯子，里面盛着水，它是真实的。他的美学原则渐渐成形：画形象，不画符号或抽象；画里的每一个形体都有来源；画亲眼所见的事物。

这期间，他的天性又在发挥作用。“本性里觉得当时的写实绘画太矫情，觉得新潮美术太夸张，两种都不是我喜欢的。表现主义可以编出一套东西，但对我来说，这种编的能力有点坚持不下去。我喜欢的是比较直白、低调、实在又平常的东西。所谓实在就是说，别人一看作品就想到这是一个艺术家，而不是前卫、矫情或滥情。这样，我就开始找自己画起来特别舒服的、有意思的东西。”

有意思这个词，频繁出现在刘小东的语言里。

02

“你怎样构思一个画面，让它变得有意思？”我问。

“一个办法就是增加信息量。画布上，任何人和物品都是有意思的，这个意思就是它的信息量，一个人或物能代表的意思不画两个。比如，前面画一个杯子，后面画一把刀，杯子和刀构成一个关系。认真地把它们画出来，别人就会产生联想。这种联想是很有意思的。所以我后来就开始考虑背景画风景还是画静物，什么东西更能入画，不矫情，但又有内涵——风景要当肖像画，肖像要当静物画，静物决不能当风景画，静物是高境界，要淳厚。构图上尽量寻找不统一的纵深感，前景、中景、远景，尽量让它们不同撇，比如传统山川画就是顺撇的画法，但人内心真正的想法是非常复杂的，这一分钟做出一个决定，下一分钟你就想推翻它。”刘小东答。

“这种人、物、景的不顺撇怎么实现呢？通过色彩还是别的什么？能不能讲得细一点，让普通看画的人能看明白这里面的冲突？”

“我的每张画里都可以找出不顺撇的地方。这种画法的原理其实是从塞尚那儿学来的。塞尚画苹果，苹果尾部朝这个方向，苹果把朝那个方向，这些都会产生一种视觉力度，支撑出一个很结实的框架。那么我画的时候，除了这种物理的力道之外，我希望在画与观看者之间、在精神层面、在内涵上也产生一种力量。我会很谨慎地选择，布一种既自然又别扭的局，但又不像是刻意编出来的。这种合情又不合理的意味，生活里有很多，你会不停地去寻找。像印度尼西亚这张很明显画的不是一个欢乐的舞会……”刘小东开始讲画。

2014 年 1 月，他飞往雅加达，想画一个家庭舞会，那是七八年前在一个当地大藏家的 party 上所见，挥之不去：上了年纪的华人妇女被旗袍包裹着，云鬓高耸，花枝招展，仿佛刚从 20 世纪二三十年代好莱坞的影棚里出来；老男人们走来走去，喝着酒，都是七十年代的打扮。

他在一个傍晚沿着市中心的红溪慢慢走，琢磨一些流传下来的数字：19 世纪，荷兰人在此屠杀华人 50 万；20 世纪 60 年代，印度尼西亚政府虐杀百万华人；1998 年，印尼排华风潮，被砍死的华人都被扔进这条红溪，河水是红的。

现在，他要将这两件事组合起来，画成一张大画。

通过当地朋友，他请来十一位贵妇，让她们在舞蹈老师的示范下，空空搂着假想的绅士起舞。男人们呢？或许，在红河里。

他的眼睛在几种舞姿中快速选择、定格姿态，快速画下草图《红溪边上的舞蹈》。他也拍下照片，逐个描写十一位贵妇的姿态。后来，他涂掉了一个女子，改成印度尼西亚籍男佣，远远地立在门旁的暗影里，盯着前景中十位起舞的华裔夫人——她们有的靓丽，有的幽暗，每个人的神态、动作都不同。

最后加上热带的树。刘小东在笔记本上写道："神鬼故事多发生在阴潮的南国，因为稠密的热带雨林容易隐匿。树木也有记忆，借助神鬼诉说人间的幸与不幸。"

"树在哪儿？树是你的眼睛，你如果有一双树的眼睛就会这样看待人世。"

这幅4米长、2米高的画最终被命名为《记忆树》。

刘小东画过"天葬"，画过坟场（还想顺手拣个头骨回家），画过以色列和巴基斯坦边境线上的女兵，画过新疆和田的维吾尔族采玉人……他的绘画半径随他的行走逐渐大得惊人。

"你会画战争吗？"

"如果赶上，也得画。"

"在侯孝贤的电影里常有这样的镜头，这边两个人在吃饭，那边两个人在说话，同时给的镜头。生活中的确是这样，各种故事是同时发生的，各种情感是掺杂着一股脑来的。所以，在画面上展示这种事物的纠缠和情绪的层次，是你刻意为之的？"我又问。

"对。用电影说比较容易一点：你卡在哪个景别里；这里画什么，不画什么；远处画什么，近处画什么；它们之间的联系是什么……警觉的纪录片导演拿着机器在拍，你看他好像拍的是这个点，其实他的视野四面八方都是打开的，突发事件跑不掉的。一个不那么好的导演就会紧盯着你拍，别处突然冒出来的东西他看不到。一个好导演就像一匹狼似的，有半个脑子悬在别的地方，这样他才能在他的景别里传达出复杂的影像来。还有趣味、幽默——有些最简单的东西里面充满了幽默感。

《记忆树》，布面油画，200 厘米 x400 厘米 ，作于 2014 年

绘画，也是一个道理。”

我转而问起他的另一张成名作《田园牧歌》，作于1989年，是他领着喻红回金城时画的，后来被印在《美术》杂志上，陈丹青在纽约看到，当晚给他写了一封长信，信中写道：“我只是急着想告诉你，就这样画下去，已经非常好，再画会更好。你是一个真正的画家。”

巫鸿是这样读它的：“这是刘小东自己很喜欢的一张画，描绘的是艺术家本人的爱情故事，但这已经是一种辛苦的、需要不断付出代价来稳固和持续的爱情。画中阳光明媚，红墙后露出青绿的田野，但艺术家满脸焦虑地注视着远方，他身边的女友面朝同一方向，但眼光却指向更近处的地面。过来人都能体会这种爱情所含有的说不出的滋味，可能这是初恋过后更真实的感情。”

我端详印在书页上的这张画许多遍，没有明显看出男女视线的远近，于是询问。我得到的是肯定的回答：“是有一点变化，就像拍照，眼神低一点，高一点，能体会到男女关注点的不同。”

“有没有这样的情况，你没有画出来的东西被评论家说出来了？”

“会有这种情况。”

“你怎么看艺术家和评论家的关系？”

“评论家干的是归纳总结的事，他们喜欢归类。他们说我是‘新生代’‘近距离’，说得挺准的，我一想也是这样。说实话，无论怎么写，只要他们提我，我就挺高兴，因为在我看来艺术家是介于出世和入世之间的一种动物。如果完全出世，那人活不长。如果完全冲着名利，艺术活不长。但是呢，当他们想用归类框住我的时候，我就打算逃了，开始画不熟悉的东西。直到今天，我都在不停地逃离，逃离别人给我的和我自己形成的壳。我害怕结壳，不愿意画很明确的东西，不想让人一眼就认出来，那样我觉得离‘死’就不远了。”

这大概可以解释为什么1991年7月他借带学生下乡实习为由，避开了中国历史博物馆（今国家博物馆）举行的盛大群展“新生代画展”——此举当时引发圈内人的些许不愉快，许多年后被津津乐道者类比为马奈缺席印象派大展。

当时，作为一个刚刚出道两三年的年轻艺术家，刘小东已经表现出充沛的理性。现在，他 50 多岁了，肤色黝黑，鬓发两侧以上被削得很薄，眼睛里闪着猎豹和麋鹿混合才有的光。我在脑子里快速搜索，一时间没能跳出一个古今中外艺术家的大名可借来比拟。他的眼神、短句以及思维切换的速度表明，这是艺术家群体里比较稀有的品种：不那么夸张，不那么向外扩张，也没有太多表面的激情供四射；同时，情商高，极聪明，能迅速抓住问题的要害。

在他写给供职单位长辈兼领导的信中，可以读出在体制内生存恐怕很必要的一套礼数与进退，当然也有真挚情感；在为中央美术学院学生举办的讲座里，可以听到这样的经验：应与朋友、周边的人多交流，这非常重要，今天的社会，很多行业都是互相提携、互相帮助、互相影响的，而不是一个单打独斗的时代。巫鸿说，刘小东不喜欢随大流，但并不意味着他是超脱世俗、不慕名利的隐士，只是他有自己喜欢的东西和身边的一圈朋友，也有获取名利的独特方式。

十七八岁刚从中央美术学院附中毕业的时候，他也曾效仿伊夫·克莱因，往身上泼了墨在布上滚，搞所谓行为艺术。他说，那是年轻人的发泄，就跟现在小孩一高兴就裸奔似的。从校园里出来，跟社会真正发生关系：要成立工作室，就得跟更多的京郊人接触；要买车，就得跟税务部门打交道；被藏在树丛里的摄像头拍到超速，就得交罚款；买十米的纸到手只有七米五，只能在心里大骂……他发现社会跟以前想的不一样，它有时候让你愤怒，有时候让你委屈，还有些时候，它又挺可乐的，比方去看二人转，瞧见三片铁皮叶子做的鼓掌器……而公正、诚实、信任之类，仿佛永远是一束高悬的想象。

慢慢地，他开始爱看新闻，爱读报。随着年纪渐长，他的话越来越少，年轻时的愤怒感消失了——没什么好愤怒的，睁着眼睛看这个乱糟糟的世界就好了；来不及抒情，重点是睁开眼睛——用喻红的话说："洗净铅华，处事不惊。"生活，直接影响到他对艺术的看法。

一个人和他的艺术一起成熟，这件事，有意思。

03

“同代人里不少放弃了架上绘画，逐渐走向行为艺术、影像和装置艺术。”

“我们那届变得最早的可能是赵半狄。当时我们都去了美国，从美国回来以后他就变成行为艺术家了。”

“据说他原先画工很好。”

“上学的时候画得非常好。”

“对这种转向你有何看法？”

“也没什么看法。我觉得人的选择、改变跟性格有关。有的人就愿意变来变去的，有的人老老实实的，各种人都有，真是跟性格有关。”

“1993 年你在纽约参观了那么多美术馆和画廊，有什么感觉？”

“我感觉他们都挺老实的。早先看画册时感觉他们很有想象力，很有创造性，但是真到了那儿以后，你发现他们的艺术就是在那个社会体制下产生的，不是凭空造的。这也坚定了我要回来画自己的，而不是去想象另一个地区的艺术。”

他们都说卢西安·弗洛伊德（画英国女王都不肯稍加赞美）画得很像。刘小东在大都会美术馆仔仔细细地看了上百件弗洛伊德的原作，看出了同样充满力量的笔触下面源头的不同。

“弗洛伊德的画法承接哈尔斯、库尔贝、夏尔丹，在精神上受过埃贡·席勒、培根和德国表现主义的启发。他画得非常理性、专注、极端，底下是西方哲学穷根究底的精神，而且，他完全忽视传统油画的色彩规律，反而画出了白种人最本质的肉体色彩（那种粉红兮兮的肉），达到了前所未有的强度。这种强度靠他狭窄的题材和一生的堆积而成，也是现代社会造就的——分工越来越细，个人只能在狭小的空间里施展才华，追求极致。”而刘小东自己，画的是人情百态，是暧昧与无常，是好死不如赖活着和顺其自然的东方智慧，而且他没法停止游走，死活不肯放弃写生……虽然在技术上，他至今仍要面对“手生”“突然不会画了”这类偶尔也会出现的梗塞，但这个英国人的名字不再笼罩他、压迫他了。

“一方水土养一方人。西方还是契约精神强一点，中国是个人情社会，人情社会里人和人的纠缠、麻烦就要多点儿，我就打定主意要画这种纠缠和复杂。”

2010 年 7 月，刘小东回到他 17 岁以前生活的、距离锦州市 25 公里的小镇金城，同行的还有台湾导演侯孝贤、姚宏易率领的摄制组。

《金城小子》放映的时候，人们看到了当年维系全镇人生活、排名全国第四的造纸厂的遗迹。那时候，许多《毛泽东选集》《邓小平文选》还有中小学课本所用纸张都产自此地。刘小东的父亲从新中国成立前未成年就在厂里做工，一直干到退休。刘家的所有家庭成员都曾在造纸厂工作过。

造纸厂在 1990 年为中国当代艺术做过一点小贡献。那一年，刘小东想在中央美术学院画廊办个展（人生第一个个展），场租 800 元，刘小东当时月工资 100 元，于是回家找父亲。父亲找到厂长。厂长说：“咱子弟到北京上了大学，在那儿办展，咱理应掏钱。”于是支了五千元钱。刘小东拿着这笔钱订了场子，买画框、印请柬、做海报。

金城的饺子、煮饼，早上的油条、大豆腐，包括带有食品匮乏年代色彩的油梭子（油渣），都是刘小东水土的一部分。这里的亲朋故友、老少爷们，大约是巫鸿所定义的刘小东“底层经历”里的角色。无论行走到哪里，刘小东总能在大街上一眼认出他们的同类。

在故乡待到第三个月，发生了一件事情。有个脸上有刺青的男人喝醉了酒，开着一辆皮卡撞向刘小东临时搭建的画棚子。男人的老婆拉不住，边上人喊着“这是你亲戚的棚子啊”也没拦住。他反复撞了几次，直到皮卡插在被它推倒的棚子中央。未完成的一幅画《打卵儿》，先是被拉了几道长长的口子，然后被挤成一团。

警察验明酒驾，拘留此人 15 天，接着问刘小东损失多少，说五千元以上可以判刑。刘小东问：“要是两千万以上呢？”警察说：“那得判 7 年到无期吧。”刘小东说：“零损失。”

夜返现场，望着那片狼藉，望着收拾残局的亲友，他又痛又窝火，跟刺青男一样的无名火。他想到社会转型、人心不平、仇恨日增……回乡作画，完成了 8 位发小的肖像（《小豆在台球桌前闲着》《力五上夜班白天睡不着》《肋骨弯了》等），就这样提前收场了。

刘小东说，促成他与侯孝贤合作的是二人对生命、对人性相近的理解。《金城小子》最后的配乐之一是维瓦尔第作曲的《四季》之《冬》，它也曾出现在《风柜来的人》里。

早在 2000 年，刘小东已经画出了《烧野火》——五个汉子在野外生一堆火，脸上映着诡异的光影。他抓的是刹那间这些人脸上的无聊和郁愤，它们来自贫富差距，还是人世间的种种困境？他画不分明。

还有《观看》——近处三人站着，远处一人坐着，望向河面。那几张脸，多么熟悉——一面承受着各种复杂恶劣的境遇，同时还能马马虎虎地活下去。这种气质套印在许多中国人脸上。刘小东说，无论走到哪个国家，他都能一下子认出中国人的脸。没有入画的是刚从河里拖出来的一具尸体。

他画街头商贩、肉店老板、建筑工人、打麻将的民工，画布上充满人的气味。他也画澡堂子里的按摩师，画三峡新移民中一群穿着暴露又艳丽的年轻女子——任凭处在怎样危机四伏的环境里，人们仍然不肯放弃享受短暂欢娱的能力。

米勒画作中那些浓厚的道德主义，那些对记忆和良知的诉求，在他著名的《晚祷》里显得最为沉重——在那幅画中，天堂的应许为田野里的劳作者罩上一种光晕。在刘小东的画中，我也看到一种特别的光晕，指向生活中无处不在的“微微的异样”。他一笔一笔，用心用力地告诉我们，现实生活中暗涌着大量的“超现实”，它们是荒诞、错位、五味杂陈的，而他，总能看到它们。他的画，真正体现了中国人是怎样活着的。把它们连接起来，可能是我们这个时代的《清明上河图》。

所以阿城说，刘小东的画不美，他在画“丑”。

陈丹青说：“在绘画里我只做到结束‘文革’，但用写实的笔触描述当下，我做不到，因为存在自我的断层，但刘小东不是，他是新写实一派里最活跃的画家，他做了我想做却没有做到的事。他稳重，很猛地往前走。”

美术理论家邵大箴说，描写当代人面貌、思想和感情的作品，中国不是太多，而是太少太少。20 世纪 50 年代中国写实绘画的重要成就在于主题画的创作，但观念性太强，缺乏真实性和可信性。但刘小东的画，写实中有变形，三度空间受到忽视，古典写实技法中的理想主义和浪漫色彩被抛得一干二净。他画自己眼中的现实，赤裸裸地、不加修饰地端在观众的面前，不加褒贬，颇为冷漠，有几分幽默，几分调侃，更有几分无可奈何。它真实地反映了新生代的心灵世界，其价值不可低估。

另一位艺术界大佬的评价是，刘小东的作品以极大的力量呈现出一个国家的伤口和一个艺术家无言的立场。

04

“你为谁画？”

“当然为我自己。”

“为什么越画越大？”

“有时候去一个地方，场面大，我觉得小号配不上，就画大了。没有那种超级尺寸，传递不出那种力量。”

“你为什么那么喜欢大写生？”

“从美学角度讲，我反对机械地画照片。当然也要参考照片，我的很多画也是在画室里完成的。但即使画照片，我也会尽量画得有点像写生，有点现场感。画油画的人都知道，照片的色彩是没有冷暖的，而

《三峡大移民》，布面油画，200 厘米 x800 厘米，作于 2003 年

现实中人的眼睛是能看到冷暖的。还有，照片是可以截取的，它有一种趣味，往往是人为编织的，现场没有那么多趣味，就容易把这部分剔掉。在户外直接对着真实的场景画大画，因为光线、模特的状态，你不能慢慢来，要跟时间赛跑，所以里面有一种更直接的力度，去掉了许多细节，也有一种特别的活力，对我的画路来讲，是一种新的营养——每次我根据照片画完大作品，都要去补点小东西，对着真人、真的色彩去画。因为照片画多了之后，你的色彩会流于油滑，会缺少真正的深度，这是画照片很害人的地方。所以对我来说，安身立命的是写生。我知道画照片的时候，我在消耗技术，那么就要从写生里补回营养，这种重新汲取从来没有间断过。”

刘小东在 2004 年完成了大写生《战地写生：新十八罗汉像》。在他的设想中，要画 9 名大陆军人和退役者，9 名台湾军人和退役伤残者，在金门碉堡一字排开，中间搁两张空白画布，是为毛泽东、蒋介石二位留的。

从6月到8月，他在首都某炮兵连写生了9位战士，又到福建金门写生了9位现役台湾军人——每天下午2点，摩托哥带来对岸的阿兵哥。从河南的、山东的、山西的，画到台北的、高雄的、桃园的，刘小东记下的是：“都是兄弟，没什么过不去的事儿，先在画布上留下你们转眼即逝的青春。”

他也记下了对岸兵营里的《小男生八训》：

一，我没有女朋友；

二，我爱你；

三，到我家只是聊聊；

四，解开我就看看；

五，我不会放进去；

六，放进去我不会动的；

七，你不会怀孕；

八，孩子不是我的。

每幅都是 2 米高，1.5 米宽，刘小东画到手颤。

这组作品被西安商人淡勃买下，他同时资助了刘小东 2005 年 9 月赴三峡画大写生以及贾樟柯带剧组同行拍纪录片的行动（成片为《东》；贾樟柯顺手拍成“计划外产品”《三峡好人》，本片一年后得了第 63 届威尼斯电影节最佳影片金狮奖）。

3 年后，轮到老百姓看新闻：“香港苏富比 2008 年春季拍卖会上，拍卖焦点是刘小东的油画《战地写生：新十八罗汉像》。此画创作于 2004 年，画中的军人来自海峡两岸，反映的是画家对两岸和平的期盼。最终由一名亚洲收藏家以 6192 万港元投得，创全日最高价。”

刘小东第一次去三峡是 2002 年，他看到了截流后干枯的河床。2003 年，他画成大件《三峡大移民》，一年后又画了《三峡新移民》，都是在画室里完成的。北京展览前请阿城写点东西，阿城从网上下载了近十万字有关三峡的整部历史，涉及科学和政治，充满令人眼花的数据和争议，编成一部《长江辑录》。

“阿城关心什么事都是默默地、不张扬显露地，这是真正的知识分子情怀。我挺感动的，想着能不能再画一张，画得更有意思一点。在工作室里不流汗不出血地就画完了，挺过意不去的。我想配得上他知识的劳动，用身体的劳动匹配上。我挺怕自己变成那种矫情、娇气的文人，所以我总是愿意出去跑一跑，让自己变得不重要一点，不那么自以为是一点。艺术家只有跟现实生活发生某种关联，创作出来的东西才会新鲜、有力。”

我看到那年 9 月刘小东在奉节留下的一部分现场照片，也看了纪录片《东》。他和被画的对象一样，光着膀子，光着脚，天天在毒太阳底下弯着腰画，真像一个农民。

“下午画完画回来，太累了，嘴上长疱，后背起包。烈日下扑在地上真是在烧自个儿……天、山可以碎笔，长江只要一笔，滚滚长江泻千里，喷泻出去。”这是他 9 月 13 日的笔记中的句子。在他编号从 1 至 44 的笔记本里，常有“画得我大汗淋漓”“画不动了”“画到趴在桌上就睡着了”的记载。

巫鸿说，这幅五联大画《温床》之一（高 2.6 米，长 10 米）代表了刘小东绘画中一个新方法的成熟，它没有照片和画稿作为中介，也没有从现场到画室的转移，它把作品和现实的距离压缩到了最低程度，几乎是贴在了一起。最左下方的三分之一几乎是空白，因为画到此时一些颜料已经用完，艺术家在与时间赛跑中被迫停止——它留下的“过程”永远属于艺术家本人，尽管“作品”注定要流转到别处。

同行的贾樟柯说：“我也算一个美术发烧友，一直想发现小东绘画世界里的‘秘密’。现在回过头来看他的画，会发现他有一个延续不变的闪光点，就是画里的每一个人都有只属于自己的生命之美。我觉得‘写实’‘现实主义’这些词汇都不能概括他作品的意义。他有最直接的对对象本身、对生命的爱在里面，非常自然，非常原始，这在今天这样一个被包装得失去本色的社会里是非常难得的。”

从那一年开始，刘小东无法抵抗行走绘画的诱惑，他的行走从四川、宁夏、青海、新疆、辽宁一直到日本、泰国、古巴、罗马、巴勒斯坦、以色列和印度尼西亚。他关注的题目从家族和性别、都市化和国际化进程中人的陷落、贫困和财富，到宗教和文化认同、灾难和战争留下的创伤、人与自然的关系等，相当开阔。不同的是，他没有以一种夸张、颓废或嘲笑的姿态来表现，而是生成了一种强烈、饱满、刚健的新语言——这在“伤痕”过去了、“85 新潮”精神强烈但没能创立鲜明的艺术语言、“乡土现实主义”衰落了、“政治波普”和“玩世现实主义”日渐疲劳的 21 世纪中国当代艺术界，格外有意思。

毫无疑问，在理性和冷静之下，刘小东有着敏感、细腻、深情的属于艺术家的气质，他待这个世界以细微，以诚挚。

有一天清早，因为倒时差，天刚蒙蒙亮他就在工作室附近的酒仙桥农贸市场转悠，看见两个细高个丫头结伴上学，跟他女儿一般大，背着大书包，腰有些弓。他想请她们吃油条，又怕人家觉得他有病。他自己点了三根油条，一份豆浆，一份豆腐脑，一份炒肝，吃得香。炒肝里

《三峡新移民》，布面油画，300 厘米 x 1000 厘米，作于 2004 年

有头发，没事，继续吃。

在老家，因为他作画的缘故，发小们上了某艺术杂志，都“乐屁了”，有的没看清就喝乐酒去了。刘小东写道：“没想到兄弟们这样喜欢被印刷，等把他们印在刘德华前面时不得出事儿？媒体呀，多印点土哥们儿，他们会乐一辈子的。”

2010 年玉树地震第二天，他跑到中国银行寄了 5 万元给玉树民政局，希望补充点帐篷和药品。他想马上赶去，又怕给人添麻烦。

他常常画到生背后的死。有一次过生日喝酒干杯过猛，他忽然昏过去，眼前无比光亮，有橘、黄、蓝、绿，整齐排列，纵深飞去，扎得他睁不开眼。脸上只有眼睛是软的，几乎要扭出来。牛仔裤被汗湿透。

他躺在王小帅怀里吐，心知肚明，怕极了，喊：“别让我死得太难看，对不起孩子、老婆……”

他说男人想家，其实就是想后退一步的意思。

回到自己成长过的老屋，获新主人允许在那里画画。他从炕画到炕上的幔子，画到小窗，到边上小小的温度计，到电闸，到垂下的开关……他下笔很慢，心绪悠长，生怕惊扰阳光照着的那束尘埃。

……

能理解吧，为什么这个人的画布上充满了人性。

采访于北京

写于 2014 年 12 月

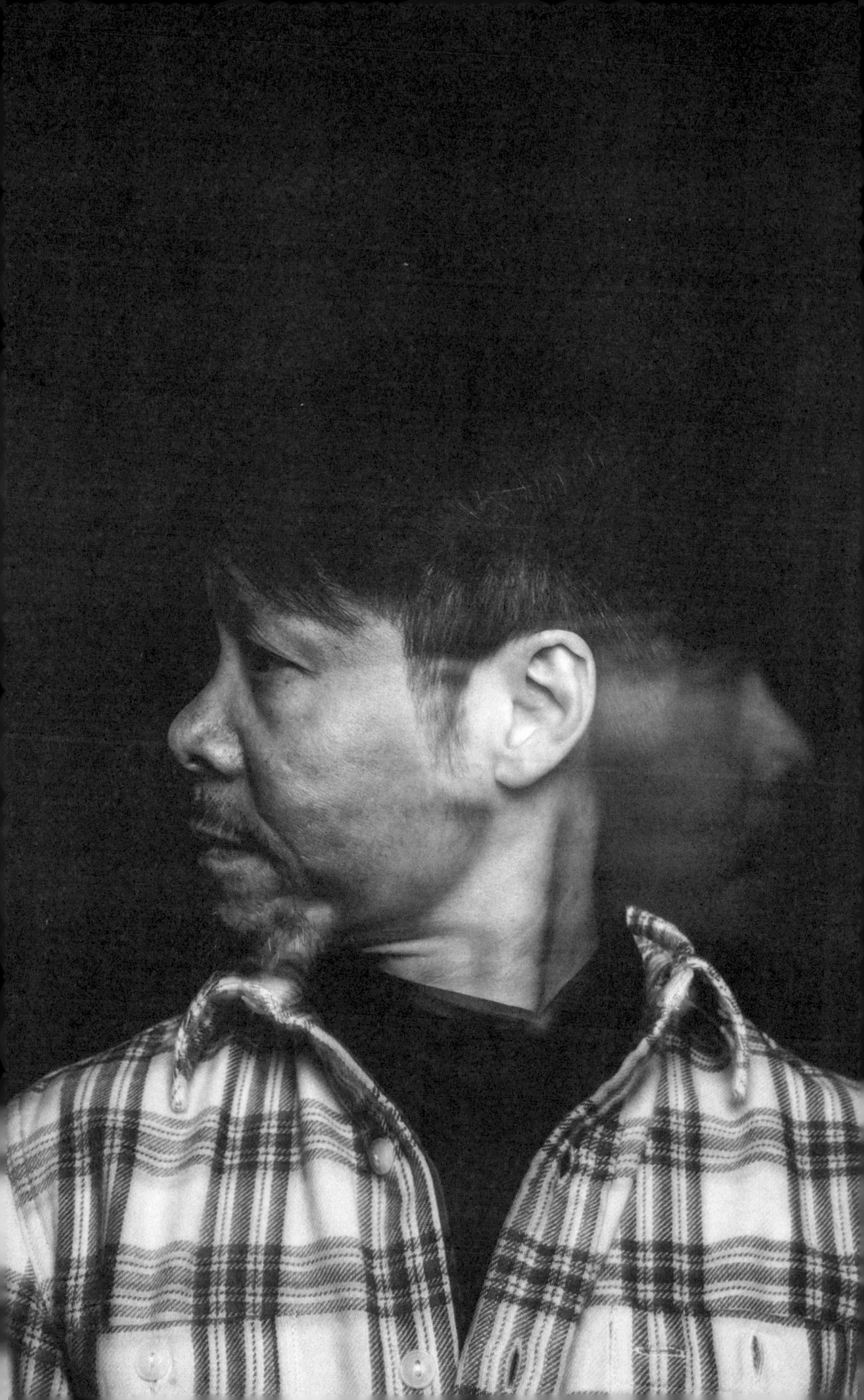

毛焰 / 如果我要离开，只能去门口站一会儿

毛焰（1968— ）毕业于中央美术学院油画系，毛焰一直以他的观念性肖像绘画受到世人瞩目。作品中极端的技巧主义倾向来源于作者敏锐的感受力，这种天赋是画家传神写照的根本。

贾睿／拍摄

每一幅用心去创作的画都是画家本人的肖像，而非模特的。

——奥斯卡·王尔德

银色的大号旅行箱平摊在地上，像一只完全张开的蚌。行李托运条还在。

毛焰的个展于2015年3月5日至4月4日在纽约佩斯画廊展出，14幅最新画作展完售罄。

“毛焰是这个自拍时代里难得的肖像画家，他在为他人画像的同时始终保持着对自我的反省。”《赫芬顿邮报》的评论这样写道。

刚从纽约回到南京的毛焰被我们从睡梦中拽起来。“我昨天想着要去剪剪头发，修修胡子，这两天脸上还长包……”他看着摄影师说。

“美术编辑能做掉的，放心。”我说。

“前年有一个杂志的人来，像拍大片一样，很多角度，很多场景，我脸上也很正常，感觉特别好。结果登出来，我的天哪，他们把我

脸上的纹全都做掉了，那张脸一点褶子都没有，就像假的一样，太过分了！”

毛焰身上有一股气，渐渐弥散在这近500平方米、乱中有序的工作室里。早年，他往那儿一站，借韩东文学的、略带狎昵的描写来描述就是：“牛气哄哄的，嗓门又破又大。由于喝酒熬夜，脸上常有一些疙瘩，鼓出几个脓包什么的。他在脓包上涂上黄色的药膏，就像部落文身一般。但他毕竟生着一张娃娃脸，不是中国式扁平的，是西洋式的，翘鼻子、深眼窝，脸的正面比较狭窄。牛气和孩子气浑然一体，霸道与恭谦相得益彰。”

问：你在中央美术学院的时候有没有练过书法？

毛焰：我恰恰是在进校那一年停止了练习书法。在那之前，从小就开始练。进中央美术学院就真是"全盘西化"了，很多年里看的书、吸收的东西全是西方的。大概十年前吧，断断续续地捡了起来。

问：机缘是？

毛焰：我想一想……很多小的感觉……印象最深的是黄宾虹的一本画册，看他的字，都是金文、篆书什么的，特别有感觉，一下把我练字的欲望给勾起来了。

问：但你画上不题字的。

毛焰：对。实际上我写了一段时间才意识到，通过练毛笔字，把很多东西打开了，比方说传统诗词，乃至整个中国传统文化。然后开始有意识地看一些书，诗词、历史、儒释道这一类的内容都给带起来了，东读读，西读读，就有那种感觉了。

问：什么感觉？

毛焰：缓慢、自然、不刻意的感觉。不管你做什么行当，真要有心，到了一定时候就会有一种宿命感，自然而然会跟身后的文化产生一种关联。不必提醒，就几个小小的机缘，让你想去接近、感受、重新认识那个东西。

问：我看你早期的作品，苏派痕迹已经不是很重了。

毛焰：对，从小整个环境都受苏联绘画影响。但到大学就开始从苏派走出来，我当时喜欢古典主义，一直在往前面追，《渔女》实际上是在学波提切利，中世纪文艺复兴时期的风格。但是很快，到了三年级，又开始觉得不满足了，当时画画的状态就两个字：痛苦。感觉要学的东西特别多，因为多，所以没有方向感，不知道要往哪里去。我东学学，西学学，喜欢的都过了一遍，几乎所有的大师都影响过我，但是越学越痛苦，完了就很纠结，成天琢磨，找同学聊天，偶尔跟老师去看看画，但是都不能解决。没有一个现成的、明确的答案告诉你该怎么走，你一定得自己到那个份上。三年级时，我突然画了那么一两张习作，那个极其敏感、极其神经质的东西出来了，不知不觉地，我自己的东西冒出来了，后来就变成我作品的一个特点。

问：那是不是马上就被肯定了呢？你自己和周围的人都认了？

毛焰：是很肯定，很认！记得当时同学、老师看我作品都是这样的（抱双臂做欣赏状）。最开始我自己没有概念，无意识，因为是不知不觉出来的，这种认可帮我抓住了它们。从那个时候开始，画里面就有主观意愿了，我会主动去塑造形象，去表现那个人的眼神。

问：把自己放进去了。

毛焰：对。紧接着那个状态就一发不可收拾，突然像开了天幕一样，从此作品就很稳定了，并且不断地推进。大学后两年的作品，尤其是最后半年的习作，包括毕业创作，明显看到那个东西上来了，感觉越来越充分，情绪越来越丰沛，表现的愿望越来越强烈。现在回头想想，很多时候人只有处在一种相对痛苦、无奈甚至绝望的情形下，内心里的东西才可能迸发出来，那个东西就是你渴望的。我一下子就明白了很多艺术、绘画、自我表达方面的道理，我就很自信了。

问：《小山的肖像》里，左下角那个布娃娃是什么意思？

毛焰：哎，那就是我把自己放进去了。那个布娃娃是我当时的女朋友送我的生日礼物，上面写着"毛毛猩猩（我属猴嘛），生日快乐"，这些字我也画上去了。最开始放进去的，是跟我有关的一些具象的物，慢慢才有精神性的东西。

画家薛继业说起过 1992 年的广州双年展，他说："就毛焰画李小山的那张还行。"我追问好在哪里。"就是画得好。画家有很多种，只有一小部分真会画画，其他那些只能叫用油画颜料制作图形，那是'搞艺术'；配得上艺术家这名头的人满大街都是，配得上画家这名头的人真不多。"我又问："那次双年展上别的作品还有印象吗？"他说"印象倒是有，但不好，大多是些装腔作势的东西。"

20 世纪 90 年代初，绘画的潮流是颜色鲜明、尺幅巨大、建立标志性，但毛焰选择的是色彩柔和、与世无争的小画架绘画。这跟他在纽约大都会美术馆和华盛顿国家美术馆看到的维米尔的作品有关：小尺幅，散发出一种由内而外的恬静。他意识到，艺术的重点不是外在的虚张声势，而是一种内在的气质。

画家何多苓很愿意谈毛焰，他说："我是在第一届批评家提名展上认识他的，在北京，沈小彤介绍的。对面正好挂着他的两件作品，一件是拿伞的女裸体，还有一件是《尖角黑玫瑰》，我一看，很震撼。我本来对当代油画的普遍状态提不起兴致，看到毛焰的画以后开始兴奋。我们几乎有共同的美学标准、欣赏标准，都对技艺着迷，都追求最精微的肌理——他比我走得更远。他也不凑热闹，不在北京、上海混主流圈子，处于半隐居状态，所以在精神上，我们一见如故。

"他早期的作品像《小山的肖像》，评论家看到的是'当代人的精神肖像'，我看到的是，他是怎样表现出这一切的。高密度的、有序的光斑——著名的毛氏符号，早期为点状，近期为泡状——分布在各个节点上；锋利的外轮廓围绕着挥洒自如的衣纹，这就意味着反复的流畅运笔，中锋、侧锋、点、搓，在力透纸背之下，大把画笔磨成秃头。最后，关键时刻来了：以背景的颜色小心压出精心选择、锐不可当的轮廓线。比如《记忆或舞蹈的黑玫瑰》那批作品，他其实是用极其复杂的技巧达到了极其单纯的效果：剪影式的二维人生，桎梏在轮廓限定中的激烈冲突。他在20世纪90年代初就达到了肖像画的高峰。"

毛焰早期"朋友"系列里的形象都瘦，有的长发、衣裤紧身，是20世纪80年代那些模仿波希米亚或朋克范儿的青年的样子。1989年之后，他们的眼神愈发迷离——毛焰用画笔表现出了北岛的诗句："我不相信。"

"大概1996年，我去他南京的工作室玩，他正在画《李璋的肖像》，那时他留长发。毛焰很少画女性，那张画上，冷灰色的脸和玫瑰色的背景互相辉映，青春的挥霍令人叹为观止。就这一幅画，足以让以女性为题材的画家——包括我在内——私下庆幸：幸亏毛焰不再画女性了。就像后来也有人庆幸：幸亏毛焰自己加了限速器。他好比一辆超级跑车，苦恼限速器该定在哪一挡上，有资格这样苦恼的人实在是不多的。"何多苓说。

问：回想从学画开始，先是在湖南，然后一路到中央美术学院，跟一个在西方学画的孩子相比，有什么不同？

毛焰：很显然，我们这一代，包括上一代，就是何多苓老师这一代人，学了那么多的东西，经历了那么多思潮的变化。我们是在短短二三十年里，把西方几百年的艺术史，以那样的密度、速度、强度，如饥似渴地吞咽下去，当然很多都是囫囵吞枣。一个欧洲艺术家年轻时会有这样的经历吗？没有的。我们学的东西太多了。这样的艺术经历，客观地讲真是很丰富，这也导致中国当代艺术家在表达及很多其他方面完全有别于西方同行。它可能造就极为特殊的风格，融合也好，转化也好，都很特殊。当然也有很多人在这种海量信息、频繁变化中丢失了自己，这个来了学这个，那个来了学那个，我们都是这么过来的，最后很多人玩晕掉了。

问：你们这些没晕的，成熟期的作品是不是要比西方同龄人的厚重些？

毛焰：不能这样说。文化背景不一样，画出来的画具有不同的特质，或者说我们的作品被深深地打上了一个时代的烙印。我们学习西方绘画，包括整个当代艺术，标准始终在西方。在某些层面上，我们离那个标准其实还很远。几代中国艺术家尝试过接近甚至超越那个标准，但这不是一厢情愿就能实现的。文化是自然生成的，不会因为某一个或一小群人的出类拔萃就能改变整体面貌，有时候这是一种妄念。

问：有种说法是，油画基本上已经“满”了，能做的西方人都做了。

毛焰：是有很多人这样认为，但我完全不以为然。我恰恰认为不光是油画，整个绘画领域的可能性都非常多。我身在其中，我知道。首先，画画一定要地道，要遵从绘画的最高标准，就是古典主义大师所代表的整个艺术的高度。你得规规矩矩，不要有觊觎之心。人家画了几百年，凭什么你努把力、拼把命就超过人家了？这不是笑话吗？在最高标准之下，按照你自己的理解，把事情做到尽可能的“好”，也不要因为达不到就轻言绘画终结了——我不会聊大的方面，只是从个人经历和感受来谈，我不会对“绘画的未来”忧心忡忡。

问：在你手里，从方法到材料，油画还有哪些可能性？

毛焰：方法、材料、具体的枝枝节节，这些可能都是极其表面也都不是最重要的东西。绘画的可能性最终还是人的可能性，我能感觉到这种可能性，而且很丰富，很盛大。

问：你前面有一点光，也可能光源是多个的，你怎么来描述你心里的光亮？

毛焰：绘画是什么？对我而言就是一种信念，一种态度。要想乱来，要想牛气哄哄的，趁早别干。比如利用，从观念出发，运用某种媒材来实现一件作品，这种想法常见，但我不是这样想的。我不会去利用、主宰、驾驭绘画，我一定是尊重它，把自己放进去。在这个过程中，绘画本身会带给我很多启示，我只要遵从它们，然后去做。要学会顺从，不是你引领绘画，应该反过来。啥都不懂，一开始就张牙舞爪，你这是跟谁怄气呢？

问：忽然想起韩东说，拿起画笔的毛焰有一种崇高感，令人肃然起敬。原来有神指引。

毛焰：艺术，包括绘画、音乐、文学，有那么长的历史，最后呈现出完美的状态，它有那么丰富的一个内核，那么高的一个标准，怎么可以不谦恭？想想我们小时候，在非常艰苦的环境里刚开始学画画的时候是什么态度？非常虔诚吧，为什么现在就觉得自己很牛了，可以吊儿郎当嘻嘻哈哈去玩弄、去利用这件事情呢？画画最基本的、必需的态度被忘掉了，初衷被忘掉了。

问：这种敬畏和虔诚，为什么你还能保有它？

毛焰：我相信最开始学画画的时候几乎每个人都很虔诚。从接触绘画那一刻起，它给我们整个人生带来了巨大的希望，给我们带来了作为个体存在的价值感。我小时候是那种永远做不了老大、动不动就被人欺负的孩子，但是学画画以后，因为有这个专长，当地很多人开始尊重我，所谓的老大对我特好，甚至很服我，认为我有文艺气质，能写写画画。就因为这点所谓才能，我的世界开始慢慢改变。

我也不知道为什么它还在我身上，我也没刻意保有。反正就是这样过来的，就是这样对待画画的。就是现在，我也时时刻刻提醒、反问自己："对你来讲绘画的意义到底何在？"

问：何在？

毛焰：也许这意义并不存在，也许只有当我很老的时候才能明白。

问：跟你父亲有没有关系？

毛焰：有关系，跟成长环境也有关系。当时很艰苦，越艰苦，学习的愿望越真切，越虔敬。所以不是绘画的问题，是人的问题、人的变化，绘画这件事情从来没有变过。

我父亲是一个典型的业余美术爱好者，一辈子在厂矿，是一个正直、有理想、不苟言笑的人。尽管处于厂矿的环境中，但他始终保持一种非常好的气质，当地人就很尊重他，他带很多学生，但他从不跟人开玩笑。他眼界也高，告诉我这个不要看，那个很差……所以我小时候隐约知道很多事情是有标准、有高下之分的。

我最幸运的，首先就是有这样一个父亲，从小给我灌输这种艺术的理想，提醒我要坚持什么，远离什么。顺着他指的这条路走下来，我的人生确实因此而改变。他还在湘潭，今年（2015 年）11 月，我要回去给他做八十大寿。

问：绘画在中国真是挺特别的，许多人因为它而改变命运，是因为它跟政治相关联，担负着宣传的功能，罗中立、高小华老师他们，几乎都画过黑板报。

毛焰：我们这一代跟上一代也是有紧密关联的，小时候赶上了一个艰苦的尾巴，也真是看着他们的画长大的，像何多苓的画，我从小很崇拜的。我们这一代相对还比较顺利，顺利考上美院，很快显示出所谓的才能，但那也是老皇历了，毕业都二十多年了，简单地说，我的青春不在了，我已经很老了，所以我得清醒地面对自己，认识自己，最好不要做为老不尊的事情。

问：你跟陈逸飞见过面吗？听说大一时你跟同学直奔军事博物馆去看他的《占领总统府》。

毛焰：那是当时的一张大作，对我们影响很大。他收藏过我的作品，到我家来过，那是很多年以前的事了。

问：下一代跟你们这一代之间呢？

毛焰：关联相对少了。下面几代就喝上"牛奶"了。我们小时候没有"牛奶"，"奶粉"是有一点的。说句实在话，没有必要依照上一代的标准，每一代人都有自我塑造的能力，做好自己就行了。当然不同代也有同道中人，还有隔代亲的呢。（毛焰走到书架前，拣出一本包了牛皮纸的《德拉克洛瓦日记》，是父亲在他考上大学之前买的，他当年的"奶粉"之一。前面的十几页已经散失，书后附有一些印刷低劣的画作，更像是一团团的油墨。随手翻开，看到画线的句子：作品的技巧掩盖了它的感染力；画家所独具的感受支配了一切，也支配了观众的注意力……）我那时候十几岁吧，看到德拉克洛瓦这幅黑白的自画像，激动得要死。书拿在手上，真是像看《圣经》一样。其实也看不懂什么，但就觉得全部的希望都在里面。后来掉了十几页，我自己包了一下，带到北京上学，一直留到现在。

问：它给你的养分是什么？

毛焰：就是绘画的最高标准，崇高的……

问：好玄，能不能讲具体一点？

毛焰：德拉克洛瓦的《希奥岛的屠杀》是我每次去巴黎罗浮宫必须要看的第一张画，是他 24 岁到 26 岁画的。进去看了那张画，我就满足了，别的就可以不看了。罗浮宫里到处是《蒙娜丽莎》的指示牌，但我总是抄近道直接进到法国主题馆，它对面挂的是席里柯的《梅杜萨之筏》，他的老师画的。这张画是什么概念呢？就是宏伟、灿烂、真正的才华横溢。他 21 岁时画的《但丁之舟》也是不得了，他 20 多岁时的作品就已经达到了绘画的最高峰。我觉得不可思议，赞叹不已，觉得自己微不足道。

年轻时大家都是心高气傲、牛气哄哄的，只有面对这些大师时，才知道那个高度在哪里。回想起来，第一次看的时候，我在那幅画面前待了一个多小时，反反复复、前前后后地看，最后我都不知道自己到底看了些什么。你说的看用笔、看色彩，那都属于欣赏，欣赏就有些亵渎它了。整个过程中我不断抑制内心的激动，完全折服、完全被它统治了，最后获得了很抽象很虚无的一种满足感。然后在另外一个厅里看他很多小幅的作品，看了半天。我的天哪，每一张都耐人寻味。这次在纽约淘了一堆老版本的画册，德拉克洛瓦的有两本，买得最多的还是戈雅的。

我记得很小的时候，大概冬天系了一条破围巾，一个老师就说，有气质。我一听，像被电击了一样，其实当时也不明白气质到底是什么，但就感觉被一种很玄乎的东西认可了，整个人升华了，就像《红灯记》里唱的："做人要做这样的人。"然后就开始气宇轩昂，昂着头走路，藐视一些东西，也就是东施效颦啦。

问：大师的原作有没有让你失望的?

毛焰：前年跟韩东去罗浮宫看画，我说至少有一半的作品可以拿掉，应该抽出最好的。但没办法，它是全世界最大的美术馆，有那么多游客和观众慕名而来。现在到欧洲或美国看展之前，包括有些大师的展览，我都会有些紧张，生怕看到某些作品会失望。事实上这种情况每次都会发生，从小那么熟悉的大师和作品，那些曾经影响我的，现在亲眼看见，有些东西在减弱。

问：眼界高了。一样的，我们重读以前读过的某些小说时也会这样。

毛焰：对，文学阅读里也很常见，就是当年那些被视为非常厉害的东西，对你不再有功效了。在绘画史上，只有少数几个大师，他们的每一件作品都值得看，而且长效。比如说戈雅。另外一些大师，看他最好的，

《苏格兰的 Andy》(未完成)，150 厘米 × 100 厘米，作于 2013 年

那是真好，但他也有不那么好的作品，那就忽略。

问：比如？

毛焰：比如那天我跟韩东去奥赛博物馆看展，其中有莫奈的《鲁昂大教堂》，那就是他最好的作品。你能感觉到他在跟自己较劲了，动用了全部的敏感，而且表达是极其高密度的。那么我转过身，看到他另外的一些风景画，就单薄很多，我就说这些可以不看了。这样的画家很多。还有一类，一辈子只画了一两张、两三张好画，其他的就那么回事了。

问：凡·高属于哪一种？

毛焰：凡·高是一个特例。说句实在话，我并不认为凡·高的画有多好。他一共只画了十年画，但这十年间他画了那么多。临终前两个月，他画了八十多幅画，每幅画的密度都很大。那种绘画的密度、强度、速度都是罕见的，因为他太孤独，表达的欲望太强烈，发了疯一样地在画，所以独一无二。从这个角度讲，我看他的每幅作品时都会感动，会想到他当时的状态、内心的孤独，以及那种想对人诉说的强烈欲望，会想到他书信集里的七七八八。这样的艺术家像一团火，一下就把自己烧完，最后绷不住了。

现代主义时期，我眼里最完美的两个大师是塞尚和蒙克，凡·高、高更都不是我的最爱。2010 年在伦敦正好赶上高更的一个特大型回顾展，我遛了一圈就出来了，但 2013 年专门去奥斯陆看蒙克 150 周年大展，真的是流连忘返，连着看了两天。首先通读一遍，紧接着回过头来绕，挑从小到大印象最深的、最喜欢的几十张反反复复地看，完了再回过头来……那种感觉你是想象不出来的。

问：法国的德拉克洛瓦、西班牙的戈雅、德国的丢勒、荷兰的维米尔，据说这四位大神是你一生的挚爱。讲讲后三位吧。

毛焰：这四位是前期一直影响我的大师，后来还得加上两位，一个是提香，一个是委拉斯凯兹。

提香是一代宗师，是威尼斯画派的领袖，前面这几位无一例外都去威尼斯看过提香的作品。隔了很多年我再读《德拉克洛瓦日记》，他谈提香那一段就跳出来了。之前德拉克洛瓦觉得提香也没什么特别的，但 40 岁以后再看他的作品感觉就不一样了。我差不多也是在这个年龄重看提香的，也体会到很多新的东西。我尤其喜欢提香晚年的作品。他早期的作品就已经很完美、很经典了，那个画面结构，金黄色的调子，均匀、饱满；到了晚期就风格变成了混沌、苍茫、浑厚，颜色很重很沉，发黑，用笔也很钝，这对后世艺术家的启示和影响非常大。

在所有大师里面，提香活得比较长，艺术生涯也非常丰富，很多大博物馆都有他的作品。我去威尼斯看过他的作品，罗浮宫也有很多，然后是马德里……2012 年为了完成心愿，我专门去马德里普拉多美术馆看戈雅的作品。那次超级满足，三天里我进去了两趟，因为委拉斯凯兹、格列柯这两位大师的绝大部分作品、最牛的作品也都在普拉多美术馆，我就反反复复地看，看完跟托马斯（毛焰的朋友兼模特）出去吃了顿大餐。

问：戈雅的画好在哪里？

毛焰：戈雅可能是整个艺术史上对荒诞世界洞悉和理解最深的一个人，所以他的作品里充满了荒诞、诡异、超验的氛围。后来的弗朗西斯·培根就非常狠，那戈雅就是祖师爷。

问：丢勒和维米尔呢？

毛焰：我觉得这四位大师每一位都代表一种极致和顶点。戈雅是诡异和匪夷所思，丢勒就是高度的理性、严谨、端正。普拉多美术馆有三幅丢勒的作品，包括他 26 岁时画的那张自画像，真是完美至极。我从中看到的是艺术家内在无比强大的自尊心，那种自律和克制。

他真是个天才，十几岁时画的素描，现在看都吓死人。他很早就知道自己的作品是要传世的，所以对每张画的要求都极高，选用的画板都是当时最好的榆木板，所以他不乱来，一丝不苟、精益求精。

维米尔是我喜欢的这几位大师里活得最短的，而且活得很卑微。他是一个小地方的艺术家，天主教徒，生了十几个孩子，生活拮据，每年要还债，但他每年只画一两幅作品。他 42 岁就去世了，留下的作品是四个人中最少的。我第一次看维米尔的作品，就从中看到了平静和完美，而当时的欧洲一片战乱。

40 岁之前当然还有很多大师影响过我，但这四位真是我的超级热爱，现在我还会时不时地翻翻他们的作品。

一旁，戈雅的画册堆成一个超市小堆头的样子。2012 年，毛焰画了一张 90 厘米 × 130 厘米的小画《献给戈雅的鱼头》。

问：40 岁以后为什么喜欢上委拉斯凯兹？

毛焰：其实一直喜欢。明暗的处理、用笔的精准、色彩，他都表现得很完美。因为油画发展到他的时代，所有的格式都已经完美了。但年轻时觉得他太中规中矩了，那时候不太想要完美，想要有点过分的东西。委拉斯凯兹就是一位经典和标准化的大师，风格变化不大，画任何东西都不过，恰到好处。我后来看他的很多作品，就觉得这是个很温和、很忠厚的人。

问：随着年龄的增长，对“好”的理解和标准变了。

毛焰：肯定是会变的。人在时间中改变，所以在什么样的年龄做什么样的事。比方说年轻时喜欢的一些作品，现在看仍有感觉，但已经没那么强烈了，还是那些最朴实、最朴素、最有情怀的东西才能真正进入内心。

像德拉克洛瓦——浪漫主义的代表，他的作品里没有一笔是死的，这种活意味着什么？那么坦率、朴素，那么富有激情，表达又那么高贵，最后体会到的是背后的一种气质。

像丢勒，他是一个高度自律的有宗教情结的人，他的语言方式本身就是形而上的、极具精神性的，所以他的作品里就不会有那种表达上的快感，只有深入、微妙、高度的自尊。前段时间我跟学生聊天，问他们什么是最好的作品，他们各有理解。我最后讲，不管是什么风格，什么语言，最好的作品就是看了让人心生敬意的作品；看画，你真正看进去了，获得的是关于人的启示。

问：最后回到人了。

毛焰：对。早先都迷恋过大师的语言方式、技巧，包括用笔、用色这些表面的东西，但这些东西不足以让人内心真正地触动、震动、激动。随着年龄的增长，再去看大师的作品，像刚才说的德拉克洛瓦的《希奥岛的屠杀》，感觉就是你没有办法盯着一个局部，看他怎么用笔，或者颜色用了多厚，你已经无暇顾及了，你整个人就是无比地激动，你一心想进到作品最里面，去找它到底给了你什么。很长时间里我也反复回想它到底给了我什么。

问：说得我都激动起来了。读画的方式跟别人不一样，追求的东西跟别人不一样，导致你画出来的画也跟别人不一样——那么强烈的精神性。

毛焰：对，绘画里有很多标准，每种标准都有受用者、实践者。我选取的是在我看来最高的理想和标准，而且可能真是八辈子都达不到的，更别说超越了。我不认为我是依靠所谓的天分在作画，完全不是。在画的过程中，有很多时候我会用大师的标准来判断这一块到底该怎么处理，该朝哪个方向走，冥冥之中，它会指引我——如果我保持高度敏感的话，时时刻刻都能得到指引，那是一种自觉的、神奇的感触。所以绘画对我个人来讲还有希望，还有意义，因为画的过程真的是充满了乐趣。

问：是不是因为迷恋和享受这个过程，所以你觉得每张画都还没画完就得签上名送出去了？

毛焰：每当一幅作品接近完成或者说不得不完成的时候，我都会患得患失，觉得这个过程被终结了。在画的过程当中感受、捕捉、周旋的那些东西对我来讲才是最重要的。所以这次在纽约个展上，有媒体问我站在展厅里的感觉是什么，我说没什么感觉，我现在只是一个观众，我看自己的作品也觉得挺棒的，但这个作品完成了。我想的就是赶紧回来继续画，进到一个新的过程中去。

问：你说过，20 世纪 90 年代中期的“朋友”系列里，只有《青年时代的面孔》是属于你自己的，这是什么意思？

毛焰：那批作品都没留住，《青年时代的面孔》是我当时唯一保留的。那张画恰恰被陈逸飞看中，他是前辈，又非常儒雅温和，让人没办法拒绝，结果被他收藏了。

毛焰要求中场休息，跟摄影师聊起牛仔裤。忽然跑去翻那只打开的旅行箱，抖出 8 条 LEVI'S 501XX，此次纽约斩获。他说一直穿这个牌子的牛仔裤，XX 代表最老的版本，有 1933 年、1944 年、1947 年的款型。还有毛衣、衬衣，是 Ralph Lauren 的一个副线品牌 Double R。我问他为什么喜欢它们。他说，朴素，老派，没有过度设计，保持从前的标准，高纯度的棉质，越穿到老旧，越舒服。

箱子背后的墙上，毛焰的朋友兼模特托马斯·路德维得先生，坐在一个 2 米宽、3.3 米高的灰蒙蒙的画框里，以一种奇异的姿势望着我们。

托马斯是卢森堡人，毕业于牛津大学，1998 年正在南京学汉语，毛焰在一个饭局上认识了他。经历了喝酒、踢球、旅行种种环节之后，毛焰在托马斯身上发现了一些跟西方古典绘画传统一脉相承的素质：安静、朴素、内秀、文明……心里喜欢，于是交友，开始画他。这个自然而然发生的动作，慢慢有了眉目和方向，最后成为评论家们归纳的“一次转向”——世上大多数事物都是这样被“确定”的。

舒可文认为，画布上托马斯似有若无的形状与表情，使毛焰回避了当代艺术中常见的中国概念和中国符号。毛焰那种从 20 世纪 90 年代初就逐渐形成的对过度表达、滥情的警觉，在“托马斯”系列里得到加强：尽可能自然、尽可能少的画外音。这一形象使毛焰获得了一个不断深化绘画的路径，这条路，毛焰一走就是十多年。

何多苓看出，这一阶段毛焰在画法上呈现的缩减、集中、穿透、退让是一种更高的技巧，只不过隐藏在并不炫目的表皮下，而制造这种表皮需要非凡的技艺。画家沈小彤也说：“毛焰的画好像不是人画的。”薛继业说：“毛焰大概是那种深陷在自己挖的‘泥潭’里的画家，很多人做不到，或者做到了但天分不够；他借肖像把自己的绘画面貌固定在一种晦涩黯淡的情绪里，这种品味像是每天把玩一只手捻葫芦，日久天长自然玲珑；他的画情绪分寸非常好，漂亮的痕迹可以用雅致这词来形容；批评家那些话都是扯淡，他的画好看的地方我知道，他自己也知道，你们这些搞文字的人真看不出来。”

评论家李小山在他的办公室里言简意赅地告诉我：“毛焰画的不是肖像画，也不是现实主义的。对他而言，对象是张三或李四都不重要，他画的对象其实是他自己，他是在借画笔、画布、调色油发布他对世界的看法。他的画已经哲学化、抽象化了，能进入他的绘画与之对话的必属小众，大众不太可能理解的。”

“莫测高深，非毛焰莫属。”何多苓说。

问：“托马斯”系列这个灰调路子你是怎么走出来的？他们说这是文人画。是不是到了南艺以后结交了一批国画朋友？

毛焰：没有。南京这地方是有斯文之气，所谓的国画也盛，但没有滋养到我。灰色调跟我的童年记忆、一路走来的心境有关系。我小时候生活的厂矿，这边一个工厂，那边一个工厂，烟囱成天在冒烟。我的衣服都灰了吧唧的，不是解放军绿就是工装蓝。我的童年一直都不太快乐，读书没什么乐趣，总之那个世界特别小，也没什么色彩和温度。现在看到有人怀念从前，觉得从前五光十色、阳光灿烂，我觉得挺奇怪的。灰色，是我的人生态度。灰是什么？是一种低的温度，就像我们描写一个人不亢不卑，它既不高也不低，保持一种最基本的温度。

问：你眼下的纠结是什么？

毛焰：在绘画过程中，不可能没有障碍，而且我认为障碍越多、纠结越多越好。如果心安理得，心无旁骛，一切了然于胸，对我来讲就没意思了。不想画的情绪几乎每天都有。我现在每天一进画室头都大，都得调整自己，让心静下来。我不在状态的时候是很糟糕的，没办法深入地表达、描绘，几乎每天都有个调适的过程。因为在画以外，有无数跟它相关的事情在困扰我，每天都有。在一天的某个时段，那感觉是很窒息的，但我得扛着，我还不能离开这个地方。所以现在不管怎么样我都不离开画室，我在这儿耗着，状态就像热锅上的蚂蚁，东逛逛西逛逛，摸摸这个搞搞那个，孤独，无聊，跟自己较劲，等心定下来，开始画。画了一会儿又坐不住了，画得不对，感觉不对，或者又什么乱七八糟事影响我了……日复一日。傍晚六七点钟，累了，在沙发上眯一会儿，可能就15分钟到20分钟，睡着了，眼睛睁开，天黑了，那感觉真是恍若隔世啊，就有那么一瞬间，时空都虚了，那感觉非常不好。但是很快想起来，这个事没做，那张画没画完，我就得马上调整，继续。很多人以为艺术家在画室里惬意自在——我这儿有酒有茶的——这是错觉，好多人在工作室里是困如斗兽……我写过一首诗：

面对自己
眼前的画
视线是如此狭小

如果我要离开
只能去门口站一会儿
和比画幅略大一点的世界
对视
然后

将心里的话咽下去
不要吐露
也无须任何的声音

空气停滞两秒。我低下头看笔记本。

问：好了，文章标题有了。

毛焰：什么标题？

问：《如果我要离开，只能去门口站一会儿》

毛焰：这个好。所以说即使在最无聊、最迷惑、最麻木的时候，感觉系统仍在运转，就像刚才说的孤独感、对时空瞬间的迷失感，我认为所有这些纠结都是完成作品的要素。它们慢慢累积，最后爆发出来。比方说我每天工作 8 个小时，其中 7 个小时荒废掉了，是纠结、百般无奈的时间，但恰恰是它们，挤压出最后那 1 个小时完成的绘画。所以我现在对自己唯一的要求，就是尽可能始终保持高度的敏感。感觉所有的东西，实的，虚的，近的，远的，空气中的某种变化，一丝风吹草动，一念之间……感官全部打开，却很空的状态——我没在做任何具体的事情。

问：听着像练功。何多苓老师告诉我，你们是从不同的方向接近那个虚无。

毛焰：何老师是上一代中我最喜欢的一个画家，我很小就喜欢他作品里的那种气质，那种忧郁的抒情性。他最早的画也是很灰的，像《乌鸦是美丽的》，里面也有黑色、棕色、银灰色。何老师年轻时候的照片你见过没有？那是很有杀伤力的。

现实生活中，很多时候我们都讲究一种时效，要一个实际的结果，具体到画，一件作品最后完成时，它是一件物品，一个东西。这个东西被放大，被利用，被切割，被包装，被收藏，被销售，在没完成之前我就知道它最后的结局，所以有些时候会觉得索然无味，会想难道画画的目的仅限于此吗？显然不是。但我也改变不了现状，所以就得克服这种纠结和困惑，想得太多真是会影响心智的，我得把自己调整到始终充满激情和乐趣地去面对画布。

问：单享受过程是吧？

毛焰：不仅是享受，过程也是煎熬。作品完成的时候，画家变得多余，作品的命运也不在画家的掌控之中。有些真是呕心沥血之作，但最后的命运很不堪。我记得乔治·桑夫人说过，她有两个女儿，她说我把女儿当公主般培养，最后当母马般嫁出去。这就是为什么我要不断地一头扎进这个过程，始终保持运作，因为只有在过程中我才能保持最基本的东西。

问：才能够消解你在当代艺术生态中承受的难以启齿的东西。

毛焰：所以我说艺术家有时候是很可怜、可悲的。我们没办法保留作品，哪怕它跟下面的作品有关联也留不住，再看到它们可能是很多年以后。我们得多么投入、奋斗、运气好，才有可能最终在自己的某个回顾展上再看见它们啊！我经常要费些力气去跟朋友们、收藏家们解释，很多画我根本不是为了卖才去画的。本来，有些画一开稿好几年我都画不完，因为我想实现一些东西，但现在就是实现不了，到了一定时候，比方要开展了，我就必须完成。

问：所以展览完了拿回来再接着画（毛焰常这么干）。在你看来，一幅画有完成的时候吗？

毛焰：没有，我说过我每张画都没完成，都可以继续画下去。是有一些作品，我真真切切体会到：完成了，反而若有所失。什么感觉？依依不舍。

李小山不紧不慢地说：“毛焰是油画界的稀有动物。他对自己的苛刻和对完美、深入、精微的追求已经到了略显变态的地步。他的才华是手头功夫和绘画思想的综合打包，渐渐形成非常特殊的毛式图式；这种图式具有超高的难度，旁人想学也学不像；而毛焰对这一图式的完成度非常高，仿佛跳水运动员做完一串 305B、405B 的高难度动作，像根筷子一样笔直地插入水中。同时，整个艺术圈与他相处的状态也对他有利：从未忽略，但也没有众星捧月，刚好容下他独来独往，不跟任何风——真正的好东西，是不跟风的。”

何多苓记得，大约十年前，当画展上画的尺幅越来越大（2 米 × 2 米已算小画），毛焰腋下夹着一卷 61 厘米 × 50 厘米的画笑嘻嘻地就来了。他似乎不怎么关心展览效果，看上去更像一个局外人。但许多时候，在许多展览中，他是不可或缺之人。中国油画从 20 世纪 50 年代的俄派写实主义，到怀斯风，到照相写实，到弗洛伊德，等等，似乎已经玩不出什么新花样了，但毛焰以他的天才为当代油画立了一个新标准，这是他独步于潮流之外却不被潮流所忽视的原因。

韩东说：“他一个人，就是一个方向。”

问：还是没弄明白托马斯这条路你是怎么摸出来的，包括现在转向“裸女”系列，从一条路到另一条路，当中这个桥是怎么架的？

毛焰：刚开始确实都是无意识的。开始画托马斯，就是没有任何表达欲望了，那么画一个仅仅跟我个人有关联的形象，一个朋友，就省事了，简单了。他不带任何中国符号，跟中国没关系。

问：是不是当时市面上流行的、大家都去追的中国符号让你倒了胃口呢？

毛焰：实际上好多那时流行的东西我也很喜欢，但是我自己做不出来。画托马斯刚开始的那种偶然性之后，里面有些东西在生发，在提示，让我有所察觉。其中最重要的是两点，一个是时间性，就是在相对很长的一段时间里，缓慢地去做同一件简单的事，时间在里面发挥作用，沉淀，或者凝固，它让我自然而然地静下来了，停在那儿了，无声无息。我就想画出那种无声无息、无色无味的感觉：没有个人欲望，不表达所谓的个人性，也不存在形而上学的命题。

问：可形而上学命题的反面还是形而上学。

毛焰：其实是天性使然，这天性又表现为一种态度。在艺术包括个人生活方式上，我已经失去了向别人灌输或者被别人灌输什么的兴趣，我们完全可以依赖天性做自己想做的事，为什么大家要去做一些很一致的事情呢？那段时间，很多朋友觉得我在拧巴自己，太刻意，甚至认为是一种策略。我当时真是无奈，就这么画着玩，简单省事，不作他想，慢慢变成一种习惯。

另一个察觉到的是语言。在这个过程中我获得了一种非常虚静、轻微、细腻的语言方式，不知不觉中，不要想自己的任何念头，就进到画画中，没有主题，不表达任何东西，就是一个形象，反复地画。我后来悟到一些东西，作品的许多东西不用你赋予、强调，它自然会显现出来，作品自己会诉说。后来有几张托马斯的画像画出来以后，我就很明确地感受到虚无中的语言，那就是一种语境——有人说是某种山水性，或者中国传统韵味，七七八八的，但我感受到的不是这些，是语言自身生发、凝聚、提炼、传递出来的，那几幅画我自己也很满意。

同时，我意识到不要刻意去维护这种语言，是它引领你画出来，然后被你意识到，如果不尝试更深入地发掘提炼，它很快会离你而去。这时候我开始考虑增加一些形象，比如英国女模特，我试着重新打开自己。

问：人是有记忆的——有没有这样的时刻，比如说你画到某一笔，想起上回类似的一笔处理得不错，那就继续那样处理？这样会不会重复自己？

毛焰：这不仅仅是记忆，这叫自我反省，自我审视。有的东西自然会

毛焰（贾睿/拍摄）

退化，有的东西则会加强。你要判断哪些东西是可以被褪去的，哪些一定要牢牢抓紧，而且要让它变得强大。

问：我看你20世纪90年代的“朋友”系列里，人物衣服上的线条好硬好锐利。

毛焰：那叫硬边，卡得非常死。那是一个阶段，比较尖刻、尖锐，强调锐度，衣纹画起来都嘶啦嘶啦的。有些朋友很喜欢早期的这些笔触，但这个东西是不可以重复的，因为我自己在变化，那就顺从这种变化，不要停滞在当年的状态里。我现在的画里仍然有锐度，只不过最后在它上面覆了一层东西，锐度可能更往里走了，原来的那个全在面子上，刀光剑影的。

很多画家之所以被人说“他开始复制自己”，就是因为他完全按照曾经的状态在画，但这是不对的，因为你的身体、心境、对世界的感悟、你所有的状态都不是当年的了，你怎么还能用那个阶段的标准?

问：还是你的标准在起作用。

毛焰：对。从这个角度讲，我可能变得更加理性，更不愿意依赖早年的所谓直觉、敏感、灵感，我早就不信那些了。我现在非但没觉得可以闲庭信步，恰恰相反，我变得越来越小心、谨慎，也可以说胆子越来越小，因为考虑的角度、层面、深度越来越丰富和复杂。当然最终体现在作品里的，可能微乎其微。

问：可能同行也看不出来。

毛焰：可我常常觉得还不够。微乎其微不重要，重要的是我始终处在一个跟自己较劲的状态里。绘画是一个很复杂的系统，灵感什么的都太肤浅了。靠一招绝技，或者嗑个药，喝个酒，突然来点灵感，那都是装神弄鬼。瞬间的感觉良好和精准，恰恰需要更多的时间去判断它的真伪。我始终认为画画是一件简单的事情，但是自我判断太难了，所以画到最后某个阶段，每张画我都会微调，很多地方真是毫厘之间，一毫米一毫米地调整；有时候你费了半天劲，快画完了，最后发现完全是不对的，那就得重来，这全都依赖自我判断。其实旁人也察觉不到，觉得已经不错了，但我就忍受不了那个毫厘之差。

问：你这是在做百达裴丽手表啊。

毛焰：艺术的奇妙之处就在这里，它还真不是一个可以重复或者说程序化的东西。你获得一个定律，不想受制于它，就想打破它，就得靠新的定律来置换它。新老问题交融，先后主次，轻重缓急，等等。说白了，没有什么是可以重复的，我不是不想重复，是做不到。有时候自我感觉比较良好的地方是什么呢，尤其现在，就是我的每张画都不一样。

问：你什么时候开始画大画的？是为了满足策展人的需求吗？

毛焰：最早的时候也画过大画，中间停了，有十几年画的全是小画。五六年前开始画 2 米 × 3.3 米的画，我是想逐渐打开自己，按照自己的状态来的。当我想画大画的时候，能力是没问题的。

问：画大画和画小画感觉上有什么不同？

毛焰：简单地说，小画可能更细腻、更精微一点；大画比较饱满，气势强，表达的东西比较丰盛，泥沙俱下都可以往里扔，完了再归纳，整体塑造。画大的过瘾，现在有时候确实觉得画小有点装不下了。我现在是想拉开作品的两极，大的小的，细的糙的，厚的薄的，尽可能打开。

问：除了画笔，你会用手指或餐巾纸什么的帮忙吗？

毛焰：我给自己定了一些条条框框，其中之一就是基本上都用画笔去塑造。原来不借用任何东西，但现在有些地方我会用手，比方开稿的时候，会用手打一下，但我每张画的变数比较多，最终都要被笔触和那些色层覆盖。

何多苓说，作为同行，看到毛焰的画就想工作，而作为朋友，一见到他人就想玩了。

早年，在力所能及的情况下，他下棋、打牌、玩游戏机、踢足球、打壁球、打桌球、开卡丁车、听音乐、看碟、泡脚、按摩、爬山、泡酒吧、吃烧鸡公，花花草草，多有所为。韩东说："毛焰玩起来比较挥霍，但就其消费水平而言，还是比较朴素的。"

在以鲁羊、韩东、朱文、苏童、尹丽川为核心的南京文化人朋友圈里，毛焰是淘气的。朱文最喜欢看他跟人比赛爬铁门，对手还没爬到门顶，他已在门的那边了。踢球的时候，如果意识到进一个球对他整个星期的创作非常重要，朋友们也会酌情让他进一个。青春一大把的时候，毛焰说，把那些身体的、表面的因素耗掉，剩下的就是属于他自己的，这样回到画架前他就踏实了，可以画了。

贾樟柯头一回见毛焰，立刻被他的形象迷住了，这是多么矫健的一副身板和一张能把多种矛盾神情统一起来的脸啊！他力邀毛焰演下一部电影，被毛焰哈哈糊弄过去。待贾樟柯名声大噪，在国外连连获奖，二人再见，毛焰很配合地作失落状："好悔，跟戛纳影帝擦肩而过了一回。"

毛焰在朱文导演的《小东西》里有出色表演。那部片子讲的是他和托马斯的故事。公映后，有导演找过来，请他当主演。在文化艺术的许多门类里，毛焰有一种触类旁通的灵气。

他是全南京最早拥有涅槃乐队（Nirvana）原版 CD 的人，买过这支乐队的画册、录像带、T 恤、锦旗；《滚石》杂志上的相关画片，他一张张剪下来，配了镜框，至今挂在家里。他也听古尔德弹奏的巴赫——聊起《哥德堡变奏曲》，他记得 1955 年版本里古尔德哼哼的声音。

问：文学阅读对画画有启示吗？

毛焰：有。比方原来画托马斯，里面也有自画像的成分，那画里就有两个形象。我现在想的是，能不能在一个人物身上融进五六个形象，或者更多。这是从读书中得来的启示。阅读的时候你会有某种轻微的想象，源于一个眼神、一个局部或是一种氛围。有时候我画到某个地方，真会想到卡夫卡的《变形记》或者《城堡》里的人物或场景。你想赋予一个形象很特别的内涵，必须有异常的、特别的感受，那就得开通很多小的沟渠来扩大感受的来源。为接下来要画的这批画，我已经开始做准备了，一些重要作品，一些硬骨头，我是要去啃的。

问：听说你读完了普鲁斯特《追忆似水年华》七大卷。

毛焰：对，前段时间我重读了《在斯万家那边》，还读了乔伊斯的《都柏林人》，前面有几篇让我想起童年，很多记忆连起来了。前年苏童在我这里喝酒，喝了点我就说大话，我说在绘画之外最大的愿望就是要博览群书，他听了哈哈大笑。最近买了克尔凯郭尔的全集，刚出的，很早以前看过他的《诱惑者日记》。这段时间读诗比较多，保罗·策兰、卡瓦菲斯、阿米亥、R.S. 托马斯、里尔克、博尔赫斯……因为跟韩东这些朋友玩，一直读他们的诗，去年 8 月开始，自己也试着写，只为好玩，不发表的。前一阵向学生推荐，有两本书可以对照起来读，一本是王国维的《人间词话》，一本是《博尔赫斯谈艺录》，都是谈诗的，我觉得真是太棒了。

采访于南京

写于 2015 年 3 月

徐冰 ／ 本来无一物，何处惹尘埃•

徐冰（1955— ）祖籍浙江温岭，长在北京。1977年入中央美术学院版画系，1981年毕业后留校任教。1999年获美国跨领域最高奖项之一——麦克阿瑟天才奖。2004年获首届国际当代艺术奖（Artes Mundi）。2006年获全美版画家协会“版画艺术终身成就奖”。2010年被美国哥伦比亚大学授予人文学荣誉博士学位。2015年获美国国务院颁发的艺术勋章。

李毓琪／拍摄

墨汁顺着玻璃滑下来，细细几行，像眼泪。黑色字迹“Sky Condolences（天空的哀悼）”留在玻璃上。2015年8月14日，徐冰为仍在烟尘和救援中的天津写下这两个英文单词，心情复杂。

2001年9月11日早晨，徐冰从位于纽约布鲁克林区威廉斯堡的工作室出来，站在街上，隔着哈德逊河望向曼哈顿下城的空中，眼看着一架飞机撞在世贸双塔的第二座大楼上。就在十几分钟前，他在电视上看到第一架飞机撞进世贸双塔的第一座大楼。巨大的火球爆炸的同时，两幢大楼开始垂直塌陷，像两支冒着浓烟的巨型火把，被地心强力吸入地下。徐冰注视着这一幕，并不觉得惊恐。直到第二天早晨走出工作室大门，他才突然感觉视线中缺了点什么。一位纽约的母亲说，“9·11”之后，孩子找不到家了，因为她告诉过孩子，只要看着双塔就可以找到家。那一刻，他强烈地意识到：

• 参考《今天》第105期《视野：徐冰特别专辑》，特此鸣谢。

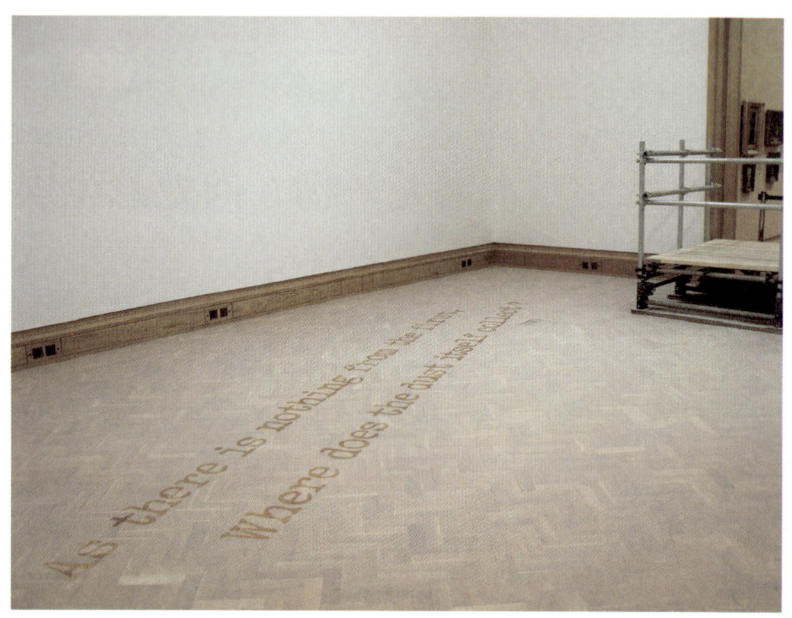

《何处惹尘埃》，装置作品

一些生态被改变了，从那天起，世界变了。

他开始收集“9·11”现场的灰尘，几年后做出装置作品《何处惹尘埃》。他将这些灰尘吹到展厅，24小时后尘埃落定，展厅地面上显示出中国禅师六祖慧能的两行诗：“本来无一物，何处惹尘埃。”脆弱和刺痛感就在一片宁静肃穆中。他还保存了一块带有编号、离撞机位置很近的双塔一号楼钢架。它粗犷、巨大，经历过惨烈时刻。

“为什么世贸大厦顷刻间被夷为平地，回到物质的原形态？其中涉及的政治、意识形态、宗教冲突大家都看到了，但我在想，超越其上的另一个原因是：一个物体上聚集了太多人为意志的、超常的物质能量，这能量会被利用、转化为毁灭自身的力量，在这个意义上，双塔是被自身能量所摧毁的。经济利益或政治关系的失衡只是表象，更本源的失衡是对自然和人文生态的违背。我想通过这件作品探讨精神空间与物质空间的关系：到底什么是更永恒、更强大的？什么是需要崇尚和追求的？什么是真正的力量？不同教义、族群共存和相互尊重的基点在哪？这些最基本的问题已经变得生疏而遥远。”纪念“9·11”10 周年时，徐冰这样写道。

14 年后，天津塘沽开发区，同样扭曲的建筑钢架、烧焦的消防车、丧生消防员的衣物，同样被热能、重力、碳化作用所改变的物质形态；不同的是一千多辆汽车的残骸以及那些红的、黄的、紫的烟尘。那一周里，渤海湾的风中夹带着不同寻常的尘埃。此次爆炸，代入徐冰形而上的思索——是否因为那里也聚集着某种非正常的超高能量？

“中国真是个产生能量的地方。每一个转折时代，它都能爆发巨大的能量，虽然有时用错了地方。”2015 年 5 月，徐冰在威尼斯双年展现场说。

造凤凰

“您是不是特别喜欢做手工活？”在威尼斯圣马可广场，我一见到徐冰就问。“我喜欢把事情做得精致、到位或者完美。”他说。也许是从小父亲教导他每天写几篇大字，也许是骨子里的文化基因或天性使然，他的艺术既以观念见长，又与一板一眼的手上功夫脱不了干系。他曾谈到做《天书》时的心境：“我喜欢这种纯手工的、需要花时间的工作，只满足原始的、数目累积的兴趣。”正是这花费四年时间手工刻出的四千多个没有意义的伪汉字，构成了严肃与荒谬两极之间的张力，在“85 新潮”的尾声以其深刻的思想性引起了轰动。而手上功夫，内行一眼识得——1991 年他在美国中部南达科他州的维米廉小镇学习版画、造纸和手制羊皮书，有一次刚用调墨刀在墨案上比画了两下，一位老师辈的艺术家就叫道：“冰，你是不是调过很多油墨？”

我们步行去另一个展区绿园城堡（2015 年威尼斯双年展中国国家馆所在地），路上经过一座小桥，桥旁有些人家，徐冰指着门框上方的小小浮雕说：“你看，这是意大利的凤凰。这个有翅膀，这个是鸟头，但后半身有点像狮子了。”他研究过凤凰的历史文化，说世间其实没有凤凰这种东西，但每个民族、每个时代，从宫廷到民间，都有各自传说中的凤凰及其阐释，比如中国汉代的凤凰又美又狰狞，形式感很强。他希望他做的这两只凤凰像恐龙时代的大鸟，像怪兽，像变形金刚，总之美且生猛就对了。

采访他的时候，他的一凤一凰，正在本届威尼斯双年展主题展的龙头位置——军械库14世纪的古老船坞里庞然悬于水上，仍然是手工性和思想性并重。7个集装箱，从位于北京通州的一家工厂出发，漂洋过海，带着强烈的中国现场气息，来到马可·波罗当年远航的起点。这些在北京收集的工业废料和废弃的劳动工具拼组成每件重8吨、长30米的凤与凰，被一个由巨大钢柱搭成的支架撑起，现出展翅欲飞的样子。白天看起来，它们布满劳动痕迹、伤痕累累的身躯裸着，强烈，又有点粗糙；当夜幕低垂，通体的LED灯（由纽约设计“9·11”纪念灯柱的同一家公司设计，一家德国公司制造）亮起来，水波流萤，它们变得又温柔又风流，仿佛来自洪荒亘古。

就在这对凤凰底下，徐冰向几位记者讲解创作细节：“凤冠用的是红色安全帽，因为两者的功能有相似之处，都是要表明身份、存在，或是吸引异性，当然鲜艳；嘴部用的是砸土机的端头，砸土机的功能和禽类觅食的方式也像；羽毛是用铁锹做的，锹把中间的茎和羽毛茎的功能相同，都是使支撑变得更有力；爪子用的是挖掘机的挖斗；那些竹子都在盐水里浸过，可防裂防变形……”他说，人类的工具或机器很多来自仿生，用对了材料，作品自然会有生命，美感或某种因错位而生的幽默感就会随之而来。那些特制的红蓝相间的彩条施工围栏布，现在是凤凰的飘带了。

汪晖立在船坞岸边，就已经是《凤凰》的一篇哲学导读了。2009年冬，他和徐冰去通州附近的工厂看第一对凤凰的制作过程。空旷的车间里堆放着各种工业废料，工人们正忙着加工凤凰的翅膀和身体，一凤（雄）一凰（雌）并置着。他已经知道“订单”来自北京CBD的某个金融中心；经历了北京奥运会期间的3个月停工和2008年金融危机，委托方开始觉得作品“不够好”，提出要包一层水晶。“我到车间去看的时候，就已经知道这个作品进不了金融中心。在经济高涨期，这些经济实体特别自信，所以能够接受自嘲、反讽、带有揭示性的作品；后来的拒绝让我立刻想起迭戈·里维拉的壁画在洛克菲勒中心被刮掉——它将革命领袖的肖像植入象征资本主义的美国大厦，与《凤凰》试图将劳动剩余物、建筑排泄物填入象征着资本的金融中心是同质的。前者的颠覆性和后者温和、隐喻式的表达，都很快被资本识别出来。”

格非第一次看到车间里的凤凰，也是未完工的。“可一见之下，我还是感到巨大的震动。那些铁锹头、电动机、混凝土构件、被弃的工具和设备，所有用在凤凰上的东西，它们都在说话，它们有自己的语言。立刻想到的是使用这些工具的人——在创造出财富繁荣后被删除和省略的人，他们劳动和生活的具体情境，他们的情感状态，他们和城市辉煌之间的关系……这个作品有强烈的压迫感，迫使观者去想象这些被忽略、被遮蔽的物与人。从艺术上讲，《凤凰》有凡·高的作品《农夫的鞋》那样强烈的视觉效果。”

去车间两次的刘禾给了《凤凰》更高阶的命名——“当代资本主义文明的图腾”。这图腾，来自徐冰在财富中心施工现场感受到的强劲语言：“这么现代化的大厦，原来全是这么低级劳动方式的结果。民工像猴子一样在脚手架上爬来爬去，极其熟练……”《凤凰》在哲学界和文学界似乎激起了更为强烈的反应，它揭示的粗劣与光鲜、下层与上层、劳动与资本积累的多重意味，构成对当下现实动人心弦的表达。

尼日利亚裔美籍策展人奥奎·恩威佐为2015年威尼斯双年展挑选作品时，在徐冰工作室看到《凤凰》的模型，顿时兴奋了起来：“我找到了我想要的作品！”他对认识二十多年的徐冰说：“我要祝贺你，二十多年来你一直在往前走，一直在创造出很有力量的作品，这种创造力来自于社会现实，来自于生活。”十多年前，《何处惹尘埃》在威尔士国家博物馆展览，并获国际当代艺术奖（Artes Mundi），奥奎是那一届的评委会主席。奥奎早年在纽约办一本社会政治学杂志，后来转入艺术评论和策展人行列，他关注全球政治、思想独特并且主张多元。

最早的委托方“改主意”后，台湾企业家林百里接盘注资，徐冰得以完成《凤凰》并拥有3年的展览权。翟永明说，从2008年起，徐冰在创作《凤凰》的两年里遇到了许许多多庞杂的变化和阻碍，他几乎从不抱怨，只是根据“恶变”重新思考，再次启动，慢慢地从逆境中走出来。这让她体会到徐冰身上有种属于中国传统的东西：外柔内刚，处变不惊，顺势而为。

Tips 1：

《楚辞·尔雅》里有最早的凤凰描述：鸡头、蛇颈、燕颔、龟贝、鱼尾，五彩色，高六尺许。到明清时，凤高八尺，也有说高丈二。

Tips 2：

徐冰的装置《凤凰》触发了诗人欧阳江河的灵感，欧阳江河写了一首《凤凰》，其中一段指涉徐冰著名的装置艺术作品《鸟飞了》：

收藏家买鸟，因为自己成不了鸟儿。/艺术家造鸟，因为鸟即非鸟。/鸟群从字典缓缓飞起，从甲骨文/飞入印刷体，飞出了生物学的领域。/艺术史被基金会和博物馆/盖成几处景点，星散在版图上。

分岔小径之一

“我们在北大中关园的那个家有一种特别的温度。那真是我们家最好的时光。哥哥、弟弟、妹妹和我都在上大学，他们3个是78级的，我是77级的。我们平时住校，到周末就回家来，围着父母一聊就聊到深夜。父亲多才多艺，房间的墙上挂着洋笛，书架上架着长箫，他会作诗和书法，会滑冰、游泳、钓鱼。记得我们出去玩，他随手摘一片苇叶就给我们做出一只帆船，放在水上就能走。他最爱的是植物……”徐冰的父亲是北京大学历史系党总支书记，做了多年行政工作，性格特别温和。母亲在北京大学图书馆学系工作，是一个把家庭、子女放在首位的传统女性，在关键时刻常表现出胜过男性的定力。

徐冰记述过少年时代的一些事情，大多发生在“文革”期间——抄家的红卫兵刚离开，父亲回身第一件事就是抚摸正发高烧的徐冰的额头，这是罕见的；父亲被红卫兵剃成阴阳头，父子间一闪而过地尴尬对视；望见批斗队伍中押在第一个的父亲，徐冰低垂了视线，跟着那双熟悉的皮鞋往前走；他默默望着父亲拔草的背影，在后来的日子里从没提起过……徐冰说：“彼此都不表达，这家都是内向的人。”

徐冰的祖籍是浙江温岭，他随父亲去过老家，看到祖屋石匾上刻着的“进士第”，一条祖训后来记得烂熟：孺子所居道德服乡里，修仁有训清白遗儿孙。父亲说，土地改革之后，徐家就只留下这几件东西了。还有一本民国石印的《巷南徐氏之谱》——家谱本有一套4册，始于唐代，“文革”时堆在大队部准备全烧掉，有个姓徐的人翻到谱里有自己的名字，这一册就被留了下来。

徐冰插队的地方在北京远郊最穷的延庆县花盆公社，接近塞北。初到收粮沟村时他19岁，考上中央美术学院离开时22岁。3年里，他怀着一种谦卑、愧疚（给革命事业造成麻烦的愧疚）的心情默默与乡村谈了一场“恋爱”，他爱那里浑然天成、质朴平淡的一切。寒冬，他和另一位知青睡过村书记家的大炕，炕上还有书记全家7口人；许多女人掌管着至少两个男人（一个家里，一个家外）的工分本；谁若想给本村的光棍介绍对象，妇女们是要掐着腰骂街的，基于对一个劳力的实在考虑；谁家丢了东西，也是用公开叫骂的办法把事主找出来；眼看着一个孩子越长越像邻居家二叔，大家心照不宣，都是亲戚……在一篇散文中，徐冰写过一件事：

老周的大女儿二勤子是整个公社出了名的美女。……二勤子说话爱笑，又有点憨，从不给人不舒服的感觉，干活又特麻利，后面拖着一根齐腰的辫子，这算是她的一个装饰。一年四季，这姑娘都穿同一件衣服，杏黄底带碎花。天热了，把里面的棉花取出来，就成了一件夹衣，内外衣一体。天冷了，再把棉花放回去。……二勤子家正对着学校小操场。有一次有点晚了，我斜穿小操场回住处，有人在阴影处叫我“小徐”，村里人都这么称呼我。我一看，是二勤子坐在她家院门围栏上，光着上身，两个乳房有点明显。我不知所措，随口应了声：“哎，二勤子。”保持合适的速度，从小操场穿了过去。第二天，二勤子见到我说：“我昨晚上把衣服给拆洗了，天暖了。”每逢这时节，她在等衣服晾干时，家里也有人，她在哪儿待着都不方便。

他有一种天生的自制力，同时保持一种较低的恒温与世界相处。他内心里也许有波澜，但不会形于色。他的书卷气，他自称的懦弱和认命，都与中国传统中某些温润的智慧相连。“对待任何事情，顺应并和谐相处，差不多是最佳选择。与‘自然’韵律合拍，就容易把事情做好。‘不较劲’是我们祖先的经验，里面的道理可深了。”

造天书

一个人的灵感从哪里来?

20 世纪 80 年代徐冰在中央美术学院教书时，就试着把每一次冒出创作想法的瞬间、当时的环境，以及自己的思维活动记下来。他想追踪到底是什么导致某个想法的出现，以及之后思维运作的轨迹，所有与这件事相关的经验：视觉的、文学的、声音的、气味的、质感的是怎么同时涌来的，对作品的大小、材料、传统还是现代的取舍又是如何确定的——好像下围棋的快进，棋子迅速占满棋盘。他发现，灵感的最终来源是一个人对一个命题长时间的沉溺，在紧张和受挤压中积蓄能量，最后经由一些偶然的刺激爆发出来——重点是将自己凝聚在那个兴趣与关注的点上。

灵感变成作品就更带劲了。1993 年在纽约，他发明了《英文方块字》。第一次看到“黄金万两”“招财进宝”被写成一个字的样式，是在收粮沟村书记家的柜子上，他当时那个震惊。《芥子园山水卷》是各种传统画法的拼贴，这个动作等于是，沈心友把名家的范式从明清山水画中提取出来，徐冰又把它们放回去。从 2000 年延续到 2011 年的 3 个《烟草计划》，灵感始于美国 Durham 城空气里烟草的味道。2004 年的《背后的故事》，触发点是偶尔经过机场办公区，透过毛玻璃看到背后盆栽植物那种带有晕染效果的感觉，由此造出一种“光的绘画”……

我无法掩饰对徐冰作品《天书》的特别兴趣，不仅仅因为它宝相庄严。它是徐冰在研究生毕业后开始动手的第一件作品，最初叫《析世鉴——世纪末卷》。

“1986 年的某一天，我在想一件别的事情时，却想到要做一本谁都读不懂的书。这想法让我激动，一种身体上都有知觉的激动。第二天早上醒来，想到这件事仍然很激动。连续许多天都这样，几个月过去了还这样。而每次激动，思维也跟着激动起来，不断地为这个想法附加各种意义，它的‘重要性’在还没有动手之前就被放大了。可以肯定了!

这将是一件值得全力以赴的事情。当时我必须完成研究生毕业创作。第二年 7 月完成毕业展之后，我马上转到这本‘书’的创作中。”

徐冰小时候常泡在北京大学图书馆。母亲去开会，把他丢在库房里，各种形态的书早早进入他的世界。字与符号之所以成为他后来创作的重要策源地，这大概是机缘之一。为创作《天书》，他进到善本库，要把线装书弄清楚。在图书馆泡了一阵之后，如果谁递过来一个古本，他可以准确地断代。

徐冰拆解篆书“寒”字，仿佛作画。他说，汉字传达的讯息是立体的、可视的，宋代苏蕙的《璇玑图》就是“最汉字”的写作，从图里横竖读出二百多首诗词，超前到文学史不知该如何安放它。而他，就是要利用汉字的本性和构造原理，造出一种看着很熟悉但实际上不存在的字，这等于把文字“抽空”了。为什么要抽空呢？“特别想反映我一直以来对知识进不去又出不来的敬畏之感。”20 世纪 80 年代初的“思想解放运动”“85 新潮”他都经历了，西方理论译著也硬啃了不少，反而觉得像丢失了什么，好比一个饿了好久的人一下子吃太多，不舒服了。而且，在他这代人刚开始学写字时，正赶上简化字运动，新字代替旧字、新字再更改与废除、旧字再恢复使用……这令人一边糊涂一边明白：原来文字是可以颠覆、可以“玩”的。

他有一套从温岭老家带回的《康熙字典》，上面还有个名章“徐正真印”。他依照字典上的偏旁部首，按笔画从少到多的序列，平行对位地造字、刻字。除了在学校教素描课，他几乎停止了所有活动，把自己关在小屋里，独自进入那催眠般的劳作。

精致的刀锋划开新鲜的木面，每一刀都是一个决定，这是一种与物质的交谈，只有我们之间才有的。你面对的是“没有内容”，所以它不干涉你，思维无边地游走，不含多余的杂念。坐在那里，空气已经很充实了，不需要任何音乐。楼道里的喧闹，全被过滤在

《天书》，综合媒材

这个空间之外。很多人觉得我刻苦耐劳，哪知道我却享受得很，享受着一种自认为的、封闭的崇高感。在人们忙着排队买菜、过好生活的时候；在知识界狂热阅读、研讨的热潮之外，我却忙着刻连自己也不认识的字。……今天比昨天多刻了两个字，加起来是多少字——这比到处去参加无边的文化讨论感觉好多了。那种活动参与多了，自己原先有的一点东西似乎也都没有了。

从 1987 年到 1991 年，他刻了四千多个伪字，是活字，其中技术上的种种困难他都写在一篇文稿《天书》里，那是应伦敦卡里奇（Quaritch）古书店主人John Koh之约而写的。最后，他把这些假字供奉在神殿般的位置上，三五条写满字的长卷从展厅中央垂挂下来，下面摆放着不同形式的“典籍”，有线装和蝴蝶装，有《解字卷》（用无意义的字解释无意义的字），还有一个《中英对照本》（英文也是不能读的）。120册“典籍”是在京郊一家古籍印制厂印的，玉扣纸（用精细麦草原料制成，摸起来绵密如丝，看起来是淡淡的秋黄色，又称“官边”或“花笺”）、藏经纸（原料为麻、楮皮、桑皮，肌理有帘纹，色如白玉，手感像绫子）、元书纸（竹绵为原料，古色古香）各印了40册。展览令人震动，一些老教授和老编辑强迫症似的多次来看、来检视，人们在议论……徐冰说，一种失落感忽然降临，他那“自我封闭的崇高感”被稀释在人群中。

2000年10月，徐冰在纽约首府奥尔巴尼见到雅克·德里达。来自伯克利的博士生Nancy对他说：“今天来了很多人，是因为你和德里达在同一个房间里。”因为《天书》，他的艺术和德里达的解构主义理论并置讨论。

一头银发的德里达站在讲台上，一口法语腔很重的英语，讲着讲着带出一段法语，大量使用艰深词句，语气坚定一往直前。徐冰坐在最前排，看上去聚精会神。

“你听得懂吗？”Nancy问他。

“听不懂。”

“没关系，我也听不懂。”

分岔小径之二

徐冰学版画出身，对版画的兴趣和对字体的迷恋相连。“铅字与版画印在讲究的纸材上，真是人间绝配。这种美，人一旦沾上，就再也离不开。”

在他看来，绘画的笔触是流动的、不定的，它带来丰富、生动、弹性的美，而版画的痕迹是两种极端：一种是由印刷转于画面的油墨或颜色，达到极度的平、薄、均匀、透明，因此产生一种齐整、干净、清晰的美；另一种是由印刷压力产生强烈的凹凸感，坚实、明确、深刻，有一种可触摸的美感。

绘画之美，他在插队时拜的老师李宗津先生（《强渡泸定桥》作者，徐悲鸿眼里的“中国肖像画第一人”）那里感受到了。那些苏派风景小油画上逆光的、湿漉漉的石阶，他怎么也学不来。而关于木刻之美，徐冰一次次提到古元（版画家，毕业于鲁迅艺术学院，当年的中央美术学院院长）。

“我小时候就看古元的木刻，像《京郊大道》《玉带桥》，都跟春游有点关系。1977 年我从农村到中央美术学院，杨先让等几位先生讲得最多的就是古元了。当时最吸引我的是那些大圆刀，一刀一刀刻得很利索。我后来慢慢体会，才发现古元的木刻是没法学的，因为它没有技法，是‘感觉的’；也许黄永玉先生的木刻是可以学的，因为它是‘知识的’。如果说王式廓的《血衣》这类作品给出的是话剧里的中国人，那么古元给我们的是生活里的中国人。看他木刻中不过两寸大小的人物，就像在读鲁迅的文字，得到的是一种真正的、精辟的关于中国人的信息，他让我们懂得我们这种人根上是怎么回事。”

早年行刀时，徐冰常怀疑，他和大部分中国木刻家基本上是用刀抠出设计好的黑白画稿，不是鲁迅时代就强调的“以刀代笔、直刀向木”，自然也达不到国画家那种弄笔戏墨的境界。20 世纪 80 年代中后期徐冰在做带有“印痕”观念的实验作品《卵石系列》和带有“复数性”观念的《五个复数系列》时，直刀乱刻，似乎找到了“戏刀”的感觉，心里欢喜：我会木刻了。他早期那些掌心大小的木刻作品有一百来幅，汇成《碎玉集》，但它的光芒被《天书》掩盖了。

徐冰钟爱书法之美。笔带着水与墨在纸质的缝隙中游走，水分渐渐蒸发，墨迹定格于纸间，自然天成，变化万千，是人与纸的相交莫逆，是人之境界仰赖造化的承载与传达。优秀的书法家懂得给纸留出余地，

《英文方块字教室》，综合媒材，作于 1994 年

懂得与自然配合。古人给纸起的那些芳名他也极爱：彩霞、竹膜、还魂、万年红、锅底棉、金素笺、十色笺、桃红撒金……他说纸像有性格的美人，体洁性贞，脆弱单薄，朴素平易又风情万种，但脾气上来时也会伤人。这样一个敬慕传统、士大夫气暗藏的人，怎么会成为一个“前卫”的当代艺术家呢？

还是从古元先生那里开悟。徐冰说，古元的木刻艺术当年属于解放区一脉，大抵来自社会参与和实践，不是知识圈里的技法改良。它不是政治实用主义的艺术，没有旧丝绸的腐朽气，也没有消化不良的西餐痕迹，对艺术自身问题做过细致的改造和建设，是一种全新的、代表那个时代最先进思想的艺术，而且，它又是那么平易近人。多年之后，徐冰意识到古元的前卫，这种前卫的核心是：因对社会和文化状态的敏感而生发的对旧有艺术在方法论上的改造。它是有根的“新”、被激活的“旧”。

“当我弄明白这一点时，我才开始懂得古元，才开始去考虑一个艺术家在这世上是干什么的，他的根本责任是什么，然后才试着去做我们这一代人应该做的事情，并问自己怎么去做。这时候我的艺术才开始有了变化和进步，看上去离一种东西（传统）远了，却离它的灵魂更近了。”

造前卫

“参观主题馆了吗？有喜欢的作品吗？”在威尼斯路边的咖啡馆，我问徐冰。

“很喜欢一个俄罗斯艺术家的影像作品。它是两个屏幕同时在放，对比着。比如这边是教堂钟楼上敲钟人的动作，那边是俄罗斯的传统舞蹈，跟战争有关的舞蹈，一会儿又出现拖拉机怎么样发动起来，然后在田野上转，挺像赛车……它其实是把底层劳动中一些仪式化的东西给提炼出来了，挺有意思的。绝大部分作品我不太喜欢，多少年以前就一直在看这些东西，都是那一套手法。”

1990 年 7 月，徐冰带着《天书》《鬼打墙》的资料和两卷《五个复数系列》（都与版画艺术相关），作为名誉研究员前往美国威斯康星大学麦迪逊分校。“我出国其实想了解当代艺术到底是怎么回事，因为当时觉得这个领域对于非西方的艺术家来说怎么那么难！原本期待中国版画会有一个进入当代的时期，也没盼来，我又特别想从一个旧的艺术样式中出来。出国前刚好在中国美术馆看了一个朝鲜的艺术展，等于给了我一面镜子，看看比我们更糟糕、更有问题的艺术（工人、农民围着首长笑之类的），就看清自己的问题了。所以我那个时候就想从这里面出来，搞新艺术。但新的艺术是什么呢？不知道。”

之后的 18 年里，用朋友们的话说，徐冰以“农村包围城市”的战略，自美国中部起步，办了一个入选“1991 全美十大最可看”的成功个展，这在当时留美艺术家中是很少有的。两年半后徐冰搬到纽约东村7街52号地下室，接手了艾未未的住处，并和一批国内艺术家共度一段时光。张艺谋、陈凯歌、郑晓龙、冯小刚、姜文、王姬、栗宪庭都在东村的这个地下室住过，电视剧《北京人在纽约》是在这儿拍的，艾未未也拍下了当年的他们。同住纽约的谭盾是常客，而刘小东和喻红的女儿是在这儿怀上的。

艾未未当时人称“东村教父”，他在街上走动，黑白两道似乎都敬他三分。回国之前，艾未未带着徐冰在附近走了几趟。他还制作了一张地图留给徐冰，细细标着“★ Gay吧，进去注意”“★圣玛可书店，艺术书好”，还有标着“一碗面条”“两根筷子”之类。徐冰说：“他心很细。”这张地图后来转到喻红手里，转交时，喻红连连说：“这图怎么这么好玩！”

徐冰的住处或工作室随着那十多年里纽约最具实验性的艺术圈而迁移：从纽约东村到切尔西，到布鲁克林的威廉斯堡，同时，他在世界各地办展，最多的一年办了二三十个展览。他和来自美国及世界各地的艺术家一样，带着各自独有的背景，参与、试验、寻找着装置的、观念的、互动的、科技的、行为的，甚至活生物的最极端的手段，跟当代艺术作了一场短兵相接的交手。

“养猪”是1993年的事，品种是“中畜白猪一系”，公猪身上写满伪英文，母猪是伪中文，控制它们在展览现场交媾，名为《一个转换案例的研究》。首次试验是在北京王府井红霞公寓的翰墨艺术中心（新时期北京最早的私人艺术空间）进行的，当天来了北京艺术圈的各路人马二百多。当时，徐冰想表达一种直接、强烈、有现场感的艺术，与《天书》的耐人寻味相反，这件作品是如此让人“记得住”。展览在世界各地进行，有媒体问场地要求，徐冰说：“理想的场地是将位于闹市区的画廊或者博物馆改成猪圈……”猪圈里还散放着八百公斤书，象征另一种饲料。展厅里，所有人都会心一笑，徐冰却开始检视它的不成熟。“一件习作，”他说，“人们记住它，是因为它强刺激的标准现代艺术语言。”

《英文方块字》也是1993年在纽约开始的。“你生活在哪儿，就面对哪儿的问题；有问题，就有艺术。它实际上是文字的嫁接和引申。刚开始试写的实在见不得人，不是因为书法功底不够，而是从来没人写过这种书法。脑子里想着英文字母，手上掂量的是运笔的讲究，手和脑没有配合起来，思维在不同系统之间打架、调和。”这套中西合璧的文字系统，比《天书》在艺术圈之外的传播力更大，对人思维的触碰也更强。

约瑟夫·库索斯（Joseph Kosuth，1945—　）做过一件观念艺术的代表性装置《一把和三把椅子》：将真实的椅子、照片中的椅子、英文解释的椅子一字排开。徐冰造了一件《鸟飞了》：五百多个不同字体制成的“鸟”字，由简体印刷体向繁体印刷体、楷书、隶书、小篆一路飞去，最后飞成远古象形文字的“鸟”，飞向窗外；地上有篇注释：“鸟niǎo，脊椎动物的一纲，温血卵生，全身有羽毛，后肢能行动，前肢变为翅，一般能飞。”文字、概念、符号以及形象之间的思索空间被建构起来，而中国文字的象形性和与自然的关系，显然令这件“鸟”比“椅子”胜出一筹。

徐冰造出了许多面目完全不同的前卫作品，除了前文提到的，还有《魔毯》《文字写生系列》《木林森》《地书》等等，它们有一点相似：都挺费功夫。他学会写详尽的展览计划书，常“带着一支国际装修队”在世界各地出现。他特别提到一点：在国外做展览，美术馆或博物馆负责立项、找钱，拿着艺术家的记录和简历去寻找投资人，证明艺术家有能力花好这笔钱。投资人通常看重艺术家长期以来的方向，但不会指定艺术家做某件具体的作品。他在回国后开始做《凤凰》的时候，才接触到艺术和钱的关系。

我好奇徐冰身上的国际性和开放兼收的态度。他说，任何一个想在全球化时代做些事情的人，外语能力当然是首要的，而开放性，意味着不要把文化和艺术太当回事。2014年在台北市立美术馆举办的徐冰回顾

徐冰（李毓琪拍摄）

展上，当他的主要作品集中在一起时，人们发现几十年来这位艺术家的作品手法完全不同，但作品之间却构成了连贯且互文的长链，作品自身形成一个自洽的系统，核心都是在探讨文化与人的关系。徐冰告诉我，风格真的不重要，风格意味着一种语言已趋成熟，而成熟的语言一定不足以表述当下你所感受到的新内容，于是，艺术家必须去寻找新语汇，从而说出过去人们不曾说过的话。

“西方当代艺术是一种‘文化革命’，和其他艺术门类相比，它是一个年轻的领域，有太多的空白和尚未开发的空间。它是在杜尚设定的一盘尴尬棋局中起步的，在西方艺术史相当疲惫的写作方法中发展的，同时，它又是由一部分有钱人左右的——还未成熟，就已经弊病在身。杜尚的革命是了不起的，把艺术和生活拉平了，但他同时留给艺术家一种特殊地位：因为我是艺术家，我所有平庸的或惊世骇俗的举动都是深刻无比、价值连城的。由于这个特殊身份，有些艺术家可以对艺术质量不负责任，用故弄玄虚的把戏取代艺术创造，这是当代艺术诸多问题的主要根源。”

“因为有过一段对西方当代艺术系统的切身参与，我对那种‘假大空’的当代艺术已经很反感了。有太多那种外表吓人、深奥无比、除此之外再没什么了的作品摆在观众面前，让观者对自己产生怀疑：‘我为什么看不懂？是不是因为缺少艺术细胞？’这种艺术不能让我满意。我希望我的作品是平易近人的，是欢迎观众进来的，而且进来之后会感觉到这件作品与众不同，对思维有启发。”

分岔小径之三

威斯康星大学麦迪逊分校版画系的格瑞科教授看着徐冰的《天书》《鬼打墙》和《五个复数系列》，吃惊极了。此前，像许多美国艺术家一样，他对中国艺术的了解还停留在卷轴画阶段。他觉得面前这个35岁、英语讲得还不怎么流利的中国艺术家为他打开了版画的另一些可能性——《天书》相当于每一版打碎了再重新拼版印刷的艺术；《鬼打墙》几乎是世界上最大的一张拓片，是对版画痕迹的实验，在这个意义上，若让一栋房子充当一个转印媒体，把它印出来，又有什么不可能？《五个复数系列》充分表现了版画的特殊性，一块版还没刻就印了，效果是全黑；刻一些东西再印，是一种样态；刻完以后，算是完成了；可艺术家还在继续刻，最后形象又全部消失了——这是多么天才的尝试！

“你应该在美国推广你的艺术并发展它们。你应该办展览。”他对徐冰说。

“不可能，美国有种族歧视。”徐冰刚跑了趟纽约，看到了不少同胞和非西方艺术家的境遇。

“这里没有。我明天和你去见馆长。”他把徐冰连同作品介绍给艾维翰美术馆（Elvehjem Museum of Art）的馆长。馆长当即决定：给3个展厅，展出3件作品。此前，麦迪逊分校只有一位艺术教授在这个美术馆做过个展，只给了一个小厅。

开幕第二天，谢德庆和艾未未开着一辆卡车从纽约横穿半个美国来看徐冰个展。

“这两个人我都是第一次见。当时我被叫醒，穿着半长的睡裤下来开门，先看到一个打工仔样子的人，就是谢德庆，早就听说他的东西在美国许多大学的艺术系或表演系当教材用。然后瞧见艾未未带着一种疑惑的眼光从远处看过来，他大概觉得我迷迷糊糊而屋子又太乱。人不熟就没话，先去看展览吧。看了作品话才多起来。不熟没话，太熟了又不认真谈话，半生不熟时话又多又认真，所以那三天聊得很透，但具体内容我有点忘了，基本都和艺术有关。我记得他俩为《天书》盒套上的一根装饰线是否多余争论不休。当时我觉得未未是在‘较真儿’，故意在逗德庆。后来接触多了，特别是看到他们各自亲手完善起来的工作室后，才理解这场争论——这两位差不多是我见过的有极高品味同时对品质要求极高的人。”

无意中走出的这条“农村包围城市”的路，让徐冰意识到，在美国求发展的艺术家急于“融入主流”的心态是有问题的；主流不需要同质的挤入，它需要新鲜的、异质的刺激。而徐冰从中国带去的创作给美国中部艺术家以思维冲击，超出了他们原有的思维范畴，而恰巧，那地方少了纽约那份傲慢。徐冰的《天书》后来也被收入美国最权威的世界艺术史教科书。

“我们有什么？我们靠什么创作？对我有帮助的，是民族性格中的内省，文化基因中的智慧，我们有关社会主义试验的经验，以及学习西方的经验。这些优点与盲点交织在一起，构成我们特有的养料——我说过，愚昧也可以作为一种养料，因为它是中国大陆人的共同经验，是具有普遍性和阐释性的，是必须面对的，否则我们就什么也没有了；今天要做的，是穿透这些可能包含让人反感憎恶内容的东西，找到那些有独特价值的内容，就像我们也要穿过庸俗的美国文化，穿透它，才能摸到那个文化中有价值的部分——会工作的人懂得如何把种种局限甚至缺陷转化为对自己有用的东西。

“整个20世纪80年代，新潮美术风起云涌。说真的，那时各式各样的‘新艺术’并没给我什么真的触动和启发，倒是美院韦启美先生的几幅不大的油画给过我耳目一新的震动。那是种不以任何风格流派为参照的、不露任何技术和风格痕迹的绘画。它们看上去只是想跟要表现的事物直接对位——一条新的高速公路，或者是一个赶班车人的动作——是那种最纯净、最直接的眼睛才能看到的。它们让我第一次体会到艺术，具体到用色、用笔、构图、画面和我们生活的时代、和周边的变化是一种什么关系，什么是‘新’，‘新’的感觉怎么才能得来。1999年我在尼泊尔写生，坐在山上最大的感受是，回到事情的原点是多么珍贵！就像你面对一座鲜活的山，要书写一个‘山’字，脑子里却全是书法的‘法’，不是颜真卿就是曹全碑，多难受啊。没有了‘法’，没有了学问、风格、他人痕迹那才叫好。别人都说我是搞当代艺术的，其实我琢磨的事多是些陈旧的东西。这些‘旧’里藏着最本质、最核心的东西。有些都被说烦了的老话，永远是有道理的、有用的，甚至是最新的东西。”

小学二年级，徐冰在中国美术馆看了他平生第一个美展，是齐白石先生的。成年后翻看齐先生的《蔬果册》，又被《白菜辣椒图》上两只红得不能再红的尖椒结结实实地打动。什么人能把辣椒看得那么红？只有那种对生活热爱至深、天真、善意的眼睛才能。他好像看到了白石老人艺术的秘密：他对任何一件身边之物、任何一个生灵都尊重，都爱惜。人到晚年，画只红辣椒，像是第一次看到，又像是最后一眼，恨不能把一切都看在眼里带走。这是超越笔墨技法的，是“笔墨等于还是不等于零”这类议题之外的，所以他才是艺术史上少见的、越老画得越好的那一位。

徐冰尤其推崇白石老人的“工匠之思”，那是一种走街串巷靠斧斤生活的体验和视角，轻轻松松就拉近了同当下生活的距离，就解决了“雅与俗”“艺术与商业”“能品与逸品”这些被文化人弄得二元对立的头疼问题。文化史的知识和艺术批评的训练，没有带给艺术家从容自在，从美术学院毕业，依然不懂得自己手里做的活与社会是怎样一种关系。是什么使艺术家可以成为一个以艺术为生的人？他们拿什么跟社会交换？

徐冰黑色的圆眼镜架在白皙的脸上，柔软的卷发被风吹乱。他的轻言细语、整个人散发的偏阴性的文气和内在强大旺盛的力量相映着，形成一种奇特的气场。当两个背着手风琴的自由音乐家在咖啡馆门前唱起好听的歌时，我忽然想起熊十力先生当年力大无穷的署名：“黄冈十力造”。

采访于威尼斯、北京

写于2015年8月至9月

耿建翌 / 盐一样珍贵的记忆和距离*

耿建翌（1962—　），中国早期先锋艺术家之　，知名策展人。20 世纪 80 年代，他与张培力、王强等杭州艺术家创作了很多讽刺、玩世和有政治寓意的实验作品。近几年来，他开始通过自己的摄影、装置和油画作品表达自己对当今社会现象的思考和观点。

李毓琪 / 拍摄

15 件装置都叫《无题》，编号 1 至 13，13 之下又分 a、b、c。9 月 8 日，耿建翌个展“2015 夏”在上海香格纳画廊西岸空间开幕，开幕式上没见到艺术家本人。

“活是赶出来的，用了两个多月，顾不上起名，我也没这根弦。起名是为了好认，跟张三、李四、王二麻子是同样的道理。像我做的那些破玩意儿，一般人也不会老要记得，看完就完了。”几天后，耿建翌对我说。

一个多月前，耿建翌在北京蜂巢当代艺术中心策划了一个名叫“‘画’展”的四人展，没有按惯例提供策展人长长的阐释性文本，把舞台完全留给四位艺术家和他们的作品，同时拒绝媒体采访，在开幕前夕离开布好展的现场，回杭州去了。“蜂巢”馆长夏季风说，这都是事先说好的，因为老耿要的是“不立文字，直指人心”。

* 部分细节参考高士明主编的《关于——耿建翌》

2015 夏

耿建翌的作品得仔细看。入口处漂亮：EL 冷光线从空心铁架穿进来，从开孔处穿出，在一具铁架上缠绕成一个个发光线团，在安静的展厅里冲人眨眼。这是《无题 7》。

《无题 1》是一个孔径 2 米、长 3 米的水泥管道，像是埋在地下的污水处理管。《无题 3》与《无题 1》类似，只是短些，竖放，可以从上往下俯视。《无题 2》的镜面采用的是铝箔纸，光源是 LED 灯。

“为什么采用这种水泥材料？”我问。

“方便呗，拿来就能用。”耿建翌答。他总是俭省地对付这类提问，无意阐释。他似乎有意无意地推着观看者的眼睛和大脑同时向高远处跳一跳，去自主地发现一些精妙。

普通双面玻璃，两面都能反射光，把它们粘连起来，将一端的孔径全部填满。背后、底下是若干个屏幕，滚动播放电视台的节目，节目光盘都来自淘宝，有娱乐有新闻，近期的天津爆炸事件也夹杂其间。站在这巨大的万花筒面前，可见斑斓声色，可见痴笑痛哭，是一个略微变形、重新组合的世相人间。水泥管顶部插着一些尖玻璃，提示危险。

万花筒的对面，一张老课桌被叠放，挂满了硅胶管；另一张老课桌的桌腿被加高一倍，抽屉里装有 LED 灯——颤抖的光束和老课桌营造出童年课堂的氛围。还有一张老课桌上有三个显微镜的视镜筒，伸向同一张底片（负片），显得幽默——艺术家是想解决当年的争先恐后吗？

16 毫米电影胶片出现了。这件作品和 20 世纪六七十年代部队大院的露天电影有关，铁架支撑着带军绿色边框的幕布。“看电影过去是蛮重要的一项文化活动。胶片被数码取代了。现在用胶片拍电影是逆潮流而动，装装 B 是可以的。”耿建翌说。

35 毫米电影胶片散乱地放在铁架上，配以放大镜、油布——耿建翌小时候见过大人用清洗后的胶片做镜框和灯罩，他在重现那个生活场景。

硅胶管大量出现，据说是耿建翌在那段时间里特定的感受。当硅胶管里排布了淡红色的 EL 冷光线近看像血管，当硅胶管被缠绕在三组多

《无题》，装置作品，由老课桌、底片、显微镜等构成

路视频装置上，视频的播放形态类似蚁穴——艺术家试图反映 20 世纪 90 年代末一些最普通人的生活形态。

整个展厅里比较显眼的还有两件木柜装置，是“2015 夏”展上比较有代表性的作品。柜子的四个面布满柜门，柜门都能打开，里面所用的材料也来自 20 世纪六七十年代：手电筒、幻灯机、包含正片负片的两种底片、木框、白纱，都以不同方式镶嵌组合在精致的小木格子里。下面这段是我与耿建翌关于这两个木柜子的对话，多少反映缺乏足够细致观察、只在语言上刨根问底的狼狈和有趣，它也提供了窥探耿建翌艺术深度的可能性——在他“反对阐释”的底下，作者与作品具有的禀性和情怀。

“那个木框框里放些老东西，有点费解啊。”

“你要仔细看……那个木框框不重要，木框框里有白布对不对，后面有光打到白布上对不对，光和白布之间有个胶片，有些是幻灯片，用细线吊着。打开门的时候会有气流，胶片会随气流晃动，然后失焦，打到白布上，就会有图像上的变化。”

“哦……”

“多去玩玩，这个很好玩的，而且每个胶片、幻灯片的内容都不一样。”

“这个蛮欢乐的。”

“你说得很对。”

“这种方式从哪儿来的？以前有人做过吗？”

“人家玩过的我没有必要再去玩，干吗要浪费时间呢？”

“那你是怎么发现这个现象的？”

“气流会让悬吊在那儿的胶片晃动，完了会引起图像变化，这是个生活现象啊，经常会碰到。你也会碰到的。”

“我没碰到过。”

“悬挂在那一个很轻的东西，小风一来，它会晃——你居然没碰到过，活这么大你真是很不幸。”

“哈哈哈，我不玩摄影，没碰到过胶片晃还发生图像变化，这高级了去了。只见过风铃晃动，发出声响。”

“那风吹动窗帘，太阳光透过窗帘，洒在地上的那个影子会晃动——你见过没有？”

“见过。”

“这就是经验。”

……

离开展厅时，再回过头看入口处不停闪着光的漂亮铁架，那些会发光的线团忽然就变成了一个个蚕茧，它们正处在蜕变羽化的节点上——生命转化过程中最脆弱的阶段——怎么看都美。耿建翌的这个展览是在讲述童年和成长、生命和记忆、美好和脆弱吧？不用去跟艺术家对答案了。几十年来他一直对学生说："你看到什么，它就是什么。"

小桥东面

9月19日至10月1日，耿建翌另有一个个展在OCAT深圳馆举办。

经过挤牙膏式的问答，采集如下信息：小桥在河南郑州，叫建新街桥，跨在金水河上，离耿建翌小时候的家有一段路，离开郑州到浙江美术学院（现名中国美术学院）报到之前的4年间，他几乎每天骑一辆26寸永久牌自行车从那里过。小桥东面有当年的郑州市少年宫，决定他命运的地方。他是少年宫美术组成员。

展览形式为全文本，静止，无声。有当年报纸的残片，有私人物件和回忆，有艺术家对朋友的询问记录，有去当地拍摄的照片，有对这些照片的二次处理……大量的细节与线索朴素又性感，呈现一些当事人关于这段经历的记忆。

"发生的事情太多了，而且挺惨的，像天津这样的事几天也就遗忘了，别说几十年前的事了。发生太多事情，刺激性太大，频率太快，所以过去的事你能记得一两件就很庆幸了。所以我就是去问好多人，他们跟我差不多，记忆功能都衰退了，都想不起来了。"耿建翌对我说。那记住的都是些什么呢？

曹老师，广州美术学院油画系64届高才生，带我们的时候正当年，又赶上刚开始解禁，创作热情复燃，天天吭哧吭哧地画。我们这帮家伙迅速疯魔了，像打了鸡血一样，这跟经常见他出手有很大关系。

1978年年末，教室搬进了小礼堂。曹老师在门左边搭个小房间做画室，是个竹棚。我们都从缝隙里偷看过他画画，偶尔他也会端着画箱出来画同学的肖像，这时候是停下来围观的好机会。

耿建翌个展“小桥东面”

附有曹新林老师竹棚画室的老照片，还有竹制材料的照片与说明：

竹席是又便宜又方便的搭建材料，它还可以快速搭建宣传栏。

“宣传栏”三个字体现了文本作为装置艺术的力量，一下子将人带回那个年代。

有一天，曹老师突然个别通知，让我们仨回去跟家长说，要出远门写生，准备行装、画箱、钱和全国粮票。我们到武汉坐船，去上游的宜昌三峡葛洲坝，写生了一段时间以后，又游览了三峡。

2012年《无知》个展上，耿建翌（左一）与孙保国（中）在一起。
孙保国就是《第二状态》中的模特孙人。

这一路的吃住行曹老师全让我操办，他对我说："你那张脸，给我好好在煤渣地里蹭蹭。"为此我练了二十几年不要脸的功夫，没什么长进，不过近十来年老了，脸皮不知不觉自然厚了。

附有伍市斤、壹市斤、半市斤的全国粮票。当年同学的老照片可能是翻拍的，都曝光过度，效果奇妙：要么所有的人都乌黑，只显示轮廓；要么脑袋全白，身体全黑，也只显示轮廓。2008年，耿建翌在摄影作品《过度》中已经展示了他对此类技术的各种实验性效果，现在，这些技术为他的情感服务。

诗意的部分来自艺术家拍摄的云图，像宇宙黑洞，又像原子弹爆炸时的光焰，配以这段文字：

一个梦到最后，迷雾中传出旨意，像是要揭开梦的谜底，由层层云雾铺设而成。我像坐在车头在隧道中前行，所到之处，云层自动分开，在耀眼的光明中，梦底终于得见，是一张白纸。

在展览的最后有一段艺术家的独白：

小桥东面早已烟消云散，不复存在的少年宫，让我迈出走向解放的第一步。技能训练让我对各种巧遇有一种警惕，艺术是个功能，人人天生具备，因为没有实际用途，务实的人都退化了。

与《2015 夏》一样，耿建翌没有为《小桥东面》立任何阐释性文字，作品没有标签，本人不接受媒体采访。直到开幕，OCAT 深圳馆馆长瞿畅才透露一条有关这批作品源起的线索：多年前，有位气功师傅为耿建翌算过命，写了几页纸，其中有一部分是讲“小桥东面”的事。2013 年光棍节搬家，耿建翌翻到那几页双红线信纸，坚信“小桥”就是家乡的那座桥，于是开始收集记忆，为冥冥中的事物规定性、人与时间的相遇相离建档。

艺术家张鼎，与耿建翌相识于 2003 年的中国美术学院新媒体研修班，师生关系起步。他说，老耿在教学生的过程中有一个很大的特点，就是教你去认识事物，他会逼着你想出跟别人不一样的东西，而且，他自己看问题的角度和观点都跟旁人不太一样。

“其实到今天，已经很难看到用‘情感’来创作的人了。老耿非常重感情，而且表达得特别饱满，不紧不慢非常高级地流露出来，不是‘煽情’。看他的作品，我觉得就是真情实感，现在要做出这样的作品真的很难，流行的东西太多了，大家都在选择，但老耿他不太在乎这些。对外界的许多干扰，他常常有一种强硬的态度：不要管那些，做自己的东西就好。他的许多作品，像‘书’系列是很疏离、很沉静的，不管这二三十年来外面怎样天翻地覆地变。”

另一位好友杨振中是耿建翌1986年在浙江丝绸工学院带过的学生。他陪着老耿去市场里买了只鸭子，然后老耿做了《视觉的方向》（影像作品），有人从中读出一只鸭子在被宰杀前眼睛活动的变化。

杨振中说：“有段时间他做东西很少，可能觉得没劲。他是那种对一个东西产生兴趣之后会把它弄到底，会泡在里面一段时间，完全吃透了再说的人。有段时间他对茶叶产生兴趣，一段时间玩沉香，一段时间玩烟斗，最后自己去做斗。”

我在杭州采访时，问及他1989年至1992年、1993年间在做什么，耿建翌说，迷过一阵牙齿。“有个学生的家人是牙医，给我弄来各种各样的牙，有石膏的、塑料的、瓷的，然后我就开始玩了呗，做了一些乱七八糟的小东西。有一个是小的动力装置，上面都是不同的牙，包括几颗大门牙。那时候做了一大堆牙，也画（油画），也做（装置）。”

朋友们都说，老耿的“做”好像都是从日常生活里信手拈来的。2004年，耿建翌参加比翼艺术中心的一次群展，快开展了，他的展位还空着。他打电话给上海的老友旧识，请他们把自家没用的东西拿几件过来，并为它们做好标签，《没用了》就完成了。它后来也出现在2012年耿建翌的个展“无知”上。中国当代艺术最重要的记述者凯伦·史密斯从中读出对消费习惯的反思：“我们购买，我们拥有，我们用光耗尽，直到这一物品被新型号取代，旧物显得多余。”

1988年“黄山会议”上展出的由耿建翌张罗、与会艺术家参与的《表格和证书》也是这样半开玩笑、看似不经意地从身边得来。但凯伦发现：“那些他自创的艺术框架中包含的与众不同的手段需要用心体会；在心不在焉的观察者眼中，它们不是那么明显。”年轻一辈的郑波（曾在中国美术学院任教，现在香港城市大学任教）2007年第一次在一群巨大油画和装置中看到不起眼的《表格和证书》时不免对耿建翌肃然起

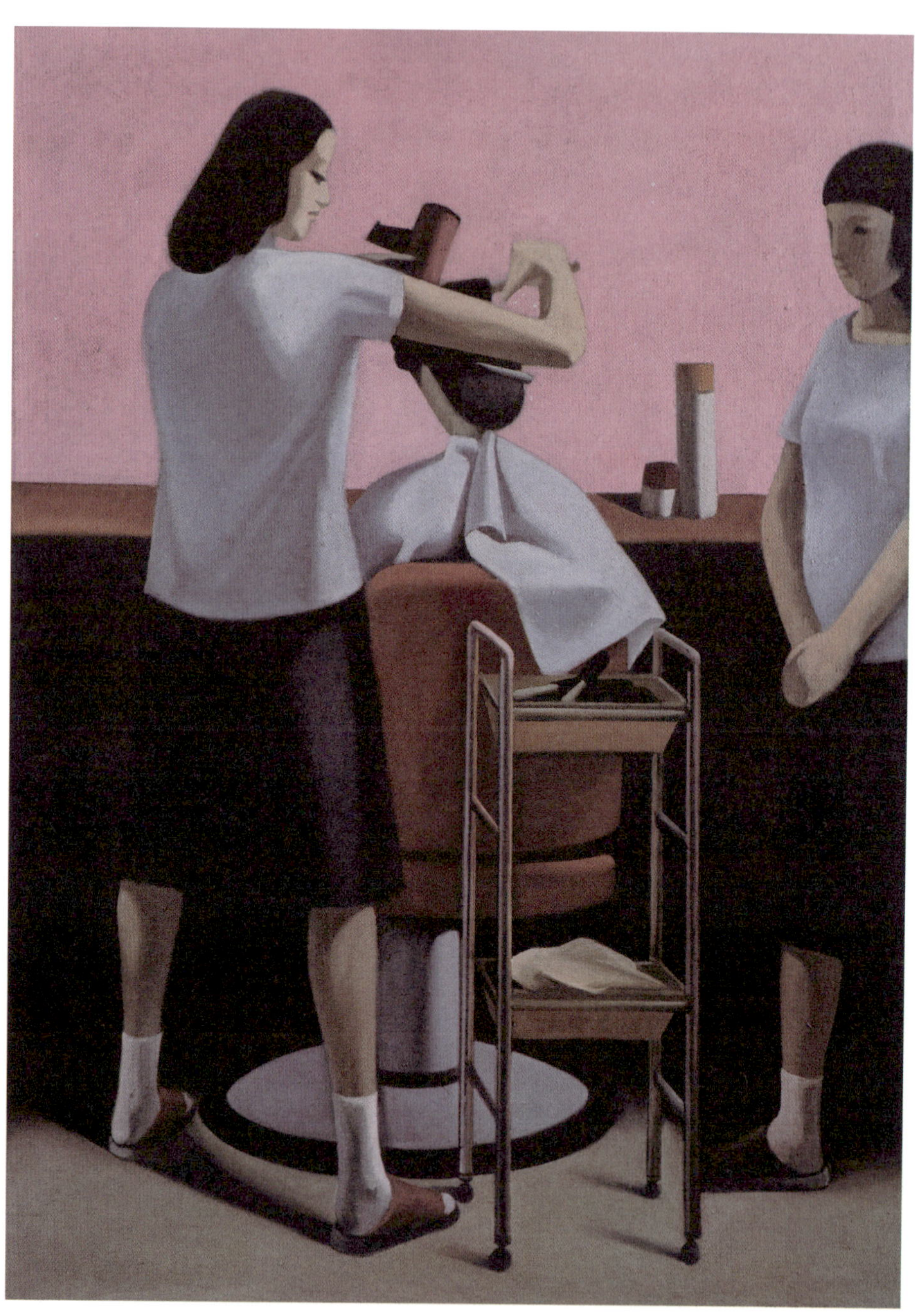

《理发》，布面油画，作于 1996 年

敬："这些貌似平淡的表格在立场、观念上都充满令人激动的实验性。没想到，20 世纪 80 年代竟然已经有艺术家创作了这样的作品。"

"借着这条线索和新鲜面市的'小桥东面'，咱们聊聊'艺术和生活'？"耿老师轻轻松松就把问题拂掉了，"不是身边的东西你也够不着啊。"

"那谈谈'观念艺术'（也是他的标签之一）？""老听人说这个人做的叫观念艺术，那个人也是，但他俩又不一样……我不懂什么叫观念艺术，我也不去考究这些，我就是吃饱了撑的，碰到来劲了，就做一下。"

85 新空间和池社

去年夏天，筹备中的《Art289》杂志为即将到来的"85 新潮"三十周年派我到杭州采访。在老友曹学雷的电脑里，我看到了当年"池社"主要成员的模样——张培力、耿建翌、宋陵、王强、曹学雷。在耿建翌位于浙江丝绸工学院分配的简陋平房里，桌上是西湖牌瓶装啤酒，搪瓷缸盛着的湖蟹，插秧般摁灭在螺蛳壳上的烟头……这是 1987 年，为即将去澳大利亚留学的宋陵送行。另几张是 2011 年，在上海民生美术馆举办的"确切的快感——张培力回顾展"上，五人重聚。

"还有一个包建斐，一个关颖。"在耿建翌位于杭城西郊的住所，他补充了"池社"名单。

"我们这个圈儿里所有的新鲜事儿都是张培力折腾出来的。他特别有热情，老给大家带来一种新的玩法。那时候的'85 新空间'其实是浙江美术家协会想看看青年人的想法，就联系张培力来组织、发起了这个展览。展览完了以后呢，张培力有做事的热情嘛，还想继续。'池社'完全是民间的，就我们几个要好的人。他有想法，我们感兴趣嘛，就响应，然后就一起做了点尝试，就是这'池社'。"

它是这样被记入中国当代美术史的——

1985 年 5 月 27 日，由"85 新空间"展览主要参展者张培力、耿建翌、宋陵、王强、包建斐、关颖组成的"池社"在杭州成立。在宣言中，回归艺术本体、思考艺术本质、追求艺术自律、关注人的健康发展成为他们主要的追求。“池社”一共举行了 4 次艺术活动，6 月 1 日上午 9 点至次日凌晨 4 点半完成了第一次集体创作《作品 1 号——杨式太极系列》；此后又有作品《作品 2 号——绿色空间中的行驶者》《作品 3 号——国王与王后》《作品 4 号——受洗 001》。1987 年后，“池社”自行解散。

这里没有曹学雷的名字。他是“池社”中的非学院派，当时好像正在杭州钢铁厂食堂里做馒头。他有两位兄长，大哥曹工化曾是杭州钢铁厂工人，只有小学文凭，但熟读哲学史、美术史，同时活在古典音乐和经典文学里。十六七年前，我第一次在极简陋的小屋里见到张张正版（进口原装，购自外文书店）的音乐光碟和堆成碉堡一样的书籍，便是在曹工化家。曹工化当时已是浙江有名的艺术评论家，后来兼任中国美术学院客座教授，负责中国书法山水画史、建筑与景观设计、西方音乐史、世界电影语言等多门课程。二哥曹增节是哲学博士，后来在中国美术学院公共课教学部当主任。16 年前，我第一次发表接近整版的人物特写对象就是曹学雷，那张《杭州日报·西湖副刊》在重访时得见，已泛黄。

张培力曾这样说曹学雷：“无论筹备‘85 新空间’还是在‘池社’，他都是一个比较重要的人物。”曹学雷以广泛的阅读和思考，尤其是哲学思考，为朋友们提供某种精神背景。

“‘池社’期间学雷给我们推荐了一本书，当时让我们都很震惊，是格洛托夫斯基的《迈向贫困戏剧》，也叫《迈向质朴戏剧》，格洛托夫斯基是波兰的一个导演。我们看这本书的时候非常受刺激，他的语言方式和看待问题的方式很特别，带有运动式的鼓舞人心的力量，这本书影响了我们这一圈的人。当时张培力给‘池社’写了一个小的宣言，里面一些句式都可能受这本书的影响。除了书，学雷也常给我们推荐一些音乐方面的东西。”耿建翌说。

曹学雷说："其实聚在一块儿有一部分是聊天讨论，还有就是玩，比如一起下围棋。好像很少谈画画什么的，就是大家在一起，情投意合。大家想的东西、审美品位都差不多，就是你看得上眼的，我也看得上眼。"除了写先锋派小说——小说都无题，以作曲式编号 Op+ 数字——曹学雷也画油画。我见过其中较大的三幅，画框是拣了些食堂里较为齐整的木柴自己钉的。有一幅当年曾有外国人出价 300 美元想买，曹学雷没卖。

"85 新空间'，培力的展品是跳水和游泳系列，老耿的是剃头系列，你一定要看看。风格跟他们的毕业作品一致，是理性灰暗的。当时他们的创作理念，是通过艺术手法把日常生活场景仪式化，赋予庄严的气氛，看上去跳水和剃头就像宗教仪式似的。这是用画面为日常生活注入意义的努力，是那时候他们的创作理念。后来有老师告诉他们图书馆里有本原版的画册，作者是个美国女画家，好像叫欧茨，创作理念跟他们一样，就是把日常生活场景画得像仪式一样。我还记得她有张两个人划船的背影，叫《早安》。后来培力创作的《手套》，老耿的《第二状态》，也是按这条思路做出来的。他们的布面油画大致是这么个思路，发展轨迹还是很清楚的。"曹学雷提醒我。

凯伦·史密斯在《耿建翌——轨迹与缝隙，1985 至今》中写道："从 20 世纪 80 年代晚期开始的艺术家耿建翌与曹学雷的关系，为研究耿建翌对于世界、人生，当然还有艺术的态度提供了丰富例证。20 世纪 90 年代中期，曹学雷还是耿建翌几件行为作品的题材（构想）和促进者，这些作品都利用了社会空间中人们互相'观察'的机制。"

张鼎说，在研究耿建翌的线索中，有一条很关键，就是艺术与感情的关系，他是一个非常重感情的人。耿建翌曾对他表达过这样的意思：艺术的好坏跟感情有关系。

而邱志杰说，老耿这个人有很厉害的精神洁癖，他对某些高洁、淡泊、酷酷的人的爱是由衷的；他做那些作品也是因为洁癖。

这大概就是为什么耿建翌在最初谢绝采访之后回复我："学雷的朋

友，才接待。”

《灯光下的两个人》是耿建翌的毕业作品，很“冷”。在杭州，耿建翌说起画面的来源：“平时没事儿的时候大家都在画，画一些小的画。我那时候画过一张静物，画的是两个酒瓶子，放在台子上。”然后，我把酒瓶子换成两个几乎静态的人。

邱志杰提示说，《灯光下的两个人》在当时可能是一种集体创作，虽然这张画是老耿画的，游泳、乳胶手套是培力画的，但它是整个一群人的文化，是一种校园文化——酷酷的80年代浙江美术学院的校园文化。这些画在当时的同学中间一定不算非常特殊，但在今天看是非常厉害的。那是一种整体的气质：敢拒绝很多东西，敢摆酷，敢鄙视油画技巧，敢“没表情”……其实学画的人在当时走出那一步不容易，那是一个小环境带出来的一种东西。它比北京后来出现的那种“痞”、那种“我就这么着了”的感觉更狠、更早。

伴随，但保持距离

凯伦·史密斯提到的反映“人们相互观察（或者说窥视）机制”的一系列作品可能发端于《自来水厂》（1988）。这是一个根据游戏设计的四方形空间，在四周的墙壁上都留有窗户，在四周行走的人可以通过窗户看到空间中心的人，反之亦然。这样，观看与被看就可以互相置换，而观看与被看的预设性前提在此都不存在了。

皮力说：“这件作品可视为中国最早的关于观看和权利机制的装置。”

邱志杰理解为，它表现的核心是人与人的关系，他依稀记得当时看展有一些规则，比方是亲戚的不能同时进展厅。

高士明则把它和耿建翌后来所做的《窥视》《审查》《问卷》《寻人》《证件》《合同》等一批作品连接起来，认为《自来水厂》是中国艺术史上第一个观看政治和权力监控的社会“装置”，他非常想真正“做”一次这件作品——它没有真正实现过，因为“没有资金，没有空间，也没有权力”，耿建翌只是在教室里用画布搭了一个“布景”，邀请了少量的观众，相当于做了一个演示的模型，而许多人是通过当年《中国美术报》上的照片知道这件作品的。

耿建翌自己是怎么想的呢？

“还是要解决‘距离’问题，它是‘看’的一种延伸。我发现人与人的交流很困难，比如说，我在琢磨一件事情或者做一件作品，我所拥有的‘时间’是不能跟别人分享的，观众在读我的作品的时候没有在那个‘时间’上，所以说‘距离’是必然的。但艺术家也希望引起共鸣，也有交流的欲望，我想解决这个问题。于是想到一个最笨的办法，把‘画面’拿掉，制造了一个‘空洞’。在《自来水厂》这个装置里面，人看到的对象就是现场的人。每个人有了双重角色，既是观众又是作品不可缺少的一部分，那么至少 50% 的‘距离’被去掉了。”

一件作品从艺术家到同行到评论家那里，产生了多元的解读，在观众那里，可能性就更多了——艺术的迷人恐怕就在这里。更重要的是，在 1987 年、1988 年耿建翌“感觉绘画不够用了”“没有画画的激情了”的节骨眼儿上，他做出了这样一件装置作品，“那以后才有了些信心”。

我问：“如果现在有人愿意提供资金和空间实现一个真正的《自来水厂》……”耿建翌用他慢悠悠又挺酷的语调说：“过去的事情再拿出来弄，就有点像拿一份已经嚼干巴了的馊饭。如果是有人想要恢复，也可以弄，图纸都在。人跟着兴趣走、变化，都是很自然的事。这么大个子再穿小时候的衣裳，嘴里含颗棒棒糖，不合适了。”

2012 年，上海民生现代美术馆举办了耿建翌的回顾展“无知：1985—2008 耿建翌做作”。用耿建翌自己的话说，是怀着“开追悼会的心情做的”，因为 2011 年末查出，他的肝出了点问题，还不小。

“差点没命了。张培力是把我拉回来的人，找关系安排住院，决定怎么治疗，所以我说这一个就够了（谈到他与张培力兄弟般的友情）。我当时没想到自己基本上是没有生路了，只想着进医院可能要遭点罪，期限是多少呢，有点没谱。我运气相当好，亏得有培力这样的朋友在。

也不光培力，好多朋友呢，都很尽力的。还好遭罪都是有限度的，我做了肝移植手术。在整个浙江省第一人民医院里，我的刀疤是最大的，号称‘疤王’，一个‘奔驰’标志在我肚子上。”那个上午，耿建翌手上弄着工夫茶，平平淡淡地说。他身上穿着台湾朋友手工染制的棉质汗衫和宽松裤子，是两种颜色非常舒服又相宜的紫。

凯伦·史密斯在2012年的个展现场惊叹不已，说那是一场“饕餮盛宴”：数量庞大，形式各异，从那些绘画、行为、摄影、文档、装置、影像中，可以读取艺术家清新又富含创新的思维理念。而皮力从中整理出耿建翌艺术的三条连线——证据、文件与制表；观看、窥视与跟踪；无为、时间与无用。2012年，耿建翌荣获中国当代艺术（CCAA）大奖之杰出成就奖时，皮力肯定地说：“耿建翌是中国当代艺术中价值最被低估的艺术家，没有之一。”

邱志杰对这个回顾展酷酷的题目解读得也酷：“我理解他这个‘无知’更像破‘知见障’的‘无知’，更像在说不要用这个‘知’去把握对象，而是直接去把握某种超越已知的事，所谓的现象还原。而‘做作’这个概念是从佛教‘造业’来的，他想说的应该是：这些东西我不在乎是不是艺术品，而是我在人生中做过的事，他想提出一个不是我们所说的‘作品’的概念；你可以翻译成‘不是耿建翌的works（作品），而是他的action（行动）’。”

从搜集到的各种材料可见，在很长一段时间里，耿建翌对康德式的认识论深度着迷，由此生发出许多作品，而这条路还能走下去，它未完成。

恩师郑胜天这样看大学时代的耿建翌：“他蔫蔫的，可是你不要想去用自己的观点强加在他身上，因为他不会轻易地接受。……他在艺术家中是具有读书人气质的那种，考虑问题，积累知识，再用充满哲理的方式表达出来。他有一种天赋，就是距离感。他跟整个时代不脱节，他伴随，但保持距离。”

多年知交，让杨振中有把握，骨子里敏感的、飘逸的、温润的、内敛的、有诗人情怀的老耿是可以做到这一点的。

张鼎提到一点：从“85 新潮”过来的这拨人里，耿建翌、张培力选择的路不太一样，市场没有直接和他们发生太大关系，当然他们也有市场，他们与画廊体系保持着一定的距离，同时有自己的职业性工作——在大学任教。

邱志杰说，在创作上老耿越来越出世和清淡，但同时他又在做挺入世挺积极的事，将他的人格魅力转换成组织才能，帮年轻人张罗一些事情。这些“入世之事”包括策展：“45 度作为理由”“同意 11 月 26 日作为理由”“大概”等，也包括与某品牌服装公司联手成立了“想象力学实验室”，为新媒体系的年轻人打造出一个创作的空间。

谈到在“2015 西岸艺术节”亮相的《大航海》（两位新媒体艺术家、作家和电影人郭熙和张健伶依托“大西洋号”在 86 天的航程里完成的艺术计划，由想象力学实验室挑选并提供资金支持），耿建翌说：“这两个家伙是非常厉害的，选上他们是我们想象力实验室的骄傲，这是 2008 年到现在我们碰到的最好的作品。”这与去年夏天他谈到艺术教育时的那种“不误人子弟就好”的“冷”形成对照，也为我攒下一点怎样采访一个外冷内热者（而且根本不需要媒体）的经验。

徐震说，老耿是前辈，他们这一拨人的精神、要求、态度，一直给人坚挺的感觉。老耿身上有很明显、很强硬的以个人化去强调的东西，尽管大家会说那是那个年代理想主义的东西，但它通过时间产生了深度，有一种无畏感。

黄专说过，作为近三十年来中国当代艺术的实践者，耿建翌对各种艺术定义、时尚潮流与主流体制的冷漠态度使他的艺术一直具有某种置身事外的超然性与自主性，正是这两者使他的艺术成为我们这个非史诗时代的一部个人史诗。

采访于杭州、上海

写于 2015 年 9 月

凯伦·史密斯 / 打卡•

凯伦·史密斯，独立艺术评论家、策展人。英国人，1992年年底来到中国，现定居北京。她为中国当代艺术家如艾未未、刘小东等在国际上策划了一系列展览，不遗余力地通过自己的策展向西方推介中国当代艺术。中国当代艺术正在发生的年代，她躬逢其盛，成为现场“打卡人”。

阿东／拍摄

第三次见到凯伦·史密斯是立冬后了。那天，在上海西岸摄影艺术中心，她与丈夫刘香成（也是摄影中心创建人）正和一些工作人员开会。四周，100米长的展线上悬挂着63位当代摄影师的作品，从吴印咸、沙飞这一代，到吕楠、张海儿一代，到王庆松、陈漫、马良，再到新一代的杨泳梁、姚璐、罗永进和邢丹文（利用互联网技术、新材料、拼接和植入等新手法创作出一系列超现实主义摄影作品，令人惊叹），每人一到三件作品，加上约翰·汤姆森、郎静山、庄学本这些前辈在清末民初的原作，都归在一个名叫“颗粒到像素——摄影在中国”的群展之下，勾勒出一条百年摄影史的精简线索。展讯上写着：“构思者——刘香成，策展人——凯伦·史密斯。”

这位出生在伦敦郊区的女士有着蓝灰色的眼睛和亚麻色头发，她将眼镜推向头顶的动作将这两种颜色联系起来。她身上的颜色也总是

• 参考凯伦·史密斯著《发光体1号》《发光体2号》《发光体3号》。

令人舒服，比如当天的黑、灰和棕红。她苍白窄小的面孔上覆着一层白种人特有的细绒毛，好像极淡的墨洇在宣纸上生出的轮廓，稍稍中和了疲倦之色，并令整张脸柔和生动起来。

她从温布尔登艺术学院（Wimbledon College of Art）毕业已经27年。那是一所建于1890年的老学校，因戏剧、服装、绘画、设计等学科享誉欧洲，出过不少牛人，比如曾经3次获得奥斯卡最佳服装设计奖的詹姆斯·艾奇逊，以及著名音乐剧《狮子王》的布景师 Richard Hudson。校园里草坪好大，空气里飘荡着后朋克气息（凯伦好几次提到自由）。她在油画系，大一时就有工作室，随便画，也做装置和雕塑，偶尔也画人体素描。她的导师都是小有名气的艺术家，不用开许多会，总之，跟她后来在中国感受到的艺术教育气质颇有不同。

但也不再是那种令人怀想的古老欧洲的人文教育。索尔·贝娄与菲利浦·罗斯见面以中世纪英语诗句互致问候的提神场面已成历史。凯伦说："人们理解中的传统教育，包括教授拉丁语、希腊语，到我这一代（20世纪80年代中期）基本上是没有了，除非那种私立贵族学校，但要花特别多的钱。我们仍然读莎士比亚的作品，因为他的作品很重要，跟今天的社会还能挂钩，不过不是一百多年前的读法。我们仍然读哲学、神学、文学、历史和艺术史，占30%~40%的课时。我觉得英国教育相当发达的一方面在于，它不是僵硬地继承传统，而是跟随时代自然而然地调整教育方法。它鼓励学生提问。我在中国这么多年待下来，发现很多时候中国人不敢问，或者不好意思问，这样的后果是很容易出错。另一方面就是自由，比如我从小喜欢艺术，想画什么就画什么，做了大量的素描练习，但石膏像基本没画过。在自由的空间里，它鼓励你产生真正的自己的想法、角度和立场。"

在她亲历中国当代艺术现场的系列艺评集《发光体》里，不断出现查尔斯·狄更斯、库尔特·冯内古特、普里莫·莱维、史蒂芬·金、J.G.巴拉德等作家的名字。初高中，是她读小说的黄金时代。我问凯伦最喜欢的小说家是谁，她报出三个名字：朱利安·巴恩斯、伊恩·麦克尤恩、道格拉斯·科普兰（他还是著名的装置艺术家）。阅读通向表达，也通向审美。她有心在艺术家的作品和英文世界的小说之间建立某种通道，让后者的场景、意义为前者做注脚。在论谢帆（1983 年生于四川，毕业于四川美术学院，绘画作品有摄影般的写实度）的《景深》中，她引用了王维的诗句："仄径荫宫槐，幽暗多绿苔。应门但迎扫，畏有山僧来。"这与她的同胞史景迁写历史、戈弗雷·巴克写 1850 年以来的艺术品市场，是一脉相承的典雅。她的评论里几乎不出现博物馆、画廊或商业机构的名称。

有差异的传统，珍贵的独立，评论肌理中的养分，决定了凯伦·史密斯在中国的足迹和记录颇为重要，而且随着时间的推移，会越来越显示出重要性——前提是，她在场，她真正进入。

我要看到自己的印度

每次见凯伦，都会刷新对一个人"行走能力"的认识。她在居住地上海、曾经的居住地北京、现任 OCAT 分馆馆长的西安之间穿梭，加上行程单上别的国家和地区，路线更长。这些年，她每年要看上千个展览，背后对应的人想必更多。

1987 年读大三时，凯伦想来中国。那一代的伦敦青年中有不少人好奇地球另一端活生生存在着的社会主义国家、共产主义国家，因为它代表人类社会的另一种未来。

"我去过在伦敦的中国使馆，但是签证的申请手续非常复杂，所以我就放弃了，先去了苏联，那时候苏联还没有解体。当时也不太清楚到底为什么想去，有一点是明确的，那会儿在英国最时髦的是去印度，然后我的性格里有一个特别的东西，如果所有的人都穿红，我就非得穿蓝，他们往左，我就要往右。所以大家都往印度跑，回来这么一说，我就觉得脑子里全让他们的印度占满了，那么到了那里，可能就看不到我自己的印度，所以想找一个脑子里没有任何印象，可以好好去看的新的地方。"

“与绘画有关”展览现场

她在苏联停留了6个星期，去了圣彼得堡，去了冬宫博物馆，没有看到多少原作——斯大林治下，布尔什维克在出口艺术品和古董的顶峰时期是以吨而不是件为单位的（比如1929年1192吨；1930年1681吨）；而安德鲁·梅隆，1921年至1932年连任三届美国财长，海量购买冬宫的艺术品（总交易额达665万多美元），大部分是老大师作品，那份名单令人叹为观止。她还去了莫斯科、乌克兰，独自坐火车，坐公交车，没有明确目的地，只是想看。她买了许多笔记本，一路走一路记，记下所有她感兴趣的内容，以及人们不同的表达方式。若干年后，她在圆明园画家村、宋庄、798以及黑桥，做同样的事情。

毕业后的1989年，她去了日本，学习跟造纸有关的艺术。因为不

“书与法·二”展览现场

喜欢日本，转而去了香港。在香港，她发现中国大陆有当代艺术。

“我是在何庆基先生（时任香港艺术中心馆长）的办公室里第一次见到艺术家徐冰和谷文达的。当时我为一个艺术杂志工作（任港刊 *Artention* 的主编），去采访他们。记得谷文达那时英语就不错，还帮着翻译。想想这么多年以来，他们的变化不大，徐冰穿的衣服一直都是比较简单的风格，谷文达的发型也一直那样。到了 1992 年，张颂仁又把尚扬、王广义和吴山专的作品带到香港，办了‘后八九，中国新艺术’展览。”

“好像是从 1991 年开始的，香港有七八家画廊忽然都可以看到内陆艺术家的作品，有一些水墨画，也有抽象画。Schoeni 画廊可能最早觉察到中国当代艺术的非凡之处，它开始在大陆寻找一些年轻的、地下一点的艺术家，像那时候聚集在圆明园村的岳敏君、方力钧、杨少斌这些人，都是很有特点但又很边缘的；张颂仁的汉雅轩跟 Schoeni 比较接近。作为一个英国人我可能比较了解中国香港，但是上学的时候连历史课上都不能很详细地讲到中国的全貌。我想了解真正的中国，想看真正的中国当代艺术，这是我后来坚持要来中国的原因。”

凯伦说一口相当流利的汉语。她说，要感谢在北京语言学院、外文局和人民文学出版社的学习、翻译经历，尤其后两个机构那些精通中英文、教她体会两种语言之间最精妙部分的高手。但我仍然感觉到更深一层交流的困难——从她书中看到的那种深度没法在口语交流中获得。我甚至觉得不是语言的问题，而是时间的问题。那是一个观看了二十多年艺术现场的人将摄入眼中的形态声色，通过分解、关联、提炼，最后萃到笔端的珍珠般的见解——你不能指望一个旅途中的人老戴着她的珍珠项链。

一下子给定位，太早了

1992 年 11 月落地北京，1993 年 3 月凯伦就碰上了当时中国艺术圈的集体亮相。“我在香港采访过一个德国艺术家叫伊门多夫，他在北京办个展，邀请我参加，那天人来得特别齐，所有住在北京的艺术家几乎都到了，大家都穿着大棉袄。我第一次见到栗宪庭、方力钧……一些报刊编辑、批评家、组织者（那时候还没有策展人），还有诗人的。”她很快走进了北京西郊圆明园附近成片的农民出租房里，大棉袄们的大本营在那里。

“那时候，中国艺术家对你这样一个外来者是什么态度？”我问。

“有人对他们感兴趣就可以交流，没人觉得很奇怪。因为我那时候中文不好，其实看得更多，一直在观察，拍了很多照片，然后研究很多东西，自己思考，积累了大量的资料。那时候我有一个感觉，就是中国的当代艺术正在寻找它的一个位置，一个方向，并不是很明确的。然后那些来自国外美术馆或者是文化机构的人，可能跟我差不多，到中国才一两年，一下子看到那种政治波普或者玩世现实主义的元素，一下子就给它一个定位，或者用一个特别复杂的理论套在它头上，等于给了它一种能够快速识别的标签，告诉大家：这就是中国的当代艺术。但是更微妙的东西，他们就看不出来了，很难去判断它的当代性。这比较符合外来者一点也不了解中国和她的本土文化，乍一看之下建立的某种关联。我一直觉得这样做实在是太早了、太快了。现在回想，我觉得那些政治波普也好，玩世现实主义也好，冒头是非常短的一段时间。我的想法是：我是外国人，要学习很多东西才能站在中国人的立场来看问题。二十多年待下来，我处的仍然是一个非常尴尬的位置，因为无论我怎样从这边出发，怎样特别能理解中国人思考问题的方式，包括他们怎样面对一个崭新的、国际化的艺术世界，我终究是一个外国人。同时，因为我是外国人，我能明白为什么外国人有这样那样的看法，我能够看到其中有一些误解、误读，但你很难去说，因为不容易说清楚或者根本说不到一起去，有时候就没有必要说。”

“那些年的笔记如果出版应该很有意思，也许能还原一些历史。”

“对。2006 年我把笔记中的一部分整理出来，写了 *Nine Lives*：*The Birth of Avant-Garde Art in New China*。”凯伦顺口报出 9 位艺术家的名字：王广义、耿建翌、方力钧、张晓刚、李山、顾德新、徐冰、张培力、汪建伟。

“这本书到现在还没有完全译成中文，因为之前的译者不太能把握英式英语。比如我写今天天气很漂亮，其实意思是说今天的天气很不好，他没有办法抓住这个意思，不像讽刺但比较玩世诙谐的意思；我也不太能接受之前翻译的书名。Nine lives 在英文里的意思是一只猫有九个重生般的机会，它可能会遇到各种各样的麻烦，差一点就出事了，但它总有办法继续往前走。那一代的艺术家处在非常艰难的时代，经常遇到很多问题，但他们那么想做艺术，所以总能想出有创意的办法避一下、

谢扎德·达乌德首次中国个展“定数”现场

拐个弯，就像那只猫。”凯伦看着我的表情，承认确实难译，但她还是愿意再等等，等待一个更准确的词语从天而降。

而九分之一的顾德新似乎提前用掉，不，舍弃了剩下的机会。“1993年，在柏林的群展‘中国前卫艺术展’上我第一次见到他。后来在林天苗家见过几次，他话不多，喜欢跟小孩子玩。”在凯伦看来，顾德新的艺术世界纯真、坦率、自我、想象力非凡、深具实验性，丝毫不受他人影响；当他在某条路上觉不到新意和吸引力时，立刻改弦易辙，头也不回。他在2008年彻底放下艺术，隐退，留下300多件作品供人回味——它们中的一部分出现在2012年人们为他50岁办的回顾展上，而他提前谢幕再不现身。凯伦为顾德新，为这个展留下一篇漂亮的评论——《重要的不是肉》，我读了几遍，试图接近那种“转瞬即逝，刹那永恒”的纯粹。重提顾德新，让凯伦的眼睛闪闪发光——这些年来她能在劳顿中始终保持轻盈，我有些懂了。

“问个题外话，在中国那么多年，你喝什么水？”

“矿泉水，比如依云。”

“食物呢？”

“我明白你的意思。如果一开始就对这些差异或不确定因素想得太多，你就什么都不敢吃了。我听很多人分析这些问题，比如白米、面食的漂白，蔬菜上残留的农药——不仅停留在表面，像水分多的胡萝卜，里面也吸收到的，你说用高温炒，那么营养也一块儿被炒掉了，包括牛奶，现在很多牛用抗生素……这些你真的没办法避免，只有进入，然后想出一些较好的办法。我基本上不吃加工过的东西。”

我看的不是作品的成功，而是新

田霏宇（Philip Tinari，意大利裔美国人，哈佛大学东亚学硕士。艺术评论人，策展人，现任尤伦斯当代艺术中心馆长）比凯伦晚十年到中国。2002 年秋，他作为凯伦的助手参与第一届广州三年展的目录编辑。他说：“我始终记得那些周二的早晨，我们在她的工作室里讨论，仿佛古老的牛津导师制度在 21 世纪初的北京重生。”

1980 年至 1981 年间，谢德庆在纽约进行了他的第二项“一年行为表演”，在整整一年里每小时打一次卡，那是他在曼哈顿下城区生机勃勃的艺术氛围中创造的五项一年期行为表演之一。田霏宇说，23 年来，凯伦·史密斯在中国当代艺术现场所做的堪比谢德庆的打卡，整个 20 世纪 90 年代，她不知疲倦地奔走在各个展览和行为艺术现场，一边与艺术家对话，一边将自己的记忆和理解付诸笔端；从 2009 年开始，她在北京、西安、上海之间记录每一个重要的展览，每年选择其中 50 场值得关注的，配上图片、描述和短评，每年推出一部《发光体》（目前已出中文版的有三部）。又因为这个“发光体”计划由后浪出版公司发起并提供资金支持——后浪曾与凯伦和刘香成合作过《上海：1842—2010，一座伟大城市的肖像》等几部著作，所以，对艺术事件的记录，与艺术家的邂逅，一系列美学的顿悟、启发和认可成为凯伦的主要任务，而举办展览的机构名号只在全书末尾的展览列表中出现。因此，田霏宇肯定：它们将成为艺术世界的编年参考，对持续变形生长的当代艺术领域的可靠记录。

“撰写《发光体》的初衷并不是为了倾力报道那些最受推崇的中国艺术家。《发光体》与传统市场观点有着不一样的视角，即不再赘述那些缺乏精神实质的陈词滥调，或像那些大部头的学术论著一样将大量的理论分析堆砌在一起。相反地，它只是一个庆典，庆贺艺术家们在那些美好且顺心的日子里创作出属于他们自己的作品——非凡而卓越的作品。简言之，它真正关注的是艺术，抑或借用翠西·艾敏的话说，即使他们明天就逝去，这些中国艺术家创作的划时代的作品也将会被铭记。”2012 年出版的《发光体 1 号》里，有凯伦迷人的英式表述。

“在《发光体》里不仅看艺术家和作品，也看到你的态度：宽容的、不带成见的、相当开放的接纳。但在别人眼里，有些作品可能就是胡闹，比方厉槟源的那件毕业作品。我想知道你态度的依据。”第一次见面，我问凯伦。

“我看作品的时候，脑子里会有一个艺术史的脉络。艺术史最重要的性格是：它总在识别每一代出现的新东西，那种会改变后来艺术风格或方法的开创性的东西，比如毕加索、杜尚的作品，它最不喜欢的是重复。你说厉槟源这件《越晃越大》，一个写着‘喜’字的红色气球套在一个可口可乐塑料瓶口上，前面有一张手写便条——它出现在厉槟源和崔灿灿一起策划的非常规个展‘我有病’上。厉槟源是 2011 年中央美术学院雕塑系毕业的，央美本来代表传统和权威，它能够允许学生用这样的方式来表达，在彼时彼刻是一个挺有意思的现象，如果再过十年还有学生这样去做，那就没什么意思了；而厉槟源通过这件毕业作品想突破某些东西的计划也实现了。他想突破什么呢？——今天越来越趋向‘专业’的艺术形式。在 20 世纪 90 年代，满足自我表达、为艺术而艺术还是主流。而且，在他的兴趣线‘我有病’上，他把中国当代艺术的真正危险说出来了：不了解艺术史的人不仅会把前人走过的路再走一遍，更会依据一套毫无想象力的价值体系去判断和体验‘艺术’，甚至不知道该怎样去定义艺术。一个艺术家的作品可能不是每个人都能接受的，但是因为它有一个新的发生源，就会改变它之后的一些做法。”

“在你眼里什么是新？”

“肯定不是以年龄来划分的，不是艺术家越年轻，他做的东西就越新。首先看艺术家想说什么，内容仍然是一个非常重要的点；其次看他怎么说，可能作品的形式不完全在传统体系里，比如没有笔触的绘画，比如利用新技术拼贴、植入或使用矿物颜料的照片；第三看作品有没有提出问题。最重要的是它给你的感觉应该是从来没见过的、当代的，这就是新的。”

“一幅画如果脱离了笔触色彩，我们怎么来谈论它呢？像毛焰、刘小东这类艺术家该如何归类呢？”

“这是一个非常有意思的话题，而且我都不知道结论是什么。我们分析作品的习惯来自于一套既定的方法，比如笔触、用颜料的方法，但是有些当代艺术家已经把画当作一个表达的‘壳’，远离了传统的范式。青年策展人蒲鸿刚在我们那里（OCAT 西安馆）做了一个展，他提出的问题就是：‘绘画只能是用笔刷将颜料涂抹在画布上的单一性动作吗？’比如赵要（1981 年生于四川，2004 毕业于四川美术学院设计艺术系）的画或者说平面作品就不是传统意义上的绘画，它没有笔触；像徐震，完全脱离了颜料，用不同质地的材料在画布上进行拼贴，层次很多；像徐红明（1971 年生于湖南，曾在中央美术学院雕塑创作室学习），不用画笔，直接用手或筛子将颜料洒在潮湿的纸面上；张恩利虽然还使用颜料，但想突破画布和平面维度的限制，他打算在二层的展厅画一件空间绘画作品，让观众在走、坐、躺下的时候，都能感觉漂浮在画上——不是所有的艺术家都在追求当代的感觉，我觉得毛焰，还有刘小东，在传

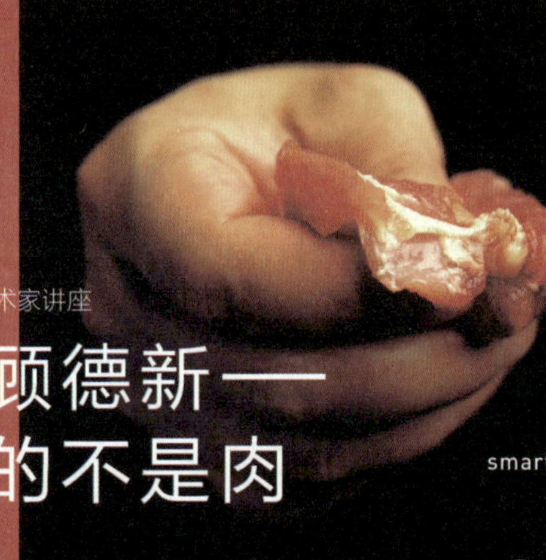
smart 系列艺术家讲座
讨论顾德新——
重要的不是肉
4月8日（周日）
13:00-15:30
UCCA 报告厅
嘉宾：费大为
冯博一
凯伦·史密斯
邱志杰
主持：田霏宇
中文配英文翻译
smart Artists' Talk Series
Debating
Gu Dexin—
The Important
Thing is Not
the Meat
Apr 8 (SUN)
13:00-15:30
UCCA Auditorium
Guests: Fei Dawei
Feng Boyi
Karen Smith
Qiu Zhijie
Moderator: Philip Tinari
Chinese with English translation

《发光体 3 号：亲历中国当代艺术现场》封面 凯伦·史密斯的新书在西岸艺术中心正式发布。延续已经出版的《发光体 1 号》和《发光体 2 号》，《发光体 3 号》收录了崔灿灿、厉槟源、廖国核、阳江组、邱志杰等众多艺术家个案。

统的架上绘画里找到足够的乐趣，而且画得特别好，但我并不觉得他们是当代的。”

“你怎么区分现代和当代呢？”

“有个荷兰的朋友就认为，只要是现在在做的艺术就叫当代。但我，还有一些人仍然倾向于当代艺术中必须有一个鲜明的特质，就是前卫，艺术家追求跟以前发生过的完全不同的东西。”

“所以你根本不是在看作品的漂亮、光滑或者成功？”

“成功实在不是一个好标准。有时候因为一个失败的东西，艺术家被领到一种前所未有的状态，那就是成功。艺术家如果是在探索，肯定能够接受失败，而且肯定会失败。如果艺术家为了漂亮、光滑，做出的每一件作品都是一模一样的，对我来讲没有吸引力。而且，年轻一代与老一辈艺术家的思维方式完全不同。过去，一件作品的完成是清晰的，就是获得了相应的回报，但对梁硕、王思顺、金闪、方璐，特别是厉槟源和‘双飞’成员来说，作品的重要性几乎全部取决于‘态度’，也就是说，他们把艺术看作一个进行中的工作，一个他们自己的艺术生涯，他们看重过程远胜于结果，所以，一两件作品没法反映他们在想什么，你得看他一路下来的作品。”

“但是你在书里也提到，今天艺术的标准不见了。就我们所见所闻，好像标准消解在艺术家的‘自我’中。”

“对。这个变化跟理论界差不多是同步的：从现代理论到后现代理论，就变成什么都可以是艺术。谁有这个命名权呢？从艺术家本人开始，然后评论家、策展人，最后通过藏家和市场确认。而且印象派画家，或者毕加索在历史上留下的轨迹让人们相信，艺术家活着的时候作品被认为太前卫，死后被历史承认获得尊荣是常见的，这可能鼓舞了不少人。”

凯伦还记得小时候听家人谈论泰特美术馆即将收藏美国极简抽象派艺术家卡尔·安德烈的12块砖时的感觉；她也向我说起1983年查尔斯·萨奇（Charles Saatchi，被认为是当代最成功的艺术品收藏家或投机者）在伦敦的一个居民区里开出他第一家漂亮的画廊，她走进去所看到的——当代艺术就是以这样魅惑、颠覆、前所未有的方式登场的，而通过当代艺术获利的大鳄，其挣钱能力常常来自非同寻常的、有趣的性格。

新，属于非专业人士

不过，凯伦寻找的“新”和现实中的“新”存在明显缝隙。在《发光体3号》中，她写下发现：2010年起，“新”的含义在两方面凸显——大量泛化艺术顺应市场力量而生；先锋一代艺术家的脚步放缓、停滞甚至本人消失，而年轻一代开始渐入佳境。“新”变成了年龄的角逐，当代艺术界迷恋年轻（以为必然带来“新”），这些表达了市场的需求，说明中国当代艺术、实验艺术缺乏一个除了仅由市场决定价值之外而明确存在的理由，更说明行业中人对于20世纪初至今的中国艺术史缺少共识——近30年来，中国人在各种细微的问题上都很难达成共识，遑论艺术史这样的大宗。

很可能，这是导致某种有关“新”的虚无的症结。凯伦敏锐地发现：现在大多数新锐艺术家的创作都生动有趣，却过于“简化”，其中有些随意到了自命不凡的程度。这些作品可能摆脱了20世纪90年代那种用意识形态图像做平庸、媚俗拼贴的老路子，却被另一种乏味无趣、墨守成规的国际化艺术形式所替代——这二十多年来，全世界多了多少双年展和三年展，越来越多的中国艺术家开始能凭借流利的英语走向国际了。但这些展览在很大程度上怀抱着西方价值观，在全球艺术界制定了不成文的霸权标准：从类型、形式到口吻。这种同质化，对活跃在国际群体中的中国艺术家很难不产生一种强制性的影响，如果他们想在国际上占得一席之地的话。随着时间的推移，如果缺乏足够的吸收、消化和嬗变，艺术家会跟自己的出发点渐行渐远。

三年里，凯伦挑选出的艺术家及其展览超过150个。年龄上，从1956年的徐坦到1984年的陆扬，1987年的陈轴、崔灿灿，1988年的谭天；类型上，覆盖绘画或平面作品、录像、装置、行为艺术和新媒体。姜晓春带给她“发现的惊喜”，张晓刚、陈蔚、乌托邦小组、海波乃至王卫的作品中流露出的那种“渴望一个能抹杀过去历史的、完全不同的时代”，王思顺瓶盖中的玄妙，黄然《对荣耀的管理》（入围2014年戛纳电影节最佳短片）中显露的国际化的影像语言能力……都令她欣喜。她对老一辈的耿建翌，中间一代的邱志杰，新一代的崔灿灿、厉槟源、黄然等人的偏爱是显而易见的，因为他们身上都有与年龄无关的“新”的能力。

“眼下看起来，‘最好’的艺术仍然是由那些追求超乎寻常的新事物的艺术家创造的。他们通常聪明得具有挑衅性，举手投足都流露意图，即使迎合不了所有人的喜好。”她说。

她借身在纽约布鲁克林的艺术家哈坎·托帕尔所说的“你我并非专业人士（We are not professionals）”将这一群人称为“非专业人士”：试图打破常规，甘愿为此放弃财务稳定和大众认可——与历史上那些个个特立独行、置身圈外、蔑视名利、不墨守成规，凭借天才和一腔对快乐的追求走出一条从现代到当代之路的先行者（疯子）们，隔着时空 say hello。

那么相对的，就是专业人士了：无论自身竞争力水平高低，都用商业方式运作自己的作品。凯伦之所以郑重作区分，是因为在中国，艺术的景况仍然依据资本的力量在变化，但在更广阔的国际视野里，商业和非商业、优与劣、精英和草根之间的边界正在渐渐模糊。

说穿了，每个时代都有一套天鹅绒质感的"体制"，等着艺术家被驯服，去归顺。在今天，做一名职业艺术家，是否就意味着放弃表达的乐趣，整天忙着打包出售、分销、买卖?

凯伦吃惊地发现，许多中国年轻艺术家正在推迟步入"专业圈"、卷入一切象征身份和成功事物的步伐，为实验、为探索不确定的过程和结果留出时间和空间。

"为什么你说，在可预见的未来，创新的表达前景暗淡？"

"当代艺术界拥有一种不可思议的力量，让身处其间的人不得不遵守那一套规则。潮流巨大让人难以逆流而上。当初那些创作出具有划时代潜力作品的艺术家，随着被市场认可或者说成功，要有非凡的勇气和定力才能继续保持原来的姿态，在这 23 年里我很明显地感受到了。比方说，有些在《发光体 1 号》里表现出众的人，后来就不行了。一开始，他们被允许、鼓励，被称赞有棱有角，然后成为明星，慢慢棱角被磨平，这是进入当代艺术俱乐部的代价。"

"在你看来当代艺术是什么？"

"卓越的见解。如果能将卓越的见解出色地传达出来，一堆垃圾或是揉成一团的纸都可以被阐述成一次创新行为的表达。虽然在许多作品里，观念远比承载观念的外在物有趣得多；那些试探性的行动、昙花一现的实体，一时也难以确立地位，但其中显示的想法和方向却呼应着当下的文化框架，令人激动。"

我也因凯伦开掘到的这一层而激动。因为从当代艺术中，明白无误地看到了哲学上的现代性和现代人几乎无法挣脱的自我。知识被下降为见解、意见，感性成为最坚固的实在，人类授权自己成为万物的尺度却无法逸出万物自有的规定性——整个世界在这些下降中贯通，通向难以把握而又异常迷人的离散。

采访于上海

写于 2015 年 11 月

邱志杰 / 要么炼成舍利子[•]

邱志杰（1969— ），艺术家，策展人。1992年毕业于浙江美术学院版画系。主张用文化研究作为艺术工作的基础，用艺术工作作为完善的人和世界的基础。

朱英豪／拍摄

邱志杰连续画了14个小时，这时候离2016年还有3天。他手上在画，听着听书宝里台湾人讲孟子的节目，心里在想当年去探渐江墓的情形。

那是1990年夏天，他独自去安徽歙县，查到墓就在县城附近的山上，问当地人，他们都说不知道，但地图上有。按图索骥找到，是一家塑料制品厂，墓在厂区后山上，需掏出小刀披荆斩棘才能靠近。到了墓前，一块省重点文物的小石碑歪倒一旁。伏身刚磕了个头，山上的蚊子已在他身上开起宴席，他只好落荒而逃。忽又想起11月在南昌青云谱重访八大山人的墓，墓地还算清净，也有人招呼游客。渐江和八大山人的名字都在画上。

画由六张长1.2米、高2.4米的八尺宣拼成，重峦叠嶂围着中央的斗兽场，每座山头都有命名：道家、老子、列子、管子、文子、符箓、丹药、桃花源、采薇、泯是非、逍遥

• 参考邱志杰著《给我一个面具》《重要的是现场》《总体艺术论》等，吕澎《中国当代艺术史2000—2010》，凯伦·史密斯《发光体2号》。

游……陆九渊、船山学、乾嘉朴学、碑学、托古改制……儒教、自由主义、三农问题、留守儿童、黄河边的中国、民族主义、超英赶美、香港回归、一国两制……文明的主体性、边缘的发展权、去政治化的政治、齐物平等、改制与中国工人阶级的历史命运、去 GDP 中心主义、现代中国思想的兴起、学人杂志、汪晖……崇山峻岭之间有铁路，截取一段：八国联军、义和团、甲午战争、抗日战争、抗美援朝……斗兽场一圈圈席位上写着：全面深化改革领导小组、人民币国际化、顶层设计、高铁、别了铁道部……信访办、房嫂、公知、网络谣言、屌丝、五毛、河蟹、鸡汤、广场舞、人肉、蚁民、大 V、仁波切……构成一幅上下五千年关键词地图。

这个凌晨，邱志杰还想画几个小亭子，但已经画不动了，便收了工。2015 年最后一天，画成，他忽然想到下一步的翻译。9 月底在莫斯科行走，他悟出用毛笔写英文的办法，想着在地图上标注英文该不再是折磨了。元旦假期三天，他以一杆柔笔强征，忽而篆隶，忽而魏碑，忽而黄宾虹附身操持金文，竟也写得 high 起来。

原来源头在这里

三个多月前，邱志杰的个展“大计划”在福建省美术馆的展厅里疏落又绵密地布好了局。那些形状奇特的竹编制品、地上成排的竹匾、从前回收废品的磅秤、柴油筒，还有遍布空间的地图与版画，都显得随性，缺乏通常意义上的“作品感”。邱志杰站在数十米长的《世界地图计划》前为观众导览，像好客的主人。2014 年，他把自己身上携带的文化基因和由此生成的艺术创作版图画成一张地图，叫《尝试理解自己的工作》。他画地图上瘾。

2015 年岁末，邱志杰在上海见到敦煌研究院前任院长樊锦诗先生，跟他讲起三次去敦煌的经历：

第一次是 1991 年，他是浙江美术学院大三学生，凭学生证可以看不少很好的专业窟。幸运地，他在那里遇见了法国藏学家海德，海德拿着某基金会的钱付费打开一个一个特级窟，他跟着看了不少。又遇见四川大足的退休县长宋朗秋，他当县长时陪着外宾去敦煌，从此迷上石窟，一退休就在莫高窟住下，整整一年，敦煌研究院的人感动，视为同道，任他看各种石窟，邱志杰也跟他沾了一些光。

第二次是 1993 年，邱志杰已经毕业，那次是从新疆库车步行 30 千米走到克孜尔石窟，满脚血泡，痛，看见过什么都不记得了。

第三次是 2012 年，他领着 60 个中国美术学院学生前往。他和其中十来个去莫高窟对面的那片墓地磕了头，在老校友常书鸿、段文杰先生墓前敬奉三支香烟。

此次在上海的敦煌大展上，邱志杰远远望见《五台山图》，叫出声来，原来都记得，原来，他地图的源头在敦煌。

2015 年 5 月，威尼斯双年展，他的《邱注上元灯彩计划》《南京长江大桥自杀干预计划》等一系列作品正在主题馆展出。他处理完现场装置《中原》被碰碎的玻璃鹿角，飞快地赶到东道主意大利馆浏览。看着布展图，邱志杰口中念念有词，他英文不错。他用更快的脚步给那些不怎么样的作品打分。

转过两个转角，穿过十几米长的白色甬道，他在意大利艺术家大卫·法兰里奥（Davide Ferrario）的录像装置《记忆》前面站了足足五六分钟，直到三块屏幕上轮放的由艾柯（Umberto Eco，意大利著名学者）访谈和新媒体制作交织在一起的 5 分多钟录像都显示“End”。

邱志杰告诉我，2001 年 12 月，他和学者郭良、王铭铭、赵汀阳、汤一介、乐黛云在艾柯的办公室开会，这个跨界小组参加了艾柯在博洛尼亚大学主持的一个互动人类学项目。办公室是博洛尼亚的一座王宫改建的，到处是石柱和浮雕。

“艾柯有一个图书馆一样的工作室，十几位博士生每天代师阅读报纸杂志，看到导师可能感兴趣的，就剪下来，放在他可能途经的地方。比如，艾柯去上厕所，看到某一条，有感，就在旁边批注，然后回到书房继续读柏拉图的书，学生们赶紧录入老师刚才写下的文字。”邱志杰有一种话本式的讲故事能力，乏味跟他整个人不沾边。

听屏幕上的艾柯出口成章地引用但丁、圣·奥古斯丁、海德格尔关于记忆的描述，听他讲现如今，许多人不记得30分钟前自己说了什么，邱志杰黝黑精瘦的脸上露出激赏。他像一节干电池一样竖在那个白色甬道里，吸收能量。

在弗兰切蒂宫，威尼斯双年展平行展“玻璃应力2015”富丽堂皇的展厅里，我还看到一组邱志杰的玻璃作品《更多的怪兽还在路上》：几十只玻璃烧制的动物分三层陈列，被一支欧式吊灯照着，也是需要细细观察而非瞬间摄人眼球的。他说，怪兽的灵感来自《山海经》、希腊神话，还有他的想象。

在那幅《尝试理解自己的工作》的大地图上，邱志杰细细梳理了自身庞杂的源头，用建立档案的方式：几条主干，一车皮关键词。

福建故乡：海洋、台风、妈祖、侨乡、“文革”记忆、水浒、金庸、毛泽东诗词……

肇始于唐的漳州书法传统：包堃、范益民、谢龙授、郑玉水、王作人、云洞岩、拓印、重复书写《兰亭序》一千遍……

浙江美术学院传统：版画传统、观念艺术、用墨刷牙、唐诗罐子……

儒释道传统：禅宗、佛教、敦煌、西藏、诸法无我、诸行无常、观身衣净……

西方哲学传统：马克思、维特根斯坦、尼采、瓦格纳、斯坦纳、波普尔、索绪尔……

这是地图叙事，换成抒情散文，是这样的（以书法传统为例）：

“1992年恩师郑玉水先生在漳州去世，我从石狮赶回，用他的隶书风格写了葬礼上用的各种挽联。漳州古城还有很多他的手泽，中山公园里的碑刻就是。有一年回来，王作人先生在打石巷的老屋还在，就想起当年老人吟诵唐诗那种原汁原味的唐音。即使‘文革’中，传统文化还是到处都在。那时候我看的《水浒传》是民国出版的带绣像的版本。

老派书法家们笔会唱和，写的是毛主席诗词，用的却是石鼓文。山水画家们在群山中加上一队举着红旗的人，或者在远景中勾画出一座南京长江大桥，就算敷衍过去。‘文革’一结束，遗老们从各个角落里冒出来，‘文革’期间他们中的不少人抄抄大字报，出出黑板报，也就过来了。中国传统文化就有这样的生命力，风暴来时，竹子趴下；风暴过去，竹子重新挺立。我是在群艺馆办的少年培训班里接触到本地文人传统的正脉，整个少年时代，就混迹在最后一代儒者中间。老师在庙里找和尚参禅聊天的时候，我为他们研墨，重按轻推，不能发出声响。兴致一来，他们会写一堆‘翰墨缘’‘金石乐’之类的字，很快耗尽我磨了一天的墨。跟他们去拓印各种摩崖石刻；听他们用文读的闽南古语读线装书（闽南话分文读和白读，发音很不一样），一篇《孔雀东南飞》，他们读得老泪纵横；看他们用清水在红砖上写字，做每日功课。这期间，我临摹了近千个汉印。10年之后，当我接触到所谓过程艺术和激浪派的时候，用水在砖头上写字的经验默默变成了《重复书写一千遍〈兰亭序〉》。”

吕澎说，邱志杰在20岁就开始的《重复书写一千遍〈兰亭序〉》成为20世纪90年代艺术史的重要文献，这跟他从小在漳州写毛笔字和读旧文章有关，20世纪50年代出生的绝大多数艺术家没有这样的经历。这是邱志杰独特的地理文化基因。

他生长的年代和环境是浸染儒、道传统的中国，他很容易关注到那种带一点伤感、一点禅意、一点江湖侠气，但又清醒冷酷的平静。他微信的头像是一幅焚书图，蜘蛛侠网格纹的火焰正在吞噬一部线装书。“是我画的，叫《绝学无忧》。”“绝学无忧”也是《道德经》第二十章开头四个字。

“旧文人、民间文化、社会主义记忆和全球化这四种食谱，从小就杂乱地纠缠在我这里，不可分割。这也决定了我幸运地成为一种杂食动物，强悍，啥都吃，死不掉。”邱志杰说。

从1993年开始，对语言哲学和文化人类学的兴趣开始构建他思想

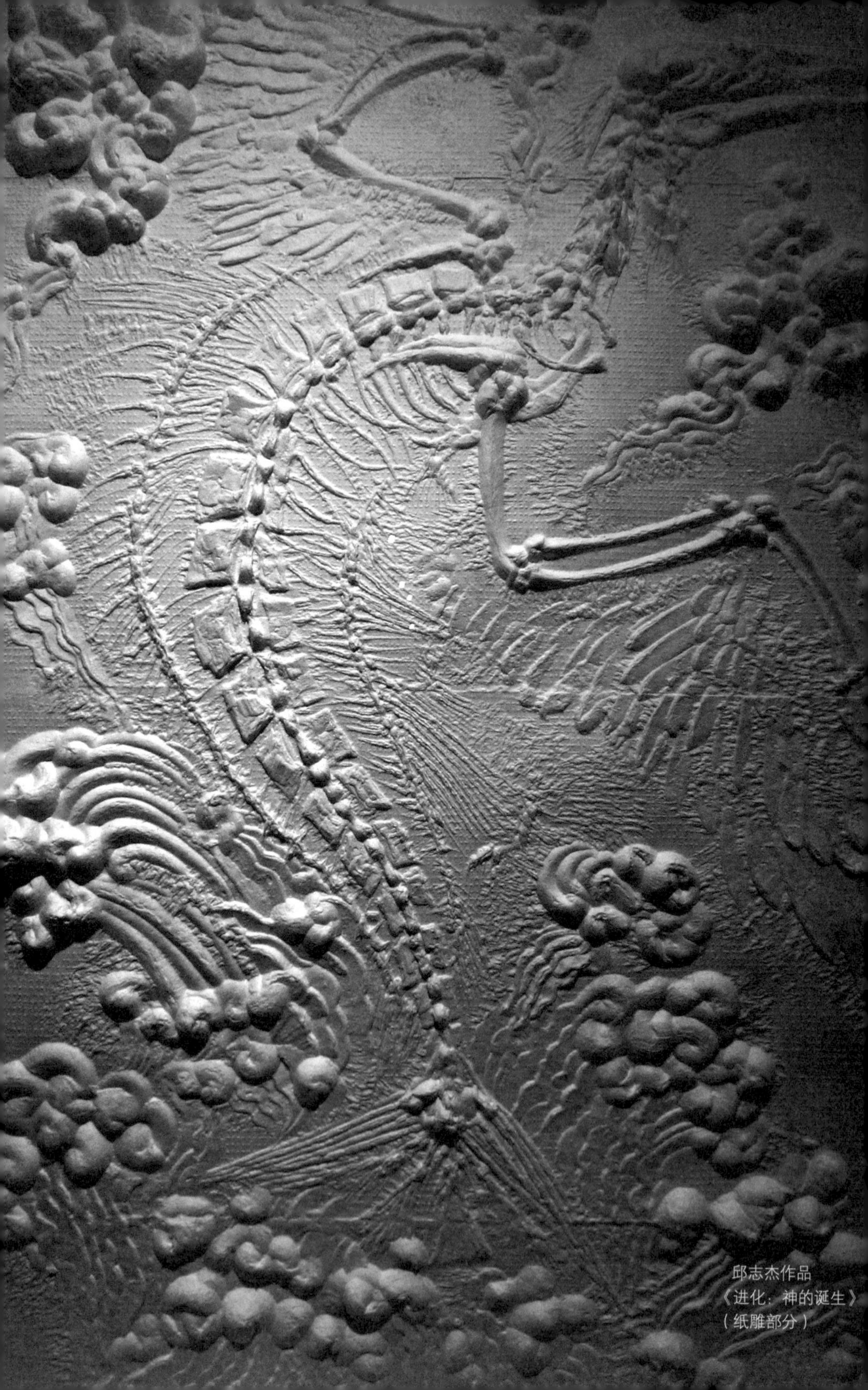

邱志杰作品
《进化：神的诞生》
（纸雕部分）

和艺术语言的特殊性。他去北大旁听了分析哲学和现象学的课程，阅读了索绪尔和维特根斯坦的著作。在他的《创作年表》中，特别提到了1994年9月开始阅读维特根斯坦的《哲学研究》。

陈嘉映说："我是在维特根斯坦的课上认识邱志杰的。对维特根斯坦着迷的艺术家有不少，他们从他身上汲取灵感，并不大在意哲学家本人说了什么。邱志杰不太一样，他能准确理解文本，同时又能把自己的思想和艺术联系起来。他对哲学极有悟性，我后来读到他艺术方面的论文，觉得谈艺术的人里只有他一个是真正懂哲学的。"

沾染语言哲学的人很容易消解灵魂至上或者社会反映论的心理习惯，所以在20世纪90年代前5年，他对80年代由西方现代哲学思想所培育的本质主义进行批判。1994年12月他在《江苏画刊》上发表《批判形式主义的形式主义批判》，表达了类似易英等批评家的对"意义"概念的不同看法。他认为，艺术家无须事先寻找或者确定意义，语言本身可以创造奇迹，经验与现象本身可以成为艺术的开始。这一场"意义问题讨论"让邱志杰给圈中人留下深刻印象。吕澎说，在20世纪50年代出生的艺术家中间，舒群的文字透露出黑格尔、尼采的气息，而邱志杰流露的是分析哲学或现象学的影响，这意味着当代艺术的思想背景确实发生了变化。

维特根斯坦说，对不可说的东西要保持沉默。邱志杰说，前提得是把可说的彻底说清，那不可说之物才会被逼迫、挤压而现身。于是，他给自己立下规矩：把可说的说清楚，不可说的，就把它做出来。

坐落"之间"

1992年毕业，邱志杰开始绘制他的人生地图。他很快从杭州迁移到北京，并不谦虚地道出原因："营养不够，只有输出，无从吸收。"他大概也漂过一段日子，凭借少年时代英雄啸聚的豪情活下来，并且靠近同类。大体上，那是聪慧、好手艺、爱读书、有适量野心的一类人。

渐渐地，他找到了自己的位置。他在批评家、策展人和艺术家之间；他的工作室在城乡之间；工作室在张晓刚和刘野之间；他在这张桌子上的电脑里搞互动多媒体，在那张桌子上写书法；他在传统和现代、架上和非架上、地方和国际之间；他在正与邪、雅致和粗野、理智和癫狂之间；他在有钱的和没钱的艺术家之间，在南方和北方之间。

在吕澎看来，20 世纪 90 年代中期是中国当代艺术的一个重要开端，它结束了与本土社会思潮的紧密关系，开始进入全球化阶段，多元性、新媒体和实验性成为这一阶段中国当代艺术的重要特点。邱志杰就是这个时期最具有标志性和开拓性的人物之一。他涉足批评、策展、创作、教学、组织等几乎所有的领域，以他对艺术语言的敏感、才华、学识和思想深度，不断为实验艺术提出一些深具开拓性和发人深省的问题。他的文章、创作以及策过的展，成为这一阶段的重要文献。而“后感性”的提出和展览，是邱志杰在当代艺术理论和实践上野心勃勃意欲突破，也蕴含混沌的一笔。

如同哲学史上的每一位巨人都是基于对前人遗留问题的不满足而展开自己的研究，后感性的提出是对 1995 年左右开始成为潮流的观念艺术的挑战。如邱志杰所言，那时候的观念艺术正陷入一种标准化趣味：极简、枯燥、微小崇拜和机智崇拜；“说法”变得比什么都重要，一件作品不是为了打动人心而是为了凸显作者的智力水平，艺术界仿佛陷入一场走火入魔的智力竞赛。有一批年轻人，如孙原、朱昱、琴嘎等人，对这种标准本能地反感、郁闷，但不知向何处去。

1997 年秋天，邱志杰在欧洲旅行，知道英国人在办 Sensation 的展，“当时心里一苦：这个词被英国佬废了”。也许，这是“受到启发”的骄傲版说法。当时他为何香凝美术馆的一个研讨会写了篇《观念：艺术的误区》，孙原等人成为它的第一批读者。

孙原 1998 年做的装置《水族墙》是把龙虾之类的海产品直接嵌在墙中并做成通道，让观众的心理和视觉同时受刺激。这个展览名叫“镶嵌”，策展人是皮力。有人说，用动物会有人骂的，邱志杰说：“想怎么做就怎么做，到时候我会想办法摆平。”第二天在展厅，有人说残酷，还说在西方一定会有人抗议，邱志杰机敏地接话：“幸好咱们中国人没那么愚昧。”众人哈哈一笑。

就在此时，朱昱等一批人开始用脑浆或尸体作为材料。邱志杰当时的合作伙伴吴美纯担心这种追求会不会演变成第二个东村，邱志杰则看到这种感性的常规和表面：它不够“后”。那么后感性究竟应该是什么样的形式？邱志杰承认，其实他也说不清楚。

一年多以后，张颂仁告诉他 sensation 有热闹、煽情、耸人听闻的意思，建议用 post-sense sensibility 来命名他们的展，邱志杰采纳了。他不认为这批作品是赫斯特的翻版，它们有所超越，但要找到自己的美学方向，对这批年轻艺术家来说显然要求过高。“我自己认为过分依赖动物、尸体这类实相，只是惊吓，而不是动情。”

展览的题目最后定为“后感性——异形和妄想”，1999 年 1 月在北京一座民居的地下室里举办，当天才通知朋友们来，因为此前“是我”展览被封。整个下午，邱志杰用手机为寻找展览地点的人口头导航。根据现场被取走的画册估算，去了六七百人。

“20 世纪 80 年代中期，确实有人用卖血的钱办画展，用睡觉的被单当画布。这样的画往往有血腥气，被单被画掉之后，离婚率就跟着上升。在这种情况下艺术很难不赢得一个愤世嫉俗的孤绝形象。”在邱志杰的俏皮话里，可以听出他这辈人的挑战升级了：“‘后感性——异形和妄想’展览的参与者大多不是职业艺术家，另有谋生方式，所以艺术只是精神上的需要，不受商业影响，也就不唯美而偏粗鲁，比如郑国谷那种‘反作品’气质带来的陌生草率感，这正可以用来打击流行观念艺术中虚伪的绅士风度。”

在《中国需要实验精神》里，他明确表达了“反优雅”的立场：中国自古比较缺少尊重实验、鼓励实验、容忍过激实验给个人习惯带来不适的优雅；以平静、同情、更批判更挑剔的态度鼓励实验而不是以优雅的名义禁止实验，这是一种优雅。在村上三郎的行为作品《六个洞》（1955—1956）里，在约翰·伊莎克斯的《在机构之前》（1996）里，在汤姆·弗雷德曼的装置《无题（牙签）》（1995）、阿斯格·胡安的油画《先锋派并未放弃》（1962）乃至何云昌的摄影《金色阳光》（1999）里，他提示实验的力量和它可能触及的深度。

1929 年，超现实主义教父布鲁东说："最简单的超现实主义行为就是像一个无政府主义的恐怖分子一样拿着左轮手枪在大街上向行人随意射击。"小野洋子 1964 年就邀请观众用剪刀剪碎她的衣服直到变成裸体；米兰·康尼扎 1975 年在布拉格街头躺着拉大提琴。讨论身体经验让人想起伽里·希尔，说起日常经验想起比尔·维奥拉，谈论新新人类，马修·巴尼出场，而行为艺术必然带出伊夫·克莱因。前三位西方录像艺术家开启了邱志杰的录像艺术实验，而他的图片和其他难以分类的艺术实验中反映出来的背景与他 90 年代初的阅读和自修有关。

1999 年澳门，邱志杰的录像装置《物》是黑暗中不同方位的屏幕上不时擦亮的火柴，照亮一件件日常杂物迅速熄灭，明灭，有无。2001 年在北京藏酷，为《新潮》杂志首发而模仿《新闻联播》的《新潮新闻》带来狂欢式哄堂大笑，带出一群艺术家的希望和恐惧。邱志杰希望参与者通过现场的体验，唤醒意识，让观念消失，让构成艺术的其他因素自然产生。语言哲学对他的影响再度显现：他相信存在一种对人类文明与艺术资源的再分配和再利用。他用"重要的是现场"来命名 2003 年出版的一本批评集。

一种动词性的艺术

2003 年 9 月起，邱志杰任教于中国美术学院综合艺术系，开始用"总体艺术"概念整合此前新媒体、"意义问题讨论"和"后感性"等多方面的创作、理论和实践，并用于教育。"总体艺术"相信，艺术问题的解决必须和人类生活问题的解决同时完成，把艺术理解为自我和文化进化的工具。他主张用文化研究作为艺术工作的基础，用艺术作为完善的人和世界的基础——目标不在艺术作品，而在人的健全。

这与他对观念艺术“过度阐释”的怀疑和这一阶段思想上的转向有关——由西方语言哲学和佛教的影响部分转向儒学。在课堂上，他对学生们宣讲：“我并不相信你们今后都能成为艺术家，但你们起码应该成为活泼自由的人；而作为一个中国人，通向自由的途径是通情达理，正大光明。”

这个逻辑引发了他早期进行过的社会调查。2002 年，他参与了有相当规模的社会调查和实践“长征——一个行走中的视觉展示”的策划。2008 年 1 月，他在南京长江大桥的栏杆上发现了一个自杀者留下的血书：“当爱烟消云散，我剩下的只有忘情。”这时候，他的“南京长江大桥自杀干预计划”正在进行。

这座 1968 年年底建成的大桥几乎和他同龄。40 多年来，从大桥跳下去的自杀者官方数据是两千多人，1937 年建成的旧金山大桥截至 2013 年送走 1200 位轻生者。数字对照并不特别惊人，两厢提出的问题却惊人地相似：撸瑟（loser）该去哪儿？

“杂食背景给我一个强烈的认知：每一个人与他人之间都是不可分割的，就像黑格尔的‘大全’或海德格尔的‘存在者整体’。人不是观念、立场、态度的工具。人有口音，有气息，人会死，带着各自生老病死沉浮聚散的命运。两个这样的命运体之间要互相启发。我从 2007 年开始做社会调查，同时带着学生和民间自杀干预机构合作，在大桥上阻止自杀者，就是充当别人沮丧低落到极点时的情绪垃圾筒，这个工作至今还在进行。应该有一种动词性的艺术，就像我写毛笔字，它不是逃避，不是烧香打坐听古琴，假装心平气和万念俱灰，也不是装神弄鬼教老外打太极拳。这座桥原来是革命的符号，现在变成现代化进程中失败者的归宿。我一次次跟这些失败者相逢，一次次倾听、劝解一心赴死的人。有一些形象和话语在我心里一再重复，慢慢明晰，沉淀，盘

《给邱家瓦的 30 封信》

桓不去。2008 年我站在大桥上，常常会想起自己即将出生的女儿（邱家瓦），我想这些形象和语句必须要交给她。”于是，有了 2009 年完成的《给邱家瓦的 30 封信》，30 张画 10 套作品，中间是南京长江大桥的九个桥墩。

三个多月前，我向邱志杰要来这“30 封信”，在静夜里细细端详。那些水墨笔触，带一点童真、一点伤感、一点禅意，但又怀着清醒冷酷的平静。

在南京长江大桥上发现的自杀者留下的血书

我在不同展览上看过好几次那个行为艺术影像作品：邱志杰刮净了大桥上自杀者的血书，割破自己的手指头，在写着“当爱烟消云散，我剩下的只有忘情”的位置，写下“马达加斯加的首都在哪里？”每挤出一点血，只能完成一笔中的一点，显然，水泥护栏吃血的胃口很大。屏幕上，手在抖，字也写得不好。

红尘滚滚向前，成功学已经取代革命成为新的意识形态。邱志杰开着车从北京到南京，经过长江大桥，一路留下了轮胎上刻的字：如何成为失败者。

他又写下这样的句子：“在大桥上，当我们蒸着失败感的桑拿不能自拔的时候，我们需要某种东西，比命运更遥远，让心一凉。”

当我们在福州假借采访海阔天空地神聊时，他说：“看上去再苦的

邱志杰刮净了自杀者的血书，用自己的指血写下这行字

事情，不过是一条蛇吞了大象。”

凯伦·史密斯说，邱志杰对知性的追求影响了他对作品主题的选择，也影响了他组合事物的视觉效果。他的许多装置作品是在解释他的研究项目，通过照片、录像、数据和实物，将他在调查中发现的某种诗意的或者说文学的特质并置、编撰起来。在他的大型装置里，每个部分都像是剧中一幕，每一幕都有各自的台词，最终形成一种迷宫般的视觉语言。

这些特质在2013年的个展《坏笑》里呈现。《坏笑》参照安伯托·艾柯的神秘探案小说《玫瑰之名》，一个关乎道德、勉强能称为故事的小说：一群修道士本想保护一批禁书，但最终没办法藏匿禁书，为求自保于是挣扎，但一连串的命案还是发生了，这些修道士临

《重复书写一千遍〈兰亭序〉》部分作品及书写过程

死前都没法开怀一笑……展厅里那些敞怀大笑的弥勒佛讽刺地指向小说中的人物。

凯伦还告诉我，邱志杰曾经做过一个行为，他带着一些物品步行去拉萨，沿途与当地人交换东西，最后将他换来的物品陈列在展厅里，但那个交换的行为不见了。我理解为：他把行为转移到物质、实存也是象征中，呼应可能是哲学之父泰勒斯的“万物都有着神灵”，更多的是他长期以来对显、隐的体悟。

漳州近海，小时候去海边看潮涨潮落，他发现，在沙滩上画个东西，潮水一来就被抹掉了，潮一退去，沙滩上又多出些东西来。同样，拓摩崖石刻时，明明一个字有一个凹凸，但是拓包不拓出来就不会显出字。在《显、隐之间：历年工作的内在脉络》里，邱志杰写道：

“我最早的作品《兰亭》和《大玻璃》都涉及了这种形象的显、隐。我的平面作品，不管是90年代中期的喷绘迷彩系列，还是《说文解字》书法，或是《倒写唐诗》录像书法，都是在处理这个显现、消逝的问题。2007年以后的《南京长江大桥计划》，显、隐这个哲理性的问题被高度历史化，获得了更具体的质感：如《我曾经七十二变》和《细胞》的竹编装置，表达的是形象如何从背景中涌出或消融。”

“《邱注上元灯彩图计划》则探索历史宿命中角色的重复出现的机制，本质上依然是显、隐对立与转化的讨论。2006年到2007年间历时一年完成的《记忆考古》，从历代革命口号到私人留言条到乱码日记，跨度广泛的信息隐藏在层层叠叠的水泥考古层中，是个人与历史信息的相互容纳和显隐。2012年之后，通过为上海双年展所做的策展地图，我开始将显、隐的逻辑运用于思辨性的概念空间，掌纹、策展写作、山水，均成为地图。人生、历史、阅读和事件在地图中点线相连，显隐不定。描画出机缘、命运的交织关系……”邱志杰说，显、隐是他所有作品特别内在的一个脉络，一条线索，一种气质般的存在。

80年前，厦门市一个叫林九狮的青年为躲避抓丁，流落到郊区新安一个邱姓村，那里是南少林的正宗五祖鹤阳拳发源的地方。林九狮与当地女子邱银簪结为夫妇，改姓邱。林九狮就是邱志杰的爷爷。

邱志杰喜欢讲大家族的故事，讲80年来那些亲缘和信任如何在现实利益面前不堪一击，他说："它证明我们时代的礼崩乐坏。"他喜欢讲代代相传的故事，比如南洋佬回来盖的房子是如何的漂亮，一连排三个三进，又如何在抗战中被日本人轰平。早几年回老家，新安村已与霞杨村合并为新阳开发区，村里每个农民拿到几十万元土地转让金，浪荡子赌几个月就没了，便去开发区的工厂打工，跟那些山西、湖北来的打工妹混在一起……他是有故园的人。

他的有根和辽阔、犀利和伤感、直接和迂回、骄傲和弹性，加上传统文化印刻的义理和辞章，让他在当代艺术圈的丛林里别开生面，自成一派。

他夸陈丹青早年的油画"天生丽质""生来就是做名妓的，没办法"。他熟读西藏殖民史、藏传佛教史，听闻许多姑娘、小伙人手一位上师仁波切，咧嘴便笑。20多年的积累形成的文化资本和个人形成的知识权力也足以在某些时候纵容他的一点小怪癖，比如拒接电话，朋友们会自找台阶："他在忙工作。"

他讨厌不把自己当人而当作媒体看（他称之为异化）的记者，尤其是那种愚蠢又勤奋的。他有一套圆熟的对答专供他们的提问——

"邱老师，你为什么会选择这个题材？"

"不是我选择它，而是它选择了我。"

"这个制作会不会很困难？"

"不困难我为什么要做它呢？"

"如果你心中有一座花园，它会在哪里？"

"在我心里。"

"我打算整理出一百条这样的问答，推广给其他艺术家。"他半认真半狡黠地说。

他迷恋佛塔、舍利子这些东方文明的意象。他有在全球化时代的当代艺术疆土上造塔的野心。他有某种领袖气质。他留给我印象最深的是对自己的描写："我这种奇葩，正是一个时代的精神错乱和一个民族的精神病史的病例。三十年不眠不休，欲壑难填，上天入地，正邪兼修。激烈地卷入历史和世界，要么满身结石，要么炼成舍利子。"

《巴比伦天神安奴与神使》

对话邱志杰 / 适时发出一声不合时宜的坏笑

问：为什么对维特根斯坦着迷？

邱志杰：因为他很土。我从他那里得到一种特别质朴的东西，不要相信那些装逼的人的表象，要相信你看到的；不要迷信过分清洁的定性的判断，真实世界总是含混的、得过且过的、约定俗成的。这些东西并不因为不符合逻辑而没道理，相反，它们值得尊重。因此，要相信底层的东西。他向我展示了一个哲学家如何生动，如何不书斋，如何随时随地成为一个体验者和思考者的情景。

问：我读了你在俄罗斯用手机写的《反互动论》。它几乎否定了整个当代艺术界，否定了以讨好、争取尽可能多的观众为主旨的资本主义商业框架下的当代艺术，是这样吗？

邱志杰：近代以来的文艺，受工商业影响，关心市场，关心用户体验，不获得显著的反馈，心里就虚。一定要冲到观众面前，引发互动，实在没反应，就挠人家胳肢窝，调用小朋友在游乐场里的初级乐趣。你看当代各个领域的互动，已经降到身体层面，接近挑逗，暴露的是机心。这些互动，巴甫洛夫的狗也会。

在艺术界，不知从什么时候开始，互动成了一种好，不互动的就是不好，这很没道理。因为廉价的表面互动，经常制造出生效的假象，一派活泼乐呵好生有趣，其实妨碍了微妙和自足。好的艺术总是节俭和克制的，同时是羞涩的和义无反顾的。好东西好在那里，你爱看不看，你不看，它也好着。得有种傻劲儿，不管不顾地坚决存在。老琢磨互动，养成了机心，伤害了天真。用尽心机，强人视听，流于淫贱。

世界上很多美妙的事物是不跟人互动的。庐山瀑布，并不因为李白多看它一眼就飞流直下得分外欢腾。珠穆朗玛峰大美无言，也不因为人们膜拜与否而改变。艺术其实也一样，美玉深埋土中，《兰亭序》静静地在那里，并不跟我们互动。你以为蒙娜丽莎会因为你往右边走就往你那边看，那是你想多了。它只是自顾自美丽，懒得理你。好比在街头或酒吧，矜持自足的通常是真的美女，主动凑上来跟你说"嘿，帅哥，一个人吗？"的女性，你多半疑心她是性工作者。兰花、水仙之类的花中君子、仙子，都不互动。会互动的，也就是含羞草、猪笼草之类。相比之下，拈花微笑，心有灵犀，是更高级的互动。对我来说，不互动而走心，比较好。

互动一旦落于行迹，落于肉身，往往流于娱乐。动到心里去的时候，有时候甚至是舍不得走近的，可以远观而不可亵玩，只是相看两不厌，这种克制怀揣着敬意，竟是我们今天要重新学习的态度。

问：你现在跟当代艺术是什么关系？是相爱相杀吗？

邱志杰：我不能用我的逻辑来砸掉很多人的饭碗。我不觉得自己在做当代艺术，我只是在做艺术。我希望自己的名字是排在苏东坡、王阳明、徐渭、渐江、金农、何绍基、康有为（他是晚清时期书法界碑学运动的主要领袖）、黄宾虹、林风眠这些人的后面，与他们处在一个谱系里面。我临摹过很多遍《兰亭序》，我了解《礼器碑》是何等典雅，《曹全碑》是何等雍容，我打心眼里瞧不上什么安迪·沃霍尔，什么草间弥生……我可以代表中国文人这样讲——画山水、写书法的人也许不方便讲，我可以讲。在美术馆里，远远看到安迪·沃霍尔的作品，我绕着走，他连把我吸引到他画前面的能量都没有。伦勃朗再小的一张铜版画，却有这种能量。包括假装喜欢沃霍尔实验电影的人也不是真能坐着看完《帝国大厦》的。我得说实话。

古往今来所有艺术品的评判标准，就是你在它面前能站多久。当然，被错误美术史恐吓而陷入皇帝新装困境的人多，明明心里空空如也却强迫自己站在那里的人有很多。

问：但沃霍尔是杜尚这条线下来的，你的大学毕业作品就是《大玻璃》（全名叫《大玻璃——关于新生活》，26块玻璃上是丝网版印刷图像加文字；杜尚有件同名代表作，又叫《新娘甚至被光棍们剥光了衣服》），我理解为：你在向那个并非靠小聪明、小机智取胜的杜尚致敬。

邱志杰：炫耀机智的始作俑者被认为是杜尚，但这个杜尚也是被后来的美术史书写歪曲过的。杜尚的迷人之处在于雌雄同体。我在中国美术学院看毕业论文，每年至少有十篇会提到杜尚的小便池，就是《泉》。我说过，有两个杜尚，一个是人们通常能够理解和描述的插科打诨的恶作剧者——代表作就是小便池和蒙娜丽莎的小胡子；而无视那个处心积虑做实验，那个做光效应螺旋和《大玻璃》的杜尚，那个晚年喜欢拍女装像的老杜尚——这个杜尚完全沉浸在对各种偶然性的汲取中，炼金术一样狂热地开发着物质的可能性。

小便池是接受男性尿液的器具，是接收者，而命名为《泉》则变成涌出者、给予者，那件东西就是雌雄同体，是个隐喻，是超现实主义的。杜尚的酒瓶架，是欧洲女性的裙撑，上面长满了阳具，像塞酒瓶子一样塞进去的，是不是雌雄同体？蒙娜丽莎加小胡子，雌雄同体。那把雪铲他起个标题叫“断臂之前”，弗洛伊德会说：“阉割焦虑。”新娘与光棍汉组成的大玻璃，雌雄同体。他的遗作《给予》，背景那个瀑布完全是蒙娜丽莎，《蒙娜丽莎》不是达·芬奇自画像吗？雌雄同体。

问：我读过一点《绿盒子》（杜尚有关《大玻璃》的札记），觉得又奇怪又魔幻。

邱志杰：这个杜尚是神秘的，在艺术史上从来没有被说清楚过。他没有含义，没有意图，没有观念，接近你们的零度写作。他的动机和效果之间没有关联。他是想提醒我们说："真正的观念艺术是有点什么在那儿的，但不是你们期待的——所有创造性的艺术，后果都不可预料，它不是设计出来的。"杜尚是超现实主义而不是达达主义。

问：杉本博司觉得杜尚不是超现实主义的——尽管他和安德烈·布勒东是终生挚友并和超现实主义深刻相关，但杜尚是拒绝所有标签的，并同各种流派保持距离……不管怎么说，这个人肯定是在你的"邱版艺术史"里的。

邱志杰：杜尚的题目都是超现实主义的，他本人也是超现实主义运动捧出来的，当时巴黎达达主义那伙人其实不太接受他。他最好的朋友不是巴黎达达们，而是西班牙人毕卡比亚，两个人都喜欢从机器里面看到永不衰竭的性欲。他晚年也长住在西班牙。至于拒绝标签那是政治游戏。《稼轩长短句》里说："一以我为牛，一以吾为马。人与之名受不辞，善学庄周者。"杜尚的态度差不多。拒绝和接受都是一回事。

问：你还有一件作品好像也是跟杜尚呼应的。

邱志杰：整个《上元灯彩计划》都跟《大玻璃》有关嘛，这是权臣，这是名妓，这是幼帝……《大玻璃》里面，这是新娘，这是邮递员，新娘没有得到满足，十二个光棍也始终在自慰，整个《大玻璃》是一个脚本，剧场里每个形象都有角色，这个方式也是《上元灯彩计划》的方式。我一开始没有意识到，后来发现脚本感、剧场感相通。其实在杜尚手稿里面有标注出所有《大玻璃》中的图形的角色的一张清单，就跟演员表一样，甚至还包含了模糊的叙事。

女人、兄弟和浙江美术学院

问：你对女人的态度是什么？

邱志杰：爱。对自己对学生，我的要求都是四个字：通情达理。该爱的人你好好爱，该讲的道理你好好讲。同时，我也完全认同歌德的想法，"永恒之女性引领我们上升"。我想但丁也有一样的感觉。纯洁而智慧的女孩子都是我的导师，她们每一位都教会我某种东西。这方面歌德是我的老师，我愿意赞颂永恒的女性、伟大的人性，很真诚地。所以，我所谓爱，其实是"敬爱"。

问：为什么你会对女生讲"你们先去睡遍天下红尘再来跟我谈爱"？

邱志杰：我原话不是这么说的！是有个女生很单纯，一副小家碧玉的样子，我对她说要"染尽红尘"，意思是要直面所有残酷的真相，要去人民公园相亲市场，看看生活的真相。作为师友，有时候不得不用比较暴力的方式去摧毁整个社会在她们内心建成的一种逻辑。一开始谁不想拥有古典爱情？但即使不能拥有也不等于可以乱约炮。

现代婚姻制度和伴生的爱情观念对今天的女人伤害太大，它背后是一套资本主义制度，挺残酷的。古人根本没把性、婚姻、爱这三者联系在一起，特别是婚姻，首先就是两个家族之间的政治、经济联盟，首先考虑的就是要生男孩子，生男孩子才有劳动力种田，很简单。资本主义为了忽悠年轻人离开家庭，到城市里成为雇佣劳动力，许诺给年轻人择偶自由，并用浪漫主义来强化这种自由。

从此，婚姻建立在爱情的基础上。但爱情建立在激情之上，而激情总是短暂的，激情的短暂和承诺的时效之间的冲突成为现代人痛苦的源泉之一。人们的关系总在变化中，一刻也不会停下来，任何承诺都拉不住这种变化的脚步。而且，就算现在爱，现在以为自己会一直爱这个人，今后也难免会变化，变化才是天经地义之道。所以既不要因为别人变化谴责别人，也不要因为自己变化谴责自己。由于现代爱情观念，人们已经到了这种程度，在失恋被抛弃的时候表面上痛苦，其实还挺有存在感的，因为他们觉得自己在为伟大的爱情而受难。过了一阵子没有那么痛苦了，开始对别人有了兴趣，他们甚至会产生出一丝自责，觉得自己在背叛。由于现代爱情观念，人们恐惧的并不是别人不爱自己，而是自己不爱别人。人活着应该自我支撑，安全感、存在感都不应该来自外部，来自某个人的承诺。相反，就是应该在清楚地知道"有一天他会离开我或者我会离开他"的情况下找到这段爱乃至活着本身的意义才行。

人和人在人生不同阶段遭遇，互成因缘，虽然关系是双方共同拥有的，但是理由却是各自不同的。他们处在各自不同的状态、心境、思想水平，只是在一个点上遇合。不应该把任何一种关系夸大为可以取代独立生存的意义构建，夸大为能对一个人的独立生存起支撑作用。当然，好的关系对于生命的自我支撑起正面作用，这就是所谓善缘。

问：说说你跟颜磊（艺术家，浙江美术学院版画系毕业）吧，他高你一级，你们怎么会要好的？

邱志杰：他很可爱，憨憨的。他在红砖美术馆办展，离我的工作室近，就跑来了。我在睡觉，他就跟我女儿聊天，一聊一下午。当年在大学里，我们住同一个宿舍。那时做当代艺术的很少，颜磊身上表现出来的某种不妥协挺吸引我的。他身上有类似崔健那种文化气质，对于我这种练书法、刻汉印的南方人来说，那是一种北方式的坚决和傻哄哄的勇敢，自有劲道。

当时虽然他长我几岁高我一级，但常常需要我去安抚掉他的一些小焦虑、小情绪。无非就是疑心老师故意迫害他啦之类的感觉。我们一群同学会无情地拆穿："其实这种受害妄想只不过是你对自己的一种前卫想象，想被迫害？你没戏啦！"诸如此类。

问：为什么你有这个自信，你和颜磊等人接续了浙江美术学院传统？那是怎样的一种传统？

邱志杰：我读书的 1988 年到 1992 年，特别是 1989 年之后，学校的气氛是很压抑的。每个宿舍依然有人在谈前卫艺术，有人在听摇滚，有人在研究佛道，但更多的人开始画商品画，不久校园里开始有人衣着光鲜满身名牌地在玩滑板了。有的老师还很“左”，也有的老师暗中保护有性格的学生。

浙江美术学院有好几种传统，最基本的，当然是蔡元培和林风眠所奠定的自由精神。另一方面，当时的文化部，但凡政治上不太拿得准的项目都不会放在中央美术学院，都放到浙江美术学院来，比如万曼壁挂研究所，比如赵无极短训班，这使浙江美术学院得天独厚，相对来说更早接触到现当代艺术。又一方面，当时范景中先生他们非常积极地在引进贡布里希，连带着贡布里希背后的波普尔，建立起一种理性和理论的传统。范老师当馆长的图书馆，可以看到当时世界上所有最新的艺术杂志。我毕业的时候，图书馆的老师说邱志杰每个晚上都是在图书馆度过的——其实我没有那么没戏啦。这种理论传统使浙江美术学院的学生普遍爱读理论书，能写。

还有，老浙江美术学院有一种“不务正业”的传统。就算你画得很好，同学中不会有人觉得你很酷。你要是很会钓鱼，会气功，或者会写打油诗，或者满口尼采，才是比较酷的事情。在老浙江美术学院，“真 TM 荒诞”是一个赞美人的词组。所以浙江美术学院的毕业生，油画系出来的拍电影，做 IT，版画系出来的搞理论，师范系出来的当摇滚明星，都很正常。

当时我们最佩服的老师是洪世清先生。为什么？一群同学去找他，他在洗衣服的水泥池子里面磨一个东西，说：“哎呀，这个莱卡相机的这个零件不太好，我磨一磨！”还有教授书法专业的章祖安先生，来上古诗词的课，下面学生正在吹嘘各自家乡人打架如何勇猛，他掏出一个硬币当场给捏扁了。第二天同学们在他桌上堆满了硬币，他看都不看，抬着头讲古诗词。10 年前我有一天去他家，故意刺激他说：“现在你武功还行吗？”80 岁的老爷子一个劈叉就到地板上去了。

这是很重要的一点，或许可以说，浙江美术学院有一种纵容狂狷的名士传统。教师和领导层似乎也是这样。我印象中，你要是画画方面有才气，会被视作天才，打打架、旷旷课，最多处分一下，绝不会开除你；但你要是专业课学得不好，旷几节课就被废了。所以我们一群专业课学得好的同学，狂得不行。有一天油画系同学请我们去看画，我把整个教室里的画全给改了一遍。第二天油画系主任找我们版画系主任投诉，说邱志杰破坏油画系的教学秩序。我听见我们系主任在走廊里大骂："这还得了！一定要严肃处理！"然后他进教室问我："你干的？"我点点头。他用力竖了一下大拇指，转身走了。

问：对你影响最大的老师是不是这二位？

邱志杰：应该是洪再新老师。他给我们上美术史的课，第一节课放幻灯片，问："这是什么？"我坐在第一排说："这是斗拱。"换一张幻灯片，我说："这是鸱吻。"他看了我一眼说："这个同学很厉害嘛，你以后不用来上课了。"从此我就真的一直没去上课。但是我每个周末都去他家和他聊天。他给我看汉学家写给黄宾虹的信，书法很好；给我讲康德临死前的风范，绕来绕去，就是一句话："取法乎上，向最高标准看齐。"到了期末考试那天我睡懒觉睡过头了没去，给他打电话问怎么办，洪爷哈哈大笑，说："我已经给你打了优秀啦！"

我毕业时，洪爷递给我一本书，说："这是文化领域的哥德巴赫猜想，皇冠上的明珠，你要读这本书。"我一看，是索绪尔的《普通语言学教程》。我复印下来，精读。这本复印书我至今还留着。又过了几个星期，洪爷跑来找我，说："我在新生中发现一个和你一样棒的小伙子，你们一定要认识一下。"那个人叫高士明。

洪爷给高士明他们班上课，上了几周，有一天忽然在班上当众说："我讲这些你们多半听不懂，我就是讲给高士明一个人听的。"这么一来，高士明被迫开始发奋读柏拉图的书。像这样打击牺牲一大片成就一个天才的事情，今天我自己作为教师，都不忍心做。论起名士狂狷，我辈输洪爷太远了，毕竟他长得酷似古龙啊。

我在低年级的时候，跟颜磊一道开始和老耿（耿建翌）、培力（张培

邱志杰

力）、吴山专他们交往。到了我在高年级的时候，学校里有理想的学生，杨福东、刘韡、高士明这些人很自然地聚拢过来。确实可以说，是我们把 20 世纪 80 年代的浙江美术学院的气质，经由 1989 年到 1992 年“治理整顿”的艰难时期，传递给了 20 世纪 90 年代的中国美术学院。

问：如果说张培力、耿建翌代表了浙江美术学院的 80 年代，你们 90 年代这辈人的进化和变异体现在哪里？

邱志杰：荒诞精神和自由精神是一以贯之的。至于变化——不敢说是进化啦——培力和老耿，当然还有黄永砯和吴山专，有一种很不妥协的特立独行，同时也比较崇洋，比较西化。永砯后来弄周易、弄禅宗，老耿现在信佛，但他们成长的“文革”年代，传统文化是比较稀薄的，而整个 20 世纪 80 年代的文化氛围又是“全盘西化”的。他们这辈人后来回归中国传统，有时是出于文化战争的需要所进行的策略性的选择，所以他们能接受的传统是佛和道，他们这一辈比较强调个人价值，比较排斥儒的传统。

到我成长的时候，赶上“文革”过去之后的传统复兴，在家乡跟着老先生拓碑，中学时临摹上千个汉印，用篆书记日记，传统文化对我来说不是策略或退路，是血液。还有就是对左翼思想的态度，他们无法平心静气地面对整个左翼传统。但对我来说，国际共产主义运动和中国革命史，以及社会主义生活的经验，都是值得尊重、研究和发扬的新传统。因此我会比较强调个人主义之外的“公”的传统——我也不敢代言一代人啦，士明的情况和我比较像，杨福东和刘韡可能又不一样了。

艺术家真正的敌人是习惯和成功

问：跟19岁、20岁的时候不一样了，你现在好像对那种“刀头舔血”的动作不感兴趣，而把能量放在“行于所当行”——在威尼斯听你讲鼓励湖南籍学生用艺术形式（创立“洪水节”）参与社会、继承和创新传统，我蛮感动的。

邱志杰：我父亲当年给《红旗》杂志写过稿，我姐姐当年是高考状元，复旦大学新闻专业的老师专门停留在漳州两天准备调她的档案，但我姐被我爸摁住，不让她学新闻专业，其实就是不想让她沾政治。前些年我跟我爸爸闲聊，讲艺术界所有的政治。他老人家以为我读了艺术就不碰政治了，其实艺术离政治最近。我的地图里有一句话就是：“我们终于成为父母不希望我们成为的那种人。”

艺术家可以有政治立场，但是对我来说最激烈的政治是对宣传和广告——以及它们所期待的集体性不反思的拒绝。政治的核心是做人说话做事的风格。不胁迫他人，善于倾听，这就是民主。审慎的政治应该是鼓励怀疑的，可是过分坚定的立场往往是反对怀疑的。艺术家的政治应该是：黑木崖上一片“千秋万岁一统江湖”的山呼之声时，有人发出一声不合时宜的坏笑。

问：所以，像极权、腐败、裙带资本主义这类题目，你是不会在

作品中直接表现的吧？换言之，自由与禁忌的边界是一个成熟的艺术家必须把握好的吗？

邱志杰：禁忌的敌人是更大的禁忌。极权、腐败、裙带资本主义这些题目，我都会去碰。这对我来说不是任何禁忌。你应该知道很多激进的地下展览就是我策划的，不是因为所谓"成熟"而回避冲突。只是不要去故意冲突，不要让强迫性对立思维绑架自己的思想。故意冲突的人都被他的冲突对象绑架了，这叫"与子和偕小"。只在铁轨上掉头往反方向走，那还是在铁轨上，那不是自由。迷宫的出口，不能是千辛万苦按照设计走出去，迷宫的出口在天上。

另一个层面，关乎什么叫"直接表现"。做记录、"揭示"这类工作，艺术家真的并不比新闻记者做得更好。但我们常常看到正义的斗士和他的敌人一样，使用着坚信的、武断的和煽动的语言，一样在强调自己顺应历史潮流拥有历史必然性。这种语言，这种坚信，是艺术家真正的敌人。艺术家的武器不是正义，而是想象力。艺术家的敌人是习惯，或者说是习以为常。

问：你反复提到张载的"为天地立心，为生民立命，为往圣继绝学，为万世开太平"的儒家理想，有没有可能通过艺术实现？用什么方法实现呢？

邱志杰：为万世开太平，历史上从来没实现过，因为这是错的。太平之法必须要与时俱进，未来世代的人需要探索他们新的太平之法，不可能一个圣人探索出来了就一劳永逸地应用于未来的时代。原则性的说法，往往只是非常粗疏的。为生民立命的是政治家，为往圣继绝学的是学者和教育家，至于为天地立心，就是艺术家要干的事情，而且只能通过艺术来实现。我写了一本书，书名是《总体艺术论》，企图把当代艺术的基础理论建构在儒家理想上。基本论述是：天地之心就是万事万物尽其天赋的潜能而充分地展开，人的全面发展就是展示天地之德，就是"人尽其才，物尽其用"。而实验艺术以自由和开放的态度去用物，去造物，就是"物尽其用"。去超越习惯走向新我，就是“人尽其才”。

问：在天才光环下被宠大的人很容易变成一种样子，但你似乎掩饰得不错，懂得谦逊。

邱志杰：有时候我会故意说自己是天才，那是为了成心让一些人相信，懒得向他们解释我有多勤奋。我也很自信这件事不假。作为教师，我应该反对天才论。否则不是天才的学生你就放弃吗？不是的，理论上每个人都是天才，只要因材施教，就能把某个人的劣势转化成最独特的优势。但在操作上无法完全因材施教，这是成本问题。真正的天才和残疾是直接相关的。至于谦逊，其实不是掩饰的结果，是因为我的参照系在更高处——你知道了王阳明和达·芬奇，你看得懂八大山人的画，那你根本不可能不谦逊。

问：我记得你形容过北京的词语是“冷漠”，也住过许多地方。

邱志杰：曾经，最“苦逼”的时候，我隔着三环路都能看到对面的电线杆上贴着的出租房广告。最早住明光村，接着莲花池，然后玲珑塔下，然后德胜门外祁家豁子牡丹电视机厂旁边——汪建伟住对面。还有花家地——我住118楼117号，陈文波住406号，张晓刚住117楼408号，他们那座楼还住着宋永红、马六明、丁武等人。许多朋友在北京拥有东四十条地段的房子，我从来没住到过二环以内，更何况那些属于特权阶层的同行。

但其实我很喜欢北京，我喜欢那里的干冷、脏、藏污纳垢，以及所有不靠谱的人。北京有爷们，不管胡同里还是大院里，都有牛哄哄顶天立地的爷们，连拉板车的都是个板爷。光着膀子在胡同里小平房前喝啤酒的膀爷，会对着开豪车的你嘲笑：“给油呀，你丫这也叫开车啊？！”贫穷的人也有尊严，凡事讲个“礼”。开车时你并错线想插队，没门，但只要摇下窗户打个招呼，别人立马让你。

问：北京的八旗遗风和皇城根气派挺逗也挺辛酸的。

邱志杰：我观察到过北京四中情结。在四中校友眼里，北京五中都不能算是中学，更何况我们漳州一中——其实我们漳州一中的第一任校长是朱熹，历任语文老师里有文天祥、黄道周，其实是挺不错的学校。北京有批大院子弟，一开腔就是"爸爸最近身体不太好，妈妈很焦虑"，"爸爸"是特指他爸爸，"我"字是省掉的，那气势，他爹就是你爹，你爹也配叫爹？有一次一个中央美术学院的学生在展厅里对我说："邱老师，你什么时候到美院做讲座？"我回他："哪个美院？""中央美术学院啊！"我就开玩笑："你再把'中央'两个字省略掉，以后中国美术学院只能把'美院'两个字省略掉啦。"

问：漂在北京拼命工作那段日子，你对艺术圈的生态和成功的条件有什么样的认知？

邱志杰：不只是那段日子拼命工作，我现在也拼命工作。艺术圈的生态一直在变化，很多事情我也看不懂。我来北京也不是冲着艺术圈来的，我是因为在杭州读维特根斯坦的作品读不懂，来北大看看有没有人能帮我弄懂。目的达到了。所以对于艺术圈的所谓成功，我不是很在意。混在当代艺术圈，是自取其辱。作为教师，在各个美术学院做讲座时，我经常会被问到青年艺术家要怎样才能成功。我的回答是：一，没有秘诀。过去任何人成功的方式都不适用于你，你得开创自己的成功模式，艺术史会奖励实验者的。二，一定要有理想，如果你的目标太具体，你会因为目标实现了而郁闷，并进而堕落的。三，一定要勤奋、任性和蛮干。不要战战兢兢患得患失琢磨什么有利于成功。天天钻研成功学的孩子，都是不够彪悍的人。不知道有多少人告诉我，"你应该只当艺术家不要策展""你应该只做新媒体不要弄水墨""你应该只用一种材料只搞一种题材这样才会成功"，我做不到也不想那样去做，可能这就是我一直不太成功的原因吧。

问：你说艺术与政治相关，艺术圈也有政治，因为存在利益。那

么，这个生态圈中有没有吸引你的东西？

邱志杰：一个少年英雄，过早地参加了少共中央，然后成为历史老人。有些故事你想听，我可以讲上几天几夜。但是这个圈子、这群人中间，仍然有打动人的东西，绵延不断。野蛮有生机的是一种，还有一种是用心用情的。曹亦诚老师跟我说过为什么要搞学术，他说："只是为了让那些我看得起的人看得起我。"同行的惺惺相惜是动人的。就像我办这个个展给谁看？不就是给那些真正懂得我的人看吗？

范景中老师，当年对我们浙江美术学院的有志青年来说就是神哪，我们都好爱他。他在上海华东医院查出得了癌症，拿着判决书（诊断书）走出医院，直接走向一个旧书市场。他没有能力赚到工资、稿费以外的一分钱，唯一能赚外快的方式是淘书，他对古籍善本有非凡的鉴别力，据说他17岁时就在文庙买到过原版托马斯·阿奎那的《神学大全》，当时也不懂原文，居然就被他遇到了，真是跟书有缘的人。他去旧书市场是想给妻子留点能换钱的东西。他住院期间曹意强老师（1957年生于杭州，早年学画画，1982年浙江美术学院版画系毕业，后兼攻美术史）去问他有什么未了的心愿，范老师说，有篇原版文章一直想读而没读到。曹意强回去用一个晚上译出来第二天送到范老师床头。意气相投，英雄相惜，是男人之间的最高境界，也是男人和女人之间的最高境界。

大众对行为艺术有偏见

问：你小时候读过多少遍《水浒传》？那个世界似乎很吸引你。

邱志杰：应该读过十来遍。"文革"批《水浒传》，所以书容易找。据长辈说，我小时候会背《水浒传》，这应该是夸张了。

在那个世界里，每一个人都是有尊严、有面子、有情有义的，身旁的不是等着跟你签合同的，而是一些兄弟。今天我们还是可以用这种有尊严的方式相处和自处。比如现在有国外策展人找过来说他们要做中国展，来讨论合作，我经常会说："你们讲的故事不对，这个故事应该是这样的……

如果不听不改，我们不但不合作，还会公开在媒体上批驳你们。我们欢迎你用你的角度来为中国的自我理解提供帮助，为此我们也会提供一切帮助，帮助你们了解真相、细节和大局，但你们不能助长和传播对中国的错误印象……”我从小就没有猥琐地探头探脑地追求过所谓成功，但也没有饿死，何况现在身边确实有这样一群意气相投的兄弟和同道，更加应该理直气壮，仗义执言。

问：20 世纪 90 年代西方策展人到中国来挑选作品，你的描述是“像招工似的，让人心里挺窝囊”。你觉得应该怎样评估他们的眼光和标准对中国当代艺术走向国际最初十几年的形塑？

邱志杰：我们自嘲地称之为“看病”：就是西方策展人或收藏家来，坐在房间里，宾馆外面好多中国艺术家一个个地等传唤。还有人垄断中介的管道弄权。艺术家也不全是窝囊的感觉啦，那时候能“看上病”也不容易了。只有当某些医生医德比较差、显得霸道的时候容易伤人。至于有时候时间紧看不过来，其实也应该理解。我比较幸运，一毕业就成名，享受的是上门“看病”，没在挂号处排过队。

但即使上门来看，态度良好，客客气气，但理解能力难免还是有局限的，太微妙的东西经常看不懂；或者作为专业人士是懂的，但是作为美术馆馆长和策展人，必须迎合他们观众对中国的想象，而他们观众的想象是被大众媒体塑造的。这些大众媒体里面，通行着冷战思维、刻板印象，策展人在挑作品的时候就会对应着找例证，因此，在国内也诱发出很多基于刻板印象的实践，我们叫“中国牌”。其中最下流的，叫“使馆艺术”。你想象一下这样的画面：毛主席像前面有一群农民工手里拿着可口可乐，远景是中国山水画。

这些国外策展人不见得是故意的，他们的思维是在整个西方社会的大环境里形成的。通常他们还是想努力把事情做好的，只是他们做不到。后来我自己当过策展人，对于所谓策展霸权有了更深的理解。我觉得策展人其实是需要帮助、需要教育的，你不能一味指责他们的无知。人家不来关注你，不筹划中国艺术展的时候，你抱怨人家西方中心主义；人家来关注你了，你抱怨人家"后殖民"。这样不对。你得坦诚相告，帮助他们进步。形塑中国艺术形象的工作，从来不是他们单方面可以完成的，要歪曲也得里应外合。要有中国这一方的声音出来，我们是有责任的，今天尤其如此。

事实上他们也一直在进步。"西方"不是铁板一块，是很多具体的个人。当代中国艺术也不是铁板一块，也是很多互相对立斗争着的实践。我见过的很多欧美策展人是很棒的，既善意也理性；当然也见过无知而暴戾的。两边都应该邪不压正。

问：最近刘成瑞很辛苦地完成了行为艺术作品《一轮红日》，它让人想到你命名并参与的"后感性"时代，它充满了荷尔蒙的味道。吕澎在《中国当代艺术史 2000—2010》里提到了这个命名的闪烁其词，而你在《"后感性"展览始末》中也写到，最初你自己筹备展览时看到骷髅也觉得恐怖，看到腐烂物也觉得恶心——这仅仅是"正常的感性"，但至于什么才是"后感性"，其实你也说不清。事隔十年，能说得清楚一点了吗？

邱志杰：其实我一直能说得清楚，只是人们要懂，需要十几年时间。

我本来就是因为厌烦当代艺术中的智力崇拜，渴望感性的现场，才去搞录像艺术。后来重新思考中国传统，对当代艺术的点子化、智力化、装逼化更加持批评态度。1998 年的《观念：艺术的误区》实际上是对以观念艺术为代表的当代艺术正式宣战。有一批被当代艺术新体制的把持者们所漠视的年轻艺术家渐渐团结在我身边，形成了一个圈子。大家首先都渴望能创造感性的、刺激的现场，而不是依靠阐释来工作。所以也都有点反文化的激情，为了惊世骇俗不择手段。

从现象来看，"后感性"时期的创作，大量运用身体材料来加大刺激性。也大量依靠现场表演的力量，渴望制造一种野蛮和逼迫的场景，渴望放弃艺术圈已经成型的优雅。但是"后感性"并没有因此丧失它的社会性牵挂。这些作品里面有肉体，也有民工，有当代的政治事件。把它们整合

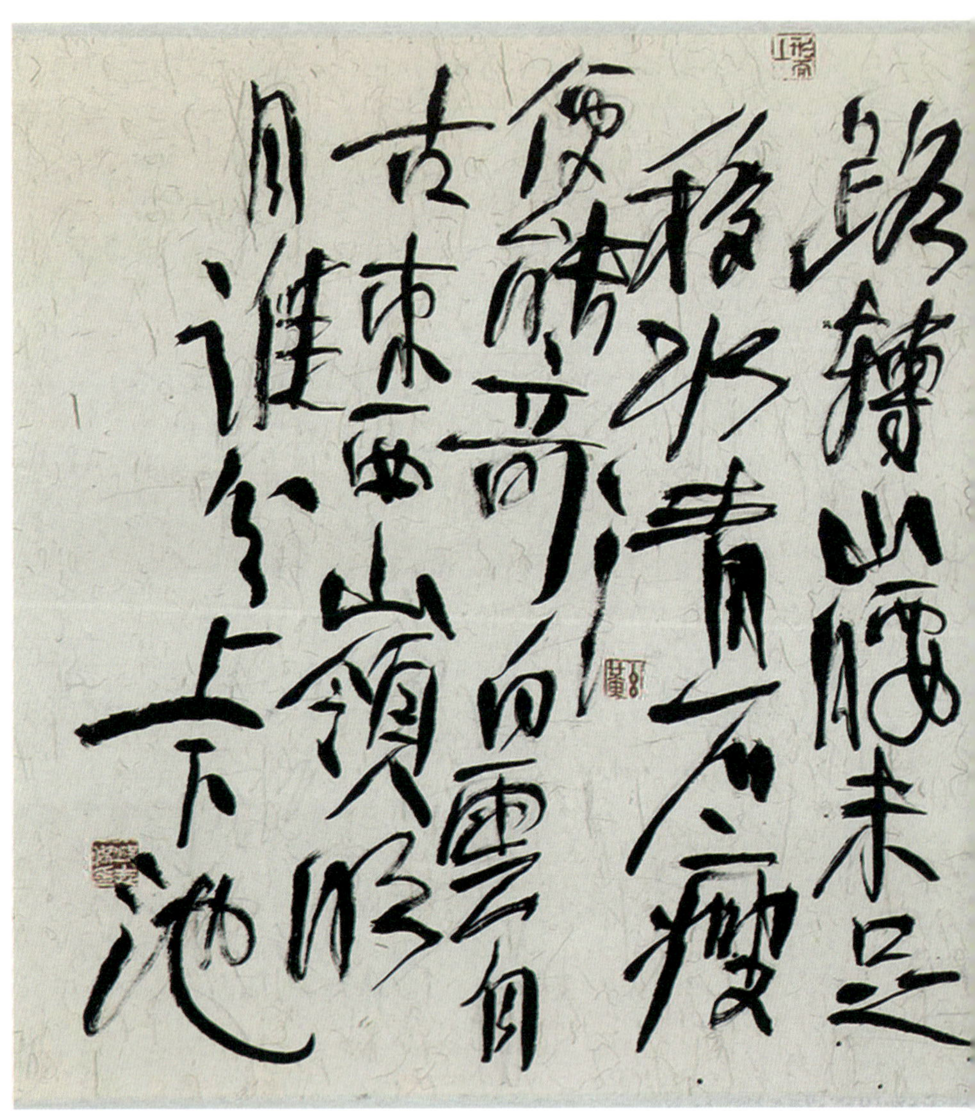

邱志杰 2000 年作《唐诗》（两件）水墨

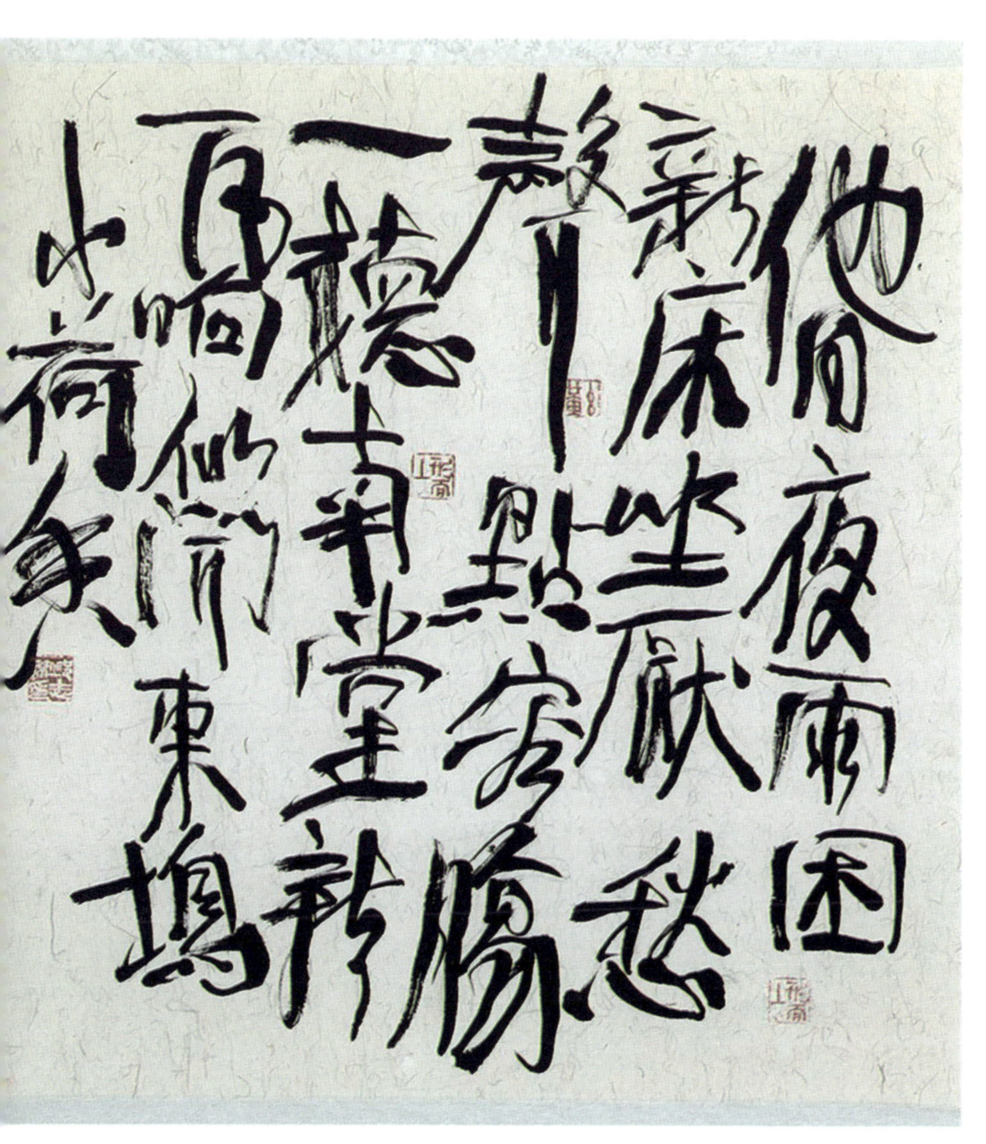

在一起的是一种难以回避的“遭遇感”。

2001年以后，“后感性”时代进入到第二个阶段。我发现艺术家们不比赛观念艺术式的机智和幽默，开始比赛好勇斗狠，那么问题就出在诱导艺术家展开比赛的当代展示制度上。我们开始反展览，做现场，同时这种“遭遇感”也发展成艺术家之间的互相碰撞。

我自己版本的“后感性”，离不开我对中国传统中残酷那一面的解读。中国传统在我这里从来不是虚静淡雅的，文人的生活从来都是大汗淋漓和血淋淋的。在我这里，“后感性”是一种狂禅。

“后感性”的论述是：我们在熟悉的俗常生活中使用的只是习惯，并不是感觉。当我们到了陌生一点的地方时，我们是在使用理性和知识。当我们来到了习惯、理性和知识都用不上的地方，我们才开始凭感觉。感觉是在理论尽头才到来的东西。所以我们要尽量理性以便把自己逼到凭感觉的地步，这才足够不安全，这才足够疯狂。这个思路落实为行动，就是我们要建立一套机制来让我们的习惯和知识都不起作用。不管是自己的生活和创作，还是大家一起做展览，要逼迫自己强行创造。

举个最简单的例子：你凭着本能捶胸顿足，那不是跳舞。你受过芭蕾舞训练，就被箍住了。现在要你扛着一辆自行车跳芭蕾舞，你就不得不创新了。“后感性”是一套创新机制，但充满荷尔蒙味道的肯定不是“后感性”，回归本能并不是解放。

问：如果维特根斯坦看见这类作品，以你对他的理解，他会说些什么？

邱志杰：维特根斯坦会说：“你把钱从左边的口袋拿到右边的口袋，这也能算做生意吗？”对一个近视眼的人，你不能指着远方教堂的尖顶告诉他，朝那个方向走就可以了。

问：行为艺术在全世界的生生不息，是不是说明人类在根源上有某种倾向，比如自嘲、自戕、自我毁灭？

邱志杰： 大众对行为艺术有偏见，你们媒体有责任。某些人有自我毁灭倾向，不等于人类根源上有自我毁灭倾向。某些自我毁灭借行为艺术之名进行，不等于没有更广阔的行为艺术，这个问题简单的逻辑就能处理了。

难一点的问题是：人类有没有根源？如果有，根源上的倾向有没有成为主流？人之异于禽兽者几希？从 300 万年的进化史来看，人类还是在进步的。看 8000 年文明史（从中东驯化小麦算起），人类也还是在进步的。自我毁灭终归不是主流。

气味相投的，跟我来

问：在威尼斯双年展上看中国艺术家的作品，有种感觉，就是他们好像“不跟了”，有自己的一套东西出来了。

邱志杰： 哈哈，“我们回来了，一切都会不同”（胡适先生当年归国，引荷马史诗）。9 月中旬在上海，我跟高士明从子夜一点钟聊到凌晨五点钟，第二天写了几句话，你来看（打开手机微信）：“我们一定有能力建立起一种基于中国人的人情冷暖和匠心的通情达理的新的当代艺术，重新对世界文明做出贡献。要设法把这套东西由我们做教师的言传身教和日常随机的提点，进化成教程设计。建立起一套全新的艺术教育体系。我们要教的当代艺术，应该正直坦荡，创造力不是经营猴急削尖脑袋的，而是因为内圣而自然外溢的。成功不是暴烈的资本炒作，而是感染、呼唤所致的认同与拥戴。”

问：在你的《总体艺术论》里读到了“造塔”的冲动，你好像很喜欢舍利子这个意象。佛教给你的艺术乃至对整个世界的看法带来什么特别的东西？

邱志杰： 过去 30 年的中国艺术，“墙”是核心意象。那时候外国人到中国来，都是来帮着打破这堵墙的；那些年有关中国艺术的展览，也都以“破墙”为主题：内与外、封闭与开放，等等。那么在破墙之后我们能不能造起一座精神的塔，来收纳冲动的灵魂呢？我们还有没有力气和野心，真正由学习者、参与者转型为贡献者呢？要造塔，得踏踏实实地做砖头、搭框架、打地基。塔是用来存舍利子的，中国的这座塔，第一颗舍利子就叫作“接力棒精神”。中国人知道伟大的事情都是一代代人接续、合力完成的，要愚公移山，成事不必在我。我喜欢舍利子这个意象，是因为它触及到了内外之间的转化。外部行为催生出一种内在变化，最后又显形为外部物质。道家“内丹”的说法与此相似，但知道的人不多，解释起来麻烦。

我从小学书法，弘一法师在闽南金石书法圈影响很大，和庙里面的和尚接触，临帖时各种字帖也和佛经有关，特别是后来花了不少精力学敦煌写经，难免受佛教思想影响，主要是无常感、无执，等等。后来我花了很大力气，在印度旅行，才挣脱了这方面的吸引力。

问：读《总体艺术论》等于跟着你的学生听了一学期课，读到“我并不相信你们今后都能成为艺术家，但你们起码应该成为活泼自由的人”时，还是挺感动的。而且，你给出好艺术的标准始终是：能打动人。

邱志杰：教学生就是给榜样，亮出你的理想，同时给方法。气味相投的，跟我来。（打开微信对话）这个学生是跟我学书法的，他说他们这一代人很需要有关“根”和“本”的文化来沉淀、落地，他偶有心得，很激动，却不知怎么对同学开口。我对他说：“‘腹有诗书气自华’，等你自己积累得多了，自然形成力量，知道怎样教化蒙昧，所谓自度度人，自觉觉他。”中国文化当然不会在他们这一代灭绝，即使有时单线独传、秘传，而且一再破碎，也会重新发明，更加包容开放，几千年薪火不断。然后我把这条消息转发给士明，说：“孩子们开始明白我们的用心了。”我相信我不能穷尽的东西，学生会接着往下做。

打动人并不是简单的感性刺激，更新感性是为了更新灵魂，是要把信念、知识、思维方式都打碎了重组。动人的目标是“移”人。人需要不断重塑，不断进化，艺术就是促成这种进化的工具。

走心了多半能动人，通神了叫灵动。有成就的心，要练到八风不动，练到身相如如不动而能引百感交集，能让人牵肠挂肚，脑洞大开，这是动人的妙境。

问：你身上有种一呼百应的气场，放从前就上梁山了，今天大概叫作“青年领袖”。

邱志杰：我是真心感觉到有某种新的东西出现了，不是唯西方马首是瞻的，而且从许多角度涌来，包括美术史观。我觉得整个 MOMA 版本的美术史书写是错的。现代主义的兴起跟共产主义运动是同步的，包豪斯，那是左翼和共产党员的阵营；黑山学院出过德·库宁、约翰·凯奇，孕育了整个 20 世纪 60 年代美国前卫艺术家，为什么这所学校在 1953 年突然悄悄关闭了呢？麦卡锡主义吧。这些在今天的西方美术史里被抹得干干净净，现在依然。所以我这次去俄罗斯真的蛮感动，我能强烈感受到当年苏维埃强大机器的暴力。当激情过去，暴力不再，人们的生活是被巨大的虚无感所摧毁的——共产主义的本质是宗教。而今天，资本主义和社会主义在互相靠近、合流，资本主义要活下去，一定会社会主义化。几百年后，人们不会再简单地说，社会主义、共产主义失败了。中国今天走的这条路对不对？不知道，试试看，但有一点：不能教条化，要用一种当代艺术的野蛮实验精神来探索人类的政治制度。而做艺术，强调正大光明、通情达理。

问：从 1994 年、1995 年的“意义”讨论，到 1998 年对观念艺术的反思、挑战，到“后感性”，一直到现在主张的“总体艺术”，在这条自我建构的理论脉络下，你最根本的问题意识或者问题链是什么？现阶段，“实验”仍然是你重要的关键词吗？

邱志杰：意义问题讨论是反对看图说话，反思观念艺术和“后感性”也一样是反对看图说话。总体艺术倾向于沟通人一创作一社会的关系。“实验”是一以贯之的，“现场”和“感性”也是一以贯之的。“实验”的目的是找到出路，所以最重要的关键词是“贯通”，“贯通”是道路的目的。

问：很多艺术家，像最近读到的一篇里希特的访谈，都勾勒出一条年轻时先锋前卫，中年以后回归传统甚至偏向保守的线索。儒释道三家都是你的艺术培养基，我很好奇，它们是一开始就起作用，还是越到后来越在你的创作中举足轻重？

邱志杰：大多数保守的人在年轻的时候就开始保守了。我少年时代皈依传统，而皈依传统在当下的中国很可能不是保守，而是一种激进。儒释道在我最早的创作里面就起作用，只是那时"思"和"有"不能同一，心之取向和手上的动作还不能完全协调，更多地需要借助西式话语展开言说，现在越来越有办法了，有自信来运用和独创更适合自己风格的办法了。

问：作为一个读过索绪尔、维特根斯坦作品的聪明人，你有没有感觉到语言或修辞与当代艺术在游戏中互相成全的猥琐一面？说得更露骨些，只要自圆其说，语言会令作品无中生有。

邱志杰：当代艺术中这类做法相当盛行，而我最反对的就是这个。之所以做"后感性"，之所以卷入意义问题的争论，都是因为反对用阐释来成就作品。维特根斯坦也是反对这种做法的。在某处，他说，给建筑开一扇门，"再高一点，哦，不，太高了"——他很了解艺术家工作时的真正状态，是一种尺度感，指向效果。事实上，读过维特根斯坦的作品之后，我变得敢于讲大土话、大白话，我努力让自己的思想和言辞都变得质朴，变得不太会说话。我在所谓学术研讨会上经常失语。再学了一点王小波，艺术杂志都不好意思发表我的文章了，说："你怎么变得这么不学术？"其实，我只是写文章不再文牍主义了，不再引经据典了，而是直接说事儿，这是自信了。真正的学术问题总是：下一步该怎么办？其他都是废话。人言嚣张，天道废弛。

问：在工作时，你会提醒自己要警惕的是什么？

邱志杰：很多。比如，工作进行得太顺畅时我会心虚，担心这是因为自己的习惯所起的作用太大，所以没遇到什么困难。比如，叫好的人太多时，我会担心那是因为它过分符合人们的期待，太好卖，引来太多阐释的口水，等等，这些都是要警惕的。总的来说，要警惕的主要是习以为常。

问：你怎么看中国当代艺术领域相当一部分出色艺术家都是版画系出身这个现象？它带来的优势和弱项可能在哪里？

邱志杰：除了版画本身不好卖之外，版画系出身的几乎没有任何弱项。优势则很明显，比如，版画系出身的艺术家基本功很扎实，基本上油画系毕业的画不了国画，国画系毕业的画不了油画，版画系出来的通吃。接触的材料很多，搞装置也没问题。版画制作的工作方式很理性，最后留在画面上的每一笔都是考虑过要不要留下来的，随机的刀迹、笔触都有最后印刷时一道理性的审核把关，可能这种理性让版画系的人能当理论家。还有一点，版画是一种媒体艺术。在书籍是传播媒介的时代，媒体艺术就是版画插图。在电视是传播媒介的时代，媒体艺术是录像艺术。在互联网是传播媒介的时代，媒体艺术是互动艺术。所以，在美术学院里媒体艺术专业出现之前，版画系毕业的人成为媒体艺术家的比例最高，做录像的，做动画的，做闪客的都很多。版画系毕业的人对复数、对传播有天生的敏感……

问：从“当爱烟消云散，我剩下的只有忘情”到“马达加斯加的首都在哪里”，我读出一种可爱的机智，类似禅语，那种关键时刻打个岔让想跳江的人愣一愣。可是，它（包括艺术）好像不能解决生命长长久久的困惑。在参与《南京长江大桥计划》的整个过程中，你的震动和感悟有哪些？

邱志杰：《南京长江大桥计划》要是弄得不好就会变成只是某种高级一点的政治波普。最重要的是我后来不但看到了理想对个体的施暴，还看到了这个时代新的暴戾。30 年来中国社会的关键词已经由“革命”变成了“成功”。是成功学在把人往不归路上送。成功学是资本主义的精髓。我们和资本主义的斗争还没完。

问：21 世纪的第二个十年过去一半了，借弘一法师四个字“悲欣交集”，请带我们从高空俯瞰一下中国当代艺术的悲与欣。

邱志杰：弘一法师所欣者，终于脱离苦海跳出轮回。所悲者，众生尚未渡尽。仁者之悲，大悲也，非一己之私。

哪一个时代不是悲欣交集的啊！欣喜的很多：好美术馆、好画廊越来越多，政府改变了态度，对当代中国艺术的误解少多了。最欣喜的是，还有部分年轻人并没有丧失理想，很多优秀的年轻人都能让我感动，催我坚定，别像一些同龄人那样堕落。我有时候觉得，自己这么勤奋，是因为年轻人的眼睛在盯着我。所悲者，市场太强大，整个社会都崇尚成功学，不靠谱地活着越来越不容易了，一些年轻人从牛哄哄的新力量变成了善于察言观色之辈。坚守太不容易了。我们要造塔，好艺术家只是砖头，美术馆、市场体系是框架结构，基础理论才是地基。现在搞基础理论的人太少，没有人关心理论，其实都在某种或对或错的理论统辖之下行动，没人为一个说法较真。自媒体时代让大家对言辞都不再认真了。三流画家的收入也比一流批评家的收入高，没有严肃的批评了。全球新冷战的局面隐隐浮现，表态政治愈演愈烈，市场很大。这种悲与欣，就像那个有名的半杯水说法，你可以高兴地说“不错，还有半杯水呢”，你也可以焦虑地说“哎呀，只剩半杯水了”。我是前者。乐观让我们更勇敢。

问：2001 年你跟吴文光、栗宪庭、王明贤办过 5 期《新潮新闻》艺术杂志，据说相当“前卫”，我看到过一点你们在藏酷做首发式的“狂欢”记录，很有趣。还记得那 5 期印象特别深的内容吗？作为 20 世纪 90 年代末的一份比较重要的文献，当时创办者集中关注的是什么？亮出的态度是什么？在你眼里，比较像样的艺术杂志是什么样的？

邱志杰：做这件事的人中没有王明贤。《新潮新闻》的首发式是我策划和主要执导的，叫《新潮新闻》，可以算一个实验剧场，最早使用了 VJ。今天的商业大片导演乌尔善当时负责视频。当时老栗、文光我们几个态度都很明确，做“艺术现场档案”。关注当前、地下、屌丝，远离商业。“后感性”那一年的很多东西是以《新潮》为阵地的，我们甚至还做了声音艺术的专题，我整理的声音艺术档案，虽然几乎一无所知。

今天好多艺术杂志跟着拍卖数据跑，或许是因为读者不一样了。我没有对艺术杂志的想象，我觉得只要是有质量的人做出来的事情，都是能溢出小圈子的。因此我希望看到理论性很强的艺术杂志，而不是对成功者歌功颂德的追星杂志。我个人认为，30 年来中国艺术史上最强的艺术杂志是范景中先生他们的《美术译丛》，比 85 时期的《中国美术报》或《美术思潮》或后来的《江苏画刊》还重要。《美术译丛》介绍贡布里希、潘诺夫斯基，今天瓦尔堡成为显学了，我们才知道这些“底子”意味着什么。中央美术学院有一本《世界美术》也不错。这两本杂志现在好像都不存在了。

采访于威尼斯、福州

写于 2016 年 1 月

附　录／活在无所不知的每一天

在腾讯书院文学奖颁奖典礼上的演讲

7月初，在澎湃的APP上看到一条PRADA太阳眼镜的广告，规格就像从前报纸头版的整页广告，发给经营传统媒体的朋友看，他回一个捂嘴笑的图标，外加四个字：时代变了。

时代确实大变。每一天，如果你愿意，都可以过成无所不知的一天，只要有空打开微信朋友圈，或者Facebook。2016年初去世的David Bowie在他那支著名的《Change》里，用一种近似口吃的发音吐出变这个词Ch–ch–ch–change，跟我现在谈论它的心情蛮搭的：真是有点措手不及啊。

这一轮的变局，是互联网技术带来的。用硅谷工程师或者风投家们的断语，五十年一遇。这其中有两个关键性动作：1994年，硅谷的老家伙吉姆·克拉克（Jim Clark）和计算机神童马克·安德森（Marc Andreessen）创办了网景公司（Netscape），这二位开发出一款Netscape浏览器，将美国国防部的内部交流平台转化为民用，而且提供免费下载。公司成立16个月后，还没赚到一毛钱，就在纳斯达克上市了，成为全球第一家上市的互联网公司。第一天，股价从开盘12美元蹿到收盘时的48美元，刷新了美国股史的上市首日记录。吉姆·克拉克一夜之间成为10亿美元富翁，而一年前一无所有的马克·安德森掘到了人生第一桶金：1 亿美元。第二个关键性动作是史蒂夫 · 乔布斯完成的，他把苹果手机和 ipad 送到我们手里，造就了今天地铁里的壮观景象。就这样，我们跟世界联结的方式，被编程语言——一种容错率非常低的、有特殊语法的英语改变了。传统媒体的电子照排，被 HTML 5（超文本标记语言）分掉半壁江山。

互联网技术革命改变了人类生活，也改变了写作者熟悉的那个传统。这种改变从 90 年代中期的美国就开始了，生成一种“大势”。

一个 80 后小妹妹跟我讲，她之所以喜欢自己贴钱跟朋友们捣鼓一些公号，就是觉得写作与发表都变得自由，排资论辈，层层审稿，都取消了；在新媒体时代，她有一种顺畅表达的快乐。我自己也从中受益，如果没有网络，《祭毒》多半还在我的移动硬盘里。

我没有用过微博，直接从博客时代进入微信时代。有一次出差到台湾，为了方便联系同事，同行的摄影记者帮我开通了微信。前几天我在想，这三四年究竟从划屏运动中得到了什么，失去了什么。

失去的很明显，就是时间。得到的，一个是开放的心态和更广泛的新知。一些过去不会特意去关注的领域很便捷地一一向我打开，比如数学、物理学、天文学、植物学，还有穿衣服做菜什么的。大家都在抱怨“碎片”将人淹没，但我想，碎片的知识或信息也是有价值的，关键它是个什么成色，有没有营养，值不值得吸收。在互联网上游弋，训练人甄别、取舍的能力，然后是连贯的能力，能不能一片接上一片，把这些杂多处理成自己有机的一部分，类似光合作用。所以我对碎片化并没有那么大的恐惧。另外一个获得，是接地气，从来没有一种技术，可以这样迅速、逼真、大容量地把世界直接推到你面前。有时候我看着朋友圈里自说自话、前后不搭、却又有某种潜在一致性的一长串内容，会从心里笑出来：这就是我们这个时代的史诗啊。

稍微让我有些不安的，是互联网+时代对写作内容、文本、语法、标题的重新规定。它是那么年轻，那么具有娱乐精神，还常常带点儿粗鲁，对于我们这些会为一句话、一个标点跟编辑校对吵架的写作者来说，真的是有这种效果：眼前一黑。在迅雷不及掩耳盗铃时段里，10万+的内容形态被制造出来了。我没有专门调研过，也没有大数据支持，没有资格讲太多它的坏话，我能说的是，它的品味不好，会让好作品无法在新媒体时代获得它应该有的位置。本来寄望时间能滤掉一些东西，但是很有可能在淘洗的过程中，新的技术又来了，媒介又变了。

技术是一种人造的东西，是现代科学的基底和本质。海德格尔曾经说，科学不会思考。德里达就不怎么同意，他说，科学技术会的，它也在思考。德里达的弟子伯纳德·斯蒂格勒（Bernard Stiegler），就是写出三卷本《技术与时间》的那位，提醒我们说，技术里回荡着一种无人称的知识，一种不署名的权威性；最引人瞩目的变化就发生在现代技术"无人称力量"的到来；他也建议我们在思考技术的时候加上时间的维度。问题是，北京时间前所未有地快，我们用三十年走完了别人一百多年的路，真是弹指一灰间。

我一直感激欧洲人在冷战以来在思想上、生活上为这个世界贡献的不一样的范式，他们身上有一种敏锐的辩证启蒙意识（dialectic of enlightment），对科技的进步不会天真地乐观，不会以为只要有了原子弹、核潜艇、无人战斗机、苹果手机，人就是万物的尺度了。欧洲的知识分子尤其令人赞叹，像哈贝马斯、德里达、艾柯、阿伦特、萨特、加缪这些人，都积极而睿智地就公共事务发言，引领着欧洲公民，对进步的悖论养成一种敏锐的判断力，所以，无论保守派还是自由派都会权衡两个方面：就算想象中的进步可以获得很多好处，但稳定的有内在秩序的生活因此瓦解，这样是否值得？换句话说，今天"创造性的破坏"虽然为明天开出了支票，但比起现代性给人带来的异化和痛苦，是否值得？

我刚从英国转了一小圈回来，在咖啡馆、地铁、火车上看到，仍然有人在读报纸，还不光是读纸质书，还不全是老头，我没有看到一个捧着手机在划的人。那一刻我忽然想，也许，在我们这个国家，由互联网＋主导的资本的运作、电子商务的繁荣、新媒体内容的生产和发布、对个人时间的侵占和随处可见的“手机的家园”，是一种人造景观，是由某种力量推动而不是自然天成的。把世界简化成网上和线下也是荒谬的。不一样的阅读方式、写作方式、活着的方式，明明白白就在同一个地球上，就在稍微远一点的别处。

所以，当这一轮革命真的就发生在我身边——传统媒体人纷纷失业、转型、创业，越优秀的，转得越早——我不得不停下来想一想。

这是一种打断，也提供了一个确认自我的机会。以前，像我这样比较喜欢干活的记者，光顾着埋头写，从来没有时间理一理自己真正感兴趣的题目是什么，自己的强项和短板分别在哪里，力气该往哪里使。这样被迫停一停，自然会做反省。

阿城说过，一流人才在商界。我觉得确实如此。历史上，像张謇这样的士魂商才，比康梁之类对社会的贡献大，因为后者光破不立，士大夫出身的实业家有建设性的动作。看看今天的情形，一样的。所以我敬佩那些找到新位置、找到资本，把自己成功嵌进互联网商业版图的优秀同行。有一天，我在朋友圈看到他们随口议论着公司办公室租金的涨价，短短几句言语，就让人窥见他们承受巨大压力的能力，这能力是我不具备的。

但是，不等于我对他们目前生产的内容心悦诚服。十年后，回头一望，我们这些当年的文学/文艺青年，给这个世界留下了些什么。人各有志，人各有命，我还是希望自己十年后翻翻硬盘，能找出一两部比《祭毒》好的作品。

有人把这一轮革命跟印刷术、蒸汽机的发明相提并论，跟硅谷的创新相提并论，然后得出乐观或悲观的结论，我都会想一想：它们真的一样吗？人类这几千年历史下来，纹丝不动的时光几乎没有，每一个时代大多都处在变革之中，都会面对新旧交替、新陈代谢的撕裂感和成就感，都能套狄更斯那句名言“这是最好的时代也是最坏的时代”，区别在于强度和广度。我自己感觉互联网＋比以往的变革更猛更强，能量更大。

我差不多用了几个月的时间把自己稍微整理得清楚了一点。我得继续正统的、不是浅尝辄止的、也不卖萌讨巧的写作。从题材到方法，沿续过去那种一道道工序来的传统工艺，可能过去的还不够，还得往前追；然后，慢慢寻找一种与互联网＋联结的方式，来为写作加分。简洁地说：我的写作不打算转型。我希望找到一种养活旧写作的新方式。

这里我想稍微说几句一段时间以来的观察，它很可能是片面的，有待随着继续观察而修正：我发现身边的同行同道，也算是小知识分子，对政治的专制、独裁都蛮敏感，反应也不失为强烈，但对资本的傲慢、霸道、经常流露的无知，反应就迟钝暧昧很多。大家都很清楚，一个一切听命于资本的盛世并不美好，但现实是，从来没有那么多人听命于资本，受它奴役。有一个老生常谈的词，大概可以用于描述这种俯就：分裂。

谢泳写过一篇钱钟书的书生气。他说，从政治理想上看，钱先生是自由主义知识分子中的一员，但他对同时代那些著名的自由主义知识分子又多半看不上眼，读过小说《围城》和《猫》的人都会有这种感觉。除了钱先生的个性（自视甚高），除了他的父亲钱基博先生曾经告诫过他不要做徐志摩、胡适之这一类的新派人物，谢泳觉得钱先生的“看他们不起”里，有更深刻的东西。当时自由主义的许多知名人士多受西方文化影响，在政治理想的追求上代表了多数人的意愿，但在做人这一条上似乎不能跟他们的理想相一致，而钱钟书对此有更高一点、也更传统的标准，就是一个人的说和做应当是一回事，儒家所谓“知行合一”。

这是我们祖上传下来的东西，也是我在多年记者生涯里从老一辈身上吸收的东西。一份人家，祖传的东西里总有一两件宝贝，这是我认定的一件。但是现代性把知与行分离，我也不想在这里调太多书袋子，累得慌，大家看得到的，身边这些事迹不少：说一套，想一套，做一套，而且能够自洽，而且能够合理化、日常化，现代人仿佛生成了一种新的习惯和记忆。于是，用阿伦特的话说，“那些失落的珍宝，甚至没有遗言”。

有时候听到一些师友谈论现在的年轻人，他们阳光，有国际视野，愿意到贵州某个贫困山区，或者非洲某个村子里当义工，也愿意积极为社团、社区服务。但是，他们不知道怎样对自己的父母好，不知道怎么跟最亲近的人沟通，这跟从前那种会为远方的炮火热泪盈眶，为“路有冻死骨”义愤，却不知如何处理伦常的义士们是一个路数，都是人格略有缺失的人。他们可能在某一方面有建树，但终究不能让人佩服。所以这些年在面对抉择的时候，我常常提醒自己要懂得放弃、割舍、有所不为，就是因为这一条。如果不那样做，我想这些年的书，我是白读了。

我想，大家不能忍受警察对雷洋的施虐，却能忍受某些投资人的施虐，是值得反思的。写作的责任之一，就是提出问题，展开对话和反思。如果创业者们继续惯着资本，它不会比一个暴君产生的危害更小。这个议题如果没有被摆上桌面，公开谈论，是我们这些媒体出身的写作者没有尽到责任。

写作者还有更大的责任。抗战时是流亡学生的齐邦媛和王鼎钧，几十年后拿出了《巨流河》和《昨天的云》等四部曲回忆录。经历过文革的冯骥才老师拿出了《一百个人的十年》，王年一老师写出了《大动乱的年代》，李逊拿出了《造反年代——上海文革运动史稿》。经历过一战、二战、纳粹集中营、“911”、第一次伊战、第二次伊战的西方作家们，都拿出了很像样的作品。其中最令人瞩目的，是去年白俄罗斯女作家阿列科谢耶维奇获得了诺贝尔文学奖，她记录了二战、阿富汗战争、苏联解体、切尔诺贝利事故这些重大历史事件。我读了一小部分的《切尔诺贝利的回忆：核灾难口述史》和《二手时间》，还有一些她的访谈，除了源远流长的苦难和沉重，我觉得她的学养、才气、境界都是一流的。有位老师对我讲过，到最后，写作拼的不是才华，不是文字，是境界，这个我很能记得住。

跟阿列科谢耶维奇战在同一高度的还有一位出色的女性，美国作家芭芭拉·塔奇曼。她用文学的手法写历史，两度获得普利策奖。她们的存在，都提醒我自己离有价值的非虚构写作还有多远，还有多长的路要走。她们都是我的导师和榜样。

每一代人把自己经历过的写下来，就很好了。我们这代人经历了什么？有什么非得记下来不可的？还有多少空白必须去补上？除了资本以外，更广泛更深刻的决定社会和生活的力量是什么？这些都是我在慢慢琢磨的事情，它们都存在我脑子里的一个文件夹里，叫“未完成”。

写作是为了告诉人们世界的真相和本质。在字里行间，通过讲故事，通过文学之美，塑造典范，传递真知灼见。一个写作者，就是一个关切世界的人，他首先要学会同情、忘我、宽恕，然后把这些传递出去，让人们能为其他人流眼泪。

每个写作者都会有才华横溢的一段时光，也都不得不面对和处理才情的下行或用尽。所以要用功，用别的东西来支撑自己的高度，学会超越自身的局限。

去年阿列克谢耶维奇获得诺贝尔文学奖时，龙应台在表达祝贺的文字里提到，阿列克谢耶维奇的工作里包含了记者、社会学者、心理学家兼牧师这些角色，我想，这个不完整描述提示了写作者的社会意义和可能的疆域。

进入写作的世界，就是挣脱僵化的教育，出离日常的平庸，卸掉国家的、个人的虚荣，卸掉民族主义等等牵绊束缚你的东西。

在阿列克谢耶维奇的时代，写作是为了追寻自由。在这个阅读和写作都受到严厉挑战的时代，对我而言，写作本身就是自由。

最后我要感谢 20 年来滋养过我的每一家报社、杂志社，那种头悬截稿线的高强度工作，让我经常蓬头垢面、神经粗壮、也长了几块用于写作的肌肉。我怀念那些不用考虑别的，只要一门心思把字写好的时光，那是我们许多人的黄金时代。

图书在版编目（CIP）数据

画在人心的苦闷上：李宗陶艺术访谈录 / 李宗陶著 .
—厦门：鹭江出版社，2016.10
ISBN 978-7-5459-1217-3

Ⅰ. ①画… Ⅱ. ①李… Ⅲ. ①艺术家—访问记—世界
—现代 Ⅳ. ① K815.7

中国版本图书馆 CIP 数据核字（2016）第 175165 号

HUAZAI RENXIN DE KUMEN SHANG：LIZONGTAO YISHU FANGTANLU

画在人心的苦闷上：李宗陶艺术访谈录

李宗陶 著

出版发行：海峡出版发行集团
鹭 江 出 版 社
地 址：厦门市湖明路 22 号 邮政编码：361004
印 刷：北京市松源印刷有限公司
地 址：北京市通州区漷县镇大柳树村北 邮政编码：101109
开 本：787mm×1092mm 1/16
插 页：4
印 张：22.75
字 数：316 千字
版 次：2016 年 10 月第 1 版 2016 年 10 月第 1 次印刷
书 号：ISBN 978-7-5459-1217-3
定 价：58.00 元